Kulturlandschaft und Bodendenkmalpflege
am unteren Niederrhein

Materialien zur Bodendenkmalpflege im Rheinland
Heft 2

Eine Veröffentlichung des
Landschaftsverbandes Rheinland
– Rheinisches Amt für Bodendenkmalpflege –
herausgegeben von Harald Koschik

LANDSCHAFTSVERBAND RHEINLAND

Rheinisches Amt für Bodendenkmalpflege

KULTURLANDSCHAFT UND BODENDENKMALPFLEGE
am unteren Niederrhein

1993

Rheinland-Verlag GmbH, Köln

in Kommission bei
Dr. Rudolf Habelt GmbH · Bonn

Gedruckt mit Mitteln des
Ministers für Stadtentwicklung und Verkehr
des Landes Nordrhein-Westfalen

Titelbild: Wallumwehrung von Schenkenschanz

Rheinland-Verlag GmbH · Köln · 1993
Rheinland Verlag- und Betriebsgesellschaft
des Landschaftsverbandes Rheinland mbH

© Rheinisches Amt für Bodendenkmalpflege
Redaktion: Brigitte Beyer und Wolfgang Wegener
Herstellung: Ideal Werbeagentur GmbH, Bonn
ISBN 3-7927-1416-7

Inhalt

Vorwort 7

Begrüßung 9

WILFRIED KRINGS, Spurenlesen in der
niederrheinischen Kulturlandschaft 11

I. Kulturlandschaftsgenese am unteren Niederrhein

WOLFGANG WEGENER, Einführung in ein interdisziplinäres Projekt 25

SABINE WIRTH, Archäologische Kulturlandschaftsforschung
am unteren Niederrhein 32

PETER BURGGRAAFF, Möglichkeiten und Arbeitsergebnisse
der Historischen Geographie 39

FRANK SIEGMUND, Die frühmittelalterliche Besiedlung
am unteren Niederrhein 47

RUDOLF STRASSER, Die spätmittelalterlich-neuzeitlichen
Rheinlaufverlagerungen zwischen Grieth und Griethausen 54

RENATE GERLACH, Die natürlichen Grundlagen
der Kulturlandschaft oder „Wie alt ist die Aue?" 57

II. Allgemeine Beiträge zur Kulturlandschaft

ADOLF ATTERMEYER u. DIETER SCHÄFER,
Kulturlandschaftspflege als Beitrag zu Schutz, Pflege
und zur Entwicklung der Kulturlandschaft 86

ERICH WEISS, Flurbereinigung und Kulturlandschaftswandel:
Problemstellung und Handlungsmöglichkeiten in Nordrhein-Westfalen 91

JAN KOLEN, Das Landschaftskonzept in der
archäologischen Denkmalpflege 97

III. Angewandte Beiträge zur Erforschung der Kulturlandschaft in Deutschland und im Beneluxraum

EIKE GRINGMUTH-DALLMER, Untersuchungen zur
Kulturlandschaftsentwicklung im östlichen Deutschland 103

RUDOLF BERGMANN, Archäologische und historisch-geographische
Aspekte der mittelalterlichen Kulturlandschaftsgenese westfälischer
Lößbörden und des Hochsauerlandes 110

JOHANNES RENES, Angewandte historisch-geographische
Untersuchungen in den Niederlanden 117

GUNTER STOOPS u. HANS KERRINCKX, Die Landschaft im
Scheldetal stromaufwärts von Gent 127

IV. Beiträge zu Denkmalpflege und Landschaftsschutz

KLAUS FEHN, Die Angewandte Historische Geographie:
integrierendes Bindeglied zwischen kulturhistorischer
Denkmalpflege und ökologischer Landschaftspflege 130

JÜRGEN KUNOW, Kulturlandschaften und ihr Erhalt durch
Denkmal- und Landschaftsschutz. Erfahrungen aus der
Sicht der Bodendenkmalpflege. 134

Literatur 138

Autorenverzeichnis 144

Abbildungsnachweis 144

Vorwort

In der Landschaftspflege, im Natur- und Umweltschutz arbeitet man bereits seit langem mit dem Begriff Kulturlandschaft. Die archäologische Denkmalpflege hat indes erst in den letzten Jahren die Möglichkeit und die neuen Wege erkannt, die sich durch die ganzheitliche Betrachtung und Bewertung einer Region bieten. Am Beispiel der Lößbörden im rheinischen Braunkohlenrevier mußte sich die Bodendenkmalpflege aber schon frühzeitig um die archäologischen und historischen Quellen samt dem umgebenden Naturraum bemühen – freilich mit dem einzigen Ziel, durch teils großflächige Ausgrabungen an den wichtigsten Fundorten wenigstens einen kleinen Teil der jahrtausendealten Kulturlandschaft vor ihrer endgültigen Zerstörung zu dokumentieren.

Eine Betrachtungsweise, die vom einzelnen Denkmal – egal welcher Art – weg- bzw. weiterführt und sich sozusagen mehrdimensional mit der Kulturlandschaft in ihrer Gesamtheit beschäftigt, ist zwingend nicht nur dort erforderlich, wo der Verlust ganzer Landstriche unabwendbar bevorsteht. Die Erfassung der naturräumlichen Grundlagen, der archäologischen und historischen Zeugnisse und der daraus erschließbaren Veränderungen durch die Eingriffe des Menschen bis in die Gegenwart hinein schafft überhaupt erst die Möglichkeit, die Entstehung und den Wandel einer bestimmten Landschaft über die Zeiten hinweg zu erkennen und den kulturgeschichtlichen Wert dieser Region zu definieren. Dieses aus vielen Facetten zusammengesetzte Gesamtbild bietet die einzige verläßliche und überzeugende Bewertungs- und Entscheidungsgrundlage bei allen Planungen zur Raumordnung, Gebietsentwicklung, Flächennutzung und zu vielem mehr.

Der Gedanke, Werden und Wandel einer Kulturlandschaft am unteren Niederrhein als Muster für vergleichbare Regionen darzustellen, entstand im Zuge intensiver Zusammenarbeit mit dem Seminar für Historische Geographie der Universität Bonn und aufbauend auf Erfahrungen und Forschungen, die in den Niederlanden bereits geübte Praxis der Regionalplanung sind. Im Frühjahr 1990 konnte eine zweijährige interdisziplinäre Untersuchungsmaßnahme eingerichtet werden, die innerhalb eines genau umrissenen Arbeitsgebietes alle archäologischen und historisch-geographischen Aspekte behandeln sollte. Die Wahl der Region fiel auf das Gebiet zwischen Kleve und Kalkar, eine Landschaft, deren Geschichte in den Anfängen durch den ungebändigten Lauf des

Rheinstroms, später dann durch die von Menschen vorgenommenen Veränderungen besonders geprägt ist.

Erste Ergebnisse dieses Forschungsprojektes zur Kulturlandschaftsgenese am unteren Niederrhein konnten bereits im November 1990 bei einem Treffen erörtert und anläßlich der Fachmesse „Geotechnica 1991" einem größeren Publikum nähergebracht werden. Eine umfassende Bilanz der Arbeiten sowie vergleichbare Untersuchungen in den benachbarten Niederlanden, in Niedersachsen und im östlichen Deutschland wurden auf einem Symposion vom 23. bis 25. Oktober 1991 in Kleve vorgestellt. Die Referate dieser Sitzung und die Diskussionsergebnisse bilden den Inhalt dieser nun vorliegenden Veröffentlichung.

Die arbeitsintensiven und aufwendigen Forschungen waren nur mit Hilfe und Förderung wohlmeinender Partner zu einem erfolgreichen Abschluß zu bringen. Mein Dank gilt zuvorderst den Hauptbeteiligten: den Herren Prof. Dr. Klaus Fehn und Prof. Dr. Gerhard Aymans, die seitens der Fächer von Historischer Geographie und Wirtschaftsgeographie das Projekt energisch gefördert haben, sowie Frau Sabine Wirth M.A. und Herrn Drs. Peter Burggraaff als wissenschaftliche Bearbeiter. Dankenswerterweise bezuschußte die Bundesanstalt für Arbeit die Personalkosten. Der Kreis Kleve leistete wertvolle Unterstützung bei der Organisation und Ausführung. Aus der Vielzahl von Experten aus dem fachübergreifenden Umfeld unseres Vorhabens ist besonders Herrn Priv.-Doz. Dr. Josef Klostermann, Geologisches Landesamt Krefeld, für wertvolle Mitarbeit zu danken. Stellvertretend für alle, die sich im eigenen Hause mit großem Einsatz an Planung und Durchführung des gesamten Unternehmens beteiligt haben, möchte ich Herrn Wolfgang Wegener M.A. Dank sagen.

Das jetzt vorgelegte Heft zum weiten Themenbereich neuer und intensivierter Arbeitsweisen unseres Faches begleitet die Hoffnung auf angemessene Aufmerksamkeit. Es ist sehr zu wünschen, daß solche Beachtung sich nicht nur bei den unmittelbar betroffenen Fachleuten der archäologischen Denkmalpflege einstellt, sondern auch überall dort, wo man sich Erhaltung und Schutz der Kulturlandschaft als eines ebenso wertvollen wie empfindlichen Gemeinguts zur verpflichtenden Aufgabe gemacht hat.

Dr. Harald Koschik
Rheinisches Amt für Bodendenkmalpflege

Begrüßung

Meine sehr verehrten Damen und Herren!

Das Rheinland, der Boden, auf dem wir hier stehen, gehört – das weiß auch der Laie – nicht nur zu den ältesten, sondern auch interessantesten Kulturlandschaften der Erde. Doch der Stolz, der nicht ganz zu unrecht in dieser Feststellung mitschwingt, läßt leicht die Gefahren vergessen, die für eine solche Kulturlandschaft existieren. Das gilt ganz besonders für unsere Zeit. Rasante wirtschaftliche Veränderungen und Eingriffe in diese Landschaft drohen die Vielzahl der Zeugnisse einer reichen Geschichte verschwinden zu lassen.

Um so wichtiger, ja bedeutsamer ist es, daß Sie sich, als Wissenschaftler verschiedenster Disziplinen zusammengetan haben, um auf gesichertem Boden vor Gefahren zu warnen, die eine über Jahrtausende gewachsene, aber auch von Menschenhand geschaffene Kulturlandschaft bedrohen.

Ich freue mich, daß der Landschaftsverband Rheinland, als dessen Verwaltungschef ich zu Ihnen sprechen darf, nicht nur mit von der Partie ist, sondern dieses Symposion gestartet hat. Sie wissen, daß wir vielerlei Aufgaben zu bewältigen haben. Aufgaben, die es vor allem alten, gebrechlichen und behinderten Menschen ermöglichen sollen, menschenwürdig in der sie umgebenden Gesellschaft zu leben. Zur Menschenwürde gehört aber auch, in einem Umfeld zu leben, das seine eigene Geschichte und Natur achtet und sorgsam mit ihnen umgeht. So gehört, wie ich meine, vor einem weitgesteckten Hintergrund beides zusammen: Sorgsamer Umgang mit der Natur und menschlicher Umgang mit den Menschen in Natur und Kultur.

Zu den wichtigsten Aufgaben des Landschaftsverbandes gehört auch der gesetzliche Auftrag von Schutz, Erhalt und Pflege der historischen Landschaft im Rheinland. Daß dies sachkundig geschieht, dafür sorgen, und ich glaube mit großem Erfolg, unsere Experten in den Fachämtern, seien es die Denkmalpfleger, die Archäologen, die Heimat- und Landespfleger. Alle unsere Fachämter tragen mit ihren Arbeiten wesentlich zur Sicherung unseres gemeinsamen kulturellen Erbes bei.

Es ist eine Arbeit, die nicht selten zähe Auseinandersetzungen im Interesse von Geschichte und Kultur erfordert. Auch wenn sich das Bewußtsein in der Bevölkerung sowie die Sensibilität bei Politikern und bei uns Verwaltungsleuten entschieden vergrößert hat.

Vor diesem Hintergrund kann ich es nur begrüßen, daß unser Amt für Bodendenkmalpflege durch dieses Symposion, ein interdisziplinäres Projekt, die vielfältigen Belange und Bezüge einer Kulturlandschaft von ihrer Entstehung her erforscht und praktische Lösungs- und Planungsmodelle für ihren Schutz und Erhalt erarbeiten hilft.

Die Gefährdungen für unsere Landschaften sind vielseitig. Und oft sind es nur mangelnde Informationen, die ein sorgsames Umgehen mit unserem kulturellen Erbe behindern.

Gerade hierzulande, gerade in unserem von der Industrie so stark geprägten Raum, sind Grenzen gesetzt, wenn es um pfleglichen Umgang mit der Kulturlandschaft geht, mag auch das ökologisch-historische Bewußtsein in der Bevölkerung ständig wachsen. Ich glaube aber nicht, daß das heißt, daß sich die beiden Bereiche, also historisches Bewußtsein und von Industrie geprägte Landschaft, feindlich gegenüberstehen müssen. Gefordert ist vielmehr ein Miteinander, um einmal den Bedürfnissen unserer modernen Gesellschaft Rechnung zu tragen, zum anderen dieser Gesellschaft ihre Wurzeln und die Gefahr, sie zu zerstören, deutlich zu machen. Je mehr Erkenntnisse von einem Landschaftsraum existieren, um so eher sind die verschiedensten Belange sinnvoll zu einer Gesamtschau abzuwägen. Nur so kann eine planlose und unkontrollierte Zerstörung verhindert werden. Das zu leisten ist zweifellos eine ungeheuer komplizierte Aufgabe. Aber es ist eine Aufgabe, an die heranzuwagen sich lohnt, im Interesse nicht nur unseres Rheinlandes.

Ich bin deshalb froh, daß auch die „grenzüberschreitende" Sicht bei dieser Veranstaltung einbezogen wird.

Sicher ist auch, daß die gestellte Aufgabe nicht nur durch den Landschaftsverband Rheinland und seine Fachämter allein gelöst werden kann.

Es gibt viele Problembereiche zu erfassen, zu analysieren und Handlungsmodelle zu entwickeln, an denen unterschiedlichste Experten mitarbeiten müssen. Und erst recht ist deren Umsetzung von einem größeren Personen- und Institutionenkreis zu leisten.

Meine sehr verehrten Damen und Herren! „Kulturlandschaftsgenese am unteren Niederrhein" ist der Titel Ihres Symposions. Ich hoffe und bin zugleich sicher, daß Ihre Zusammenkunft, daß Ihr wissenschaftlicher Austausch dazu beiträgt, die kulturhistorischen Spuren richtig zu lesen – wie heißt doch der Vortrag, der dieser Begrüßung folgt: „Spurenlesen in der niederrheinischen Kulturlandschaft" – sie festzuhalten und allen, die zu entscheiden haben, wissenschaftlich untermauerte Informationen an die Hand zu geben.

Kenntnis und Erhalt der Kulturlandschaft sind kein Selbstzweck! Sie sind im richtigen Sinne verstanden Ausfluß des Gebotes „macht euch die Erde untertan" – Chance und Verpflichtung!

Wir müssen unsere Kulturlandschaft so erforschen, daß sie als jederzeit nachvollziehbare Spur unserer kulturell-historischen Entwicklung dienen kann. Wir sind es uns und unseren Kindern schuldig, sorgsam mit ihr umzugehen.

Ich wünsche Ihnen einen angenehmen und erkenntnisreichen Verlauf Ihres Symposions.

Dr. Dieter Fuchs
Landschaftsverband Rheinland

Spurenlesen in der niederrheinischen Kulturlandschaft

WILFRIED KRINGS

I. RUINENSUCHE: ZUR WAHRNEHMUNG VON KULTURLANDSCHAFT IN DER VERGANGENHEIT

An einem kalten Julitag in der Mitte des vorigen Jahrhunderts bestiegen zwei Herren aus Berlin, Schultze und Müller, die Eisenbahn, um nach Köln zu fahren und dort – am Rhein – Erholung zu suchen. Ein ungenannter Autor bereitete die Unternehmung literarisch auf (Anonym. 1852). Auf dem Drachenfels entspann sich folgender Dialog:

Müller: *Welche schauerliche Tiefe und welche jrenzenlose Höhe?*
Schultze: *Ja det is wahr. Wir haben in Berlin schöne Jebäude und's Opernhaus, und's Zeuchhaus und's Musejum, so was findet sich nich wieder! Aber was de Rujinen betrifft, das muß man die Rheinländer lassen, i n d e R u j i n e n s i n d s e e i n z i g!*
(S.27; Sperrung d. Verf.)

An Ruinen wie der Burg Drachenfels entzündete sich die Phantasie. Die populäre Ruinenbegeisterung war zugleich eine wichtige Voraussetzung für die wissenschaftliche Erforschung der rheinischen Kulturlandschaft.

Dem Reisenden, der per Dampfschiff oder Eisenbahn das Mittelrheintal durchquerte, boten sich die Uferpartien als fast endlos scheinendes, abwechslungsreiches Panorama dar, bestückt mit vielen benennbaren und von Bildern her wiedererkannten Sehenswürdigkeiten. Es waren Spuren der Vergangenheit, damals einer mythischen, zeitlich kaum differenzierten Vergangenheit.

II. VIELFÄLTIGE SPUREN DER INKULTURNAHME PRÄGEN DIE NIEDERRHEINISCHE LANDSCHAFT

Am Niederrhein, dem Flußabschnitt unterhalb Kölns bis Arnheim, unterschied sich die Situation erheblich. Die touristische Bedeutung war vergleichsweise gering, obwohl es auch hier Ruinen gab: Jan de Beyer (1703 – um 1785) zeichnete 1749 eine Ansicht von *Schenken Schants, langs den Rhyn te zien* (Neuheuser 1979 Abb.26). Was sich damals für die Passanten mit dem Blick auf diese Lokalität verband, ist uns heute nicht bewußt. Ein englischer Reisender, Edward Southwell (1671 – 1730), der 1696 an Schenkenschanz vorbeikam, notierte in sein Tagebuch: *This was once Esteem'd the Key of Holland on that side, but the French found noe resistance when they took it; since which time it has run to ruine. The Counterscarp, ditch, covert way & Ramparts are all moulder'd downe, being only sod work* […] (zit. nach Fremantle 1970, 59).

Heute bietet die Ansicht wenig Spektakuläres, nur eine schmale, nicht sonderlich prägnante Silhouette. Einige andere historisch wichtige Plätze liegen nicht unmittelbar am Strom und entzogen sich damit dem nach visuellen Reizen dürstenden Blick des romantischen Reisenden: das Stift Elten, die Zisterzienserabtei Kamp, die Städte Kleve, Kalkar, Xanten, Duisburg, Krefeld oder Neuss. Von ihnen gibt es keine Flußansicht wie für Köln und die Städte am Mittelrhein.

Auch an anderen Attraktionen herrschte am Niederrhein kein Überfluß. Zwar waren und sind Deiche ein charakteristisches Element dieser Flußlandschaft und Spuren der Geschichte ihrer Erschließung durch den Menschen, aber sie eigneten sich kaum als touristische Besichtigungsobjekte. Schließlich haben sie nicht mit ihrer Schutzfunktion literarische Aufmerksamkeit auf sich gezogen, sondern mit ihrer Verletzbarkeit: *Der Damm zerreißt, das Feld erbraust. Die Fluten spülen, die Fläche saust.* (J.W.v.Goethe, Johanna Sebus). Das Ereignis von Brienen im Gefolge des Deichbruchs am 13. Januar 1809 ging durch das Goethe-Gedicht in das deutsche Bildungsgut ein. Anders als bei den „sagenumwobenen" Plätzen am Mittelrhein verband sich mit der Stätte weiblichen Heldenmuts kein konkretes Bild, das Menschen veranlaßt hätte, sich vor Ort von seiner realen Existenz zu überzeugen.

Von den Engländern ist bekannt, daß sie für ihre eigenen Küstenniederungen – wie etwa die Fenlands – nicht allzu viel übrig hatten und daß ihre Sehnsucht über das Mittelrheintal hinaus auf die Schweizer Alpengipfel gerichtet war. Ebensowenig waren die Holländer mit der Aussicht auf Deichwanderungen anzulocken. Das besaß man zuhause zur Genüge, dort zudem verbunden mit dem Nervenkitzel, unter dem Meeresspiegelniveau zu leben und mit dem stolzen Bewußtsein, sich diese Situation aus eigener Kraft und Ingeniosität geschaffen zu haben. Es gab ehrgeizige Pläne wie die Trockenlegung des Haarlemmermeers, eines Binnengewässers, das von 2.600 ha in der ersten Hälfte des 16. Jahrhunderts auf über 10.000 ha um 1600 und über 16.000 ha um 1700 anwuchs und die Städte Amsterdam und Leiden bedrohte. Die Einpolderung und Trockenlegung wurde zwar erst in den vierziger Jahren des 19. Jahrhunderts verwirklicht, aber es gab genügend andere Projekte, die den frühen Ruhm der holländischen Wasserbauingenieure begründeten. Das Know-how wurde auch für militärische Zwecke nutzbar gemacht. Während Trockenlegungen im 17./18. Jahrhundert am Niederrhein keine Rolle gespielt haben, waren befestigungstechnische Maßnahmen umso wichtiger. Diese erschließen sich nur im Kartenbild. Als Beispiel sei die *Gelegenheit und Belagerung der berümpten Schencken Schantz im Jahre 1635 und 36* angeführt (abgebildet in: Kal. Klever Land 1966, nach 48). Solche Karten (vgl. auch die 1794 erschienene *Karte der Rhein- Gegenden von Kayserswerth bis Arnheim, herausgegeben von dem Wasserbaumeister Wiebeking*) sind wichtige Hilfsmittel, um Überreste alter Anlagen – ob militärischer oder ziviler Zeugnisse der Ingenieurkunst – im Gelände, in der heutigen Kulturlandschaft, aufzufinden und sie in ihrer einstigen Funktion zu erklären. Wenn auch der Niederrhein nicht wie Holland im Wasserbau mit großen Namen aufwarten kann, so wird doch mit Wiebeking eine Persönlichkeit faßbar, bei der es lohnend wäre, nach Spuren ihrer Tätigkeit zu fahnden (vgl. Van den Brink 1990). Karl Friedrich Wiebeking stammte aus Pommern (geb. 1762 in Wollin). 1788 – 90 war er als Wasserbaumeister des Großherzogtums Berg in Düsseldorf tätig; in dieser Zeit muß die Karte entstanden sein. Anschließend wirkte er als großherzoglich hessischer Steuerrat in Darmstadt, beauftragt mit der Inspektion der Rheinkorrektion. Es folgten drei Jahre als k.k. Hofrat für Bauangelegenheiten in Wien. 1805 – 18 war Wiebeking in München Leiter der Generaldirektion des gesamten bayerischen Wasser-, Brücken- und Straßenbauwesens. 1818 trat er in den Ruhestand, 1842 verstarb er in München.

Die Anstellung Wiebekings in Bayern erfolgte im Hinblick auf Kanalpläne (Verbindung von Donau und Main). Als sich diese Pläne konkretisierten, wurde jedoch 1825 Heinrich von Pechmann mit der Planung beauftragt. Wiebeking reagierte 1834 mit der Streitschrift: *Beweis auf örtliche Untersuchung und auf die Lehren der Kanalbaukunde gegründet, daß der [...] Entwurf zu einem Kanal zwischen der Donau und dem Mayn in der Ausführung nicht gelingen könne.* Der Ludwig-Donau-Main-Kanal wurde dennoch gebaut und bis zum Zweiten Weltkrieg benutzt. Wiebeking geriet darüber in Vergessenheit, auch an den Stationen seiner vorangegangenen Schaffensperiode.

III. AUFGABE DER WISSENSCHAFT HEUTE: DIE SPUREN KULTURLANDSCHAFTLICH WIRKSAMER VORGÄNGE INTERPRETIEREN

Spuren von kulturlandschaftlich bedeutsamen Aktivitäten, die sich einer einzelnen Person zuordnen lassen, sind die Ausnahme. Das meiste wird nicht aus der Anonymität herauslösbar sein, und es ist viel gewonnen, wenn es gelingt, das, was an Spuren der Vergangenheit vorhanden ist, in eine relative chronologische Abfolge zu bringen.

Spurenlesen ist keine angeborene Fähigkeit. Entsprechendes gilt für die Kriminalistik. Die Archäologie kennt heute besondere Verfahren, verdeckte Spuren der Vergangenheit sichtbar zu machen. Im Winter 1961/62 veranstaltete das Rheinische Landesmuseum Bonn eine Ausstellung über *Luftbild und Archäologie. Spuren der Vergangenheit im rheinischen Boden.* Harald von Petrikovits schreibt im Vorwort der Begleitbroschüre (Scollar 1961), das Museum habe in Deutschland erstmalig archäologische Luftbildflüge mit System und in großem Maßstab durchgeführt. Die seither mit diesem Verfahren erzielten Fortschritte sind offenkundig.

Mir geht es um etwas anderes. Mein Fachgebiet ist die Historische Geographie. Deren Aufgaben lassen sich wie folgt umreißen:

1. Rekonstruktion früherer Kulturlandschafts- bzw. Raumzustände, etwa ab dem Mittelalter und überwiegend mit anderen Quellen, als sie die Archäologen benutzen. Ich selbst kam zur Historischen Geographie durch die Mitarbeit an der *Historischen Wirtschaftskarte der Rheinprovinz um 1820.* Bei diesem Unternehmen ging es um die Rekonstruktion der frühindustriellen Strukturen und Verflechtungen (vgl. Hahn/Zorn 1973).
2. Die Erforschung der Entwicklung einzelner Kulturlandschaftselemente durch die Zeiten, beispielsweise der Allmenden (vgl. Krings 1976).
3. Die Interpretation der heutigen Kulturlandschaft als Produkt geschichtlicher Vorgänge und zeittypischer Vorstellungen, die ihren Niederschlag in Form von Spuren verschiedenster Art gefunden haben. Sie gilt es aufzuspüren, zu beschreiben und zu erklären.

Eine große Schwierigkeit liegt bei Punkt 3: Die Spuren älterer Phasen sind nur selektiv und fragmentarisch erhalten. Aber heute erscheint es notwendiger denn je, eine solche Spurensicherung in der Kulturlandschaft zu betreiben, denn Tag für Tag verschwinden Überreste der Vergangenheit, durch den Bau von Straßen, die Errichtung von Gebäuden, Flurbereinigung u.a.m. Dabei ist es zunächst unerheblich, wie man das Vorhandene bewertet. Daß beispielsweise Grenzsperren, wie sie die DDR besaß, verschwinden, wird niemand beklagen. Anders die Planung einer mittelalterlichen Landwehr. Die Aufgabe der Bewertung ist folglich nicht auszuschließen, gerade wenn unser Fach, wie es mit Recht gefordert wird, eine praxisbezogene Ausrichtung erhalten soll, d.h., wenn das vorhandene Wissen über die Entwicklung der Kulturlandschaft für die Zwecke einer erhaltenden Planung nutzbar gemacht werden soll (vgl. Gunzelmann 1987). Zuerst müssen die Spuren, die „Narben der Geschichte", ob in der Stadt oder auf dem flachen Land, als solche erkannt werden. Ich möchte dazu zwei Beispiele vorführen, bei denen ich an meine Untersuchungen aus den siebziger Jahren anknüpfe (Krings 1976; 1980; 1983). Seitdem machte die wissenschaftliche Durchforstung der niederrheinischen Kulturlandschaft Fortschritte. Ich beziehe mich nicht auf das Niederrheingebiet allgemein, sondern möchte typische Teile herausgreifen, und zwar in Anlehnung an die natürliche Landschaftsgliederung, die in der bekannten Karte von K.H.Paffen 1953 dargestellt ist. Es handelt sich um die Untere Niers-Ebene, die das eine Beispiel liefern soll, sowie den Niederrheinischen Höhenzug, früher „Klevische Höhe" genannt, der das andere Beispiel abgibt. Abschließend sei kurz die Nahtstelle zwischen Höhe und Rhein-Ebene im Umkreis von Kleve angesprochen.

IV. ENTWICKLUNGSSCHRITTE DER LANDSCHAFTSBEZOGENEN FORSCHUNG ÜBER DEN NIEDERRHEIN

Die wissenschaftliche Beschäftigung mit der rheinischen Kulturlandschaft entzündete sich an einer Beobachtung, die sich auf die Art und Weise der Besiedlung bezieht. Am Anfang steht Johann Nepomuk Schwerz mit seiner *Beschreibung der Landwirthschaft in Westfalen und Rheinpreußen*. Das 1816/18 entstandene und erst 1836 im Druck erschienene Werk (vgl. Krings 1978) beginnt folgendermaßen: *Wenn man von Venlo an der Maas aus eine Gedankenlinie über Kempen und Crevelt nach dem Rhein zieht, [...] so findet sich, daß die Landwirthe auf der nördlichen Seite [...] durchgehends in einzeln zerstreuten Höfen, die auf der südlichen Seite durchgehends in zusammengebauten Dörfern wohnen* (S.4) Schwerz fügt die Vermutung an: *Die auffallende Verschiedenheit rührt vielleicht von dem geschichtlichen Gange der ersten Bevölkerungsart, wahrscheinlicher aber daher, daß die Römer und Franken sich nicht über jenen Grenzen mit gleicher Macht, wie auf der Südseite, behauptet haben* (S.4). Um einem Mißverständnis vorzubeugen, Schwerz ist nicht der Meinung, nördlich der angegebenen Grenze seien keine Dörfer zu finden. Er schreibt vielmehr ausdrücklich: *In den Dörfern wohnen die Handwerker, Krämer, Tagelöhner, Geistlichkeit und Schullehrer, auf dem Lande zerstreut, auch oft sich nahe, die Bauern und Landwirte* (S. 4). Die älteren Forschungsergebnisse sind, auf den Gegensatz Dorf- und Hofsiedlung reduziert, in einer Karte im *Geschichtlichen Handatlas* (Niessen 1950, 47a) dargestellt. Der Nächste nach Schwerz ist August Meitzen (1822-1910). Er war von 1861 bis 1865 Grundsteuerregulierungskommissar der Schlesischen Generalkommission in Breslau, bevor er am preußischen Statistischen Bureau bzw. am Statistischen Amt des Deutschen Reiches tätig war.

Grundsteuerregulierung bedeutete eingehende Arbeit mit Katasterkarten. Man kann solche Karten unter dem Aspekt betrachten, daß sie ältere Zustände der kulturlandschaftlichen Entwicklung fixieren und Spuren enthalten, deren Bedeutung geklärt werden muß. Was Meitzen betrifft, so gilt er mit seinem Erklärungsansatz als Begründer der sogenannten Stammestheorie, derzufolge sich im Siedlungsbild ethnische Differenzierungen aus einer weit zurückliegenden Phase widerspiegeln. Der nördliche Niederrhein rechnet zum *gegenwärtigen Bestand keltischer Einzelhöfe*.

Unter den Beispielen, die Meitzen (1896, III, Nr.72) bringt, befindet sich aus unserem Gebiet Huisberden (6 km östl. von Kleve) nach einer Aufnahme von 1640-45. Leider ist die daraus abgeleitete Detailanalyse lange Zeit nicht aufgegriffen und weiterentwickelt worden. Dazu hätte sich besonders das klevische Kataster aus den 1730er Jahren hervorragend geeignet (vgl. Ketter 1929). Eine gute Vorstellung von der Qualität dieses Kartenwerks vermittelt das Blatt mit einem Teil der Gemarkung von Huisberden, das als Farbabbildung in dem Band *Zeugnisse rheinischer Geschichte* (Heyen/Janssen 1982, 238f.;241) enthalten ist.

Erich Wisplinghoff beschrieb es, ohne auf Meitzen hinzuweisen und auch ohne auf die verschiedenen aufschlußreichen Flurstückbezeichnungen wie *Camp, Veldt, Weyde, Bongert* usw. einzugehen. Das klevische Kataster war ebenso wie die Tranchot-Karte aus der französischen Zeit als wichtige kartographische Quelle der Forschung bereits in der Zwischenkriegszeit bekannt, wurde aber noch nicht genutzt. Um die gleiche Zeit wurde die flächendeckende Luftaufnahme verfügbar (Jäger 1987, 36-38). Es dauerte bis nach dem Zweiten Weltkrieg, ehe man mit diesem Mittel siedlungsgeographisch arbeitete und den Frageansatz an die allgemeine Entwicklung des Fachgebiets anpaßte (vgl. Uhlig 1960). Das Luftbild leistet im übrigen mehr als nur formale Differenzierungen zu veranschaulichen. Es kann unter bestimmten Voraussetzungen eine zeitliche Schichtung sichtbar machen. Eindrucksvolle Beispiele sind vor allem aus England bekannt (vgl. Beresford/St. Joseph 1979). Beim Übergang vom Ackerbau zur Weidewirtschaft blieb die alte Form der Bodenbearbeitung in Wölbäckern (ridges-and-furrows) erhalten, als je nach Beleuchtung mehr oder weniger deutlich wahrnehmbare Spur in der mit der Einhegung entstandenen Heckenlandschaft. Bei der in Mitteleuropa nicht selten anzutreffenden Verwaldung ehemaliger Ackerflächen sind die alten Strukturen nicht aus der Luft wahrnehmbar. Sie können aber durch Kartierung im Gelände ermittelt werden (vgl. Jäger 1987, 119f.). Im Gegensatz dazu führt die andauernde ackerbauliche Nutzung, zumal mit den heutigen modernen Maschinen und Geräten, allmählich zur flächenhaften Beseitigung historischer Relikte.

V. 1. SPUREN DER MITTELALTERLICHEN NIEDERUNGSKOLONISATION AN DER UNTEREN NIERS

Ausgangspunkt ist ein Ausschnitt aus der Topographischen Karte 1 : 25.000, Bl. 4302 Goch (Abb.1, S. 16). Das dargestellte Gebiet liegt westlich von Weeze (rechts am Rand mit der Eisenbahnstrecke Geldern-Goch-Kleve und B 9). Am linken Rand des Ausschnitts verläuft die deutsch-niederländische Staatsgrenze. Jenseits der Grenze liegt die Gemeinde Bergen. Vier Teilkomplexe lassen sich unterscheiden:

1. Ein mäandrierender Wasserlauf: die Kendel, ein Nebenfluß der Niers. Siedlungen: Oberhelsum, Hülm, Gaesdonk.
2. Ein Deich, der eine lockere Siedlungsachse nach sich gezogen hat: Niederhelsum, Einzelhöfe und Katen. Es handelt sich um den Hülmer Deich, der nahe dem ehemaligen Kloster Marienwasser beginnt und sich in nordwestlicher Richtung bis Siebengewald hinzieht.
3. Ein Niederungsgebiet mit einem Erschliessungsmuster, das von überwiegend geraden Linien und rechten Winkeln geprägt ist: Baaler Bruch, Hülmer Heide, Gocher Veen.
4. Die Hees: eine Platte in einer Höhe von 30 – 35 m ü.NN (gegenüber 16 – 19 m ü.NN in der Niederung).

Das Erschließungssystem im Bereich Baaler Bruch/ Hülmer Heide wirkt modern. Es könnte sich folglich um ein Meliorationsgebiet des 19./ frühen 20. Jahrhunderts handeln. Ein Blick auf die Tranchot-Karte (Bl. 9 Goch, aufgenommen 1802 – 04) zeigt, daß diese Annahme im Prinzip richtig ist, daß es aber bereits den Leitgraben gab. Er verlief geradlinig, während der heutige Graben (zwischen den beiden „r" in dem Schriftzug *Baaler Bruch*) abknickt und mit weiteren Richtungsänderungen ostwärts zum Ottersgraben führt. Das anstoßende Areal war zu Beginn des 19. Jahrhunderts unkultiviert, nur an den Rändern, besonders im Norden zum Hülmer Deich hin, sind Ansätze einer streifenförmigen Inkulturnahme des Bruches zu erkennen.

Bei der Suche nach einer Erklärung sollte die *Antiquarische Charte der Umgegend von Geldern, entworfen nach örtlichen und urkundlichen Ermittelungen in dem Jahre 1878 durch den Kataster Geometer Michael Buyx. Nieukerk im Juny 1878* herangezogen werden. Buyx, geboren 1795 als Sohn des Bürgermeisters von Nieukerk, war 83 Jahre alt, als er die Karte publizierte. Er entwarf sie in den sechziger Jahren, 1865 wurde sie erstmals öffentlich gezeigt. Gregor Hövelmann (1980, 114) schreibt: „Was er – Buyx – auf ihr festgehalten hat, ist in gewisser Weise die Summe lebenslangen Forschens: Als Landmesser mit starkem Geschichtsinteresse hatte er im Gelände ständig 'örtliche Ermittlungen' von alten Strassen, Landwehren, Ruinen und Bodenaltertümern, wie Münzen und Urnen angestellt; in ständigem Kontakt mit historisch vorgebildeten Freunden – er hatte sich mit ihnen 1851 zum 'Historischen Verein für Geldern und Umgegend' zusammengeschlossen – hatte er die Möglichkeit zu 'urkundlichen Ermittlungen' erhalten. In seiner 'Antiquarischen Charte' hat er offensichtlich versucht, beides – die ört-

Abb. 1: Ausschnitt aus der topographischen Karte M. 1:25.000, Bl. 4302 Goch.

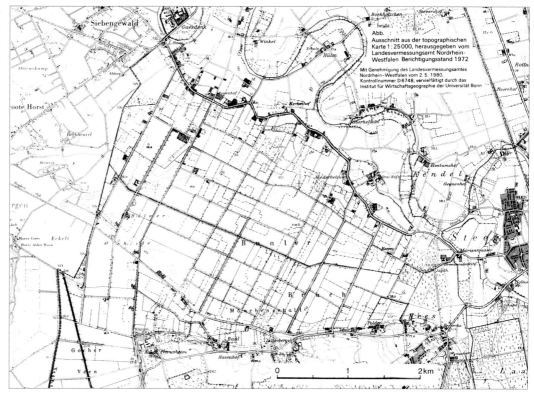

lichen und die urkundlichen Befunde – miteinander zur Deckung zu bringen. Das Ergebnis ist eine Rekonstruktion des historischen Raumes zwischen Weeze, Sonsbeck, Tönisberg und Krickenbeck. Eine bahnbrechende Leistung!" (S.114). Dem ist beizupflichten, was die bahnbrechende Leistung betrifft; von einer Rekonstruktion kann man nach heutigem Verständnis aber nicht sprechen: Es waren Vorarbeiten.

Der Buyx'sche Kartenentwurf wurde 1879 durch die Firma Jaeger & Schwabenthau in München mit Hilfe eines photolithographischen Verfahrens in einer Auflage von 300 Exemplaren reproduziert. Daß die Karte ausgerechnet in München gedruckt wurde, mag rein technische Gründe gehabt haben, aber dort erschien um dieselbe Zeit eine *Prähistorische Karte von Bayern* als farbiger Steindruck in mehreren Blättern im Maßstab 1 : 250.000. Diese Karte wirkt moderner, wissenschaftlicher als die von Buyx. Bearbeiter war Friedrich Ohlenschlager (1840–1916), ein Gymnasiallehrer, „einer der führenden Köpfe der bayerischen Limesforschung" (Koschik 1987, 30). Ob hier irgendein Bezug und nicht nur ein zufälliges Zusammentreffen vorliegt, müßte noch geklärt werden.

Die Buyx'sche Karte überliefert für das interessierende Gebiet Hülmer Heide/Baaler Bruch die

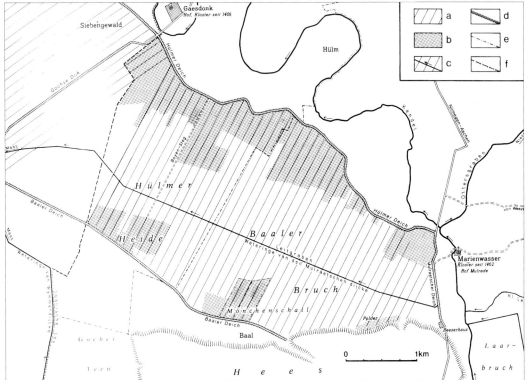

Abb. 3: Interpretationsskizze für den Baaler Bruch/Hülmer Heide.

a Idealisierte Einteilung in Schläge von je 30 Rheinländ. Ruten (ca. 113 m) Breite
b Kulturland i. J. 1843 nach der Topograph. Karte 1:25000 des Preuß. Totpgraph. Bureaus, Bl. 4302/4303
c Entwässerungsgraben (Wetering, Leitgraben)
d Deich
e Gemeindegrenzen des 19. Jh.
f Staatsgrenze seit 1815

Jahreszahl 1346. Am 2. März dieses Jahres hatte Herzog Reinald III. von Geldern in Zutphen eine Urkunde ausgestellt (vgl. Krings 1976; 1980). In ihr werden Deiche, sogenannte Weteringen (Entwässerungsgräben) sowie Schläge (abgeteilte Grundstücke) erwähnt. Davon müßten sich zumindest Spuren erhalten haben, wenn man eine gewisse Persistenz solcher Elemente unterstellt. Eine praktische Schwierigkeit war, die in der Urkunde genannten Weteringen bzw. Leitgräben zu identifizieren, also mit vorhandenen Geländespuren in Verbindung zu bringen. Hier kam mir eine Manuskriptkarte aus dem 16. Jahrhundert zu Hilfe (Abb. 2, Farbtafeln S. 67). In ihr sind zwei Leitgräben, die das überschüssige Wasser aus dem Bruchgebiet zur Maas hin abführten, namentlich gekennzeichnet:

(1) *Leygrave van Wymmer Dyck heraff,* (2) *Leygrave van den Muylraetschen Dyck heraff.* Ein weiteres lineares Element (3) ist unbezeichnet.

Angemerkt sei, daß die Karte zum Zweck des gerichtlichen Augenscheins angefertigt worden ist (vgl. Schwarzmaier 1986; Brichzin 1990); sie liegt über 200 Jahre nach der aus der Urkunde von 1346 zu erschließenden Urbarmachung und hat diese auch nicht zum Thema. Vielmehr ging es um Nutzungskonflikte in dem Heidegebiet zwi-

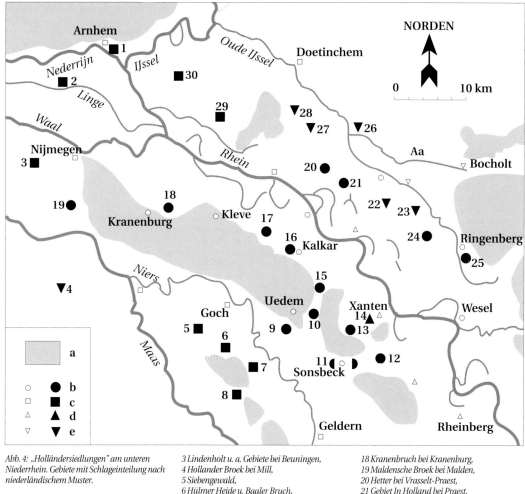

Abb. 4: „Holländersiedlungen" am unteren Niederrhein. Gebiete mit Schlageinteilung nach niederländischem Muster.

a höher gelegenes Gelände (vorpleistozäne Höhen, Stauchmoränen, Sander, Hauptterrasse u. jüngere Mittelterrasse)
b Städte (offene Symbole) und Gebiete mit Schlageinteilung (gefüllte Symbole) auf dem Territorium von Kleve
c dgl. von Geldern
d dgl. von Kurköln
e dgl. auf anderen Territorien.

1 Arnhemsche Broek bei Arnhem,
2 Hollanderbroek bei Elst,
3 Lindenholt u. a. Gebiete bei Beuningen,
4 Hollander Broek bei Mill,
5 Siebengewald,
6 Hülmer Heide u. Baaler Bruch,
7 Laarbruch bei Weeze,
8 Wembscher Bruch bei Weeze-Wemb,
9 Steinberger Bruch bei Uedem,
10 Uedemerbruch bei Uedem,
11 Gebiet von Sonsbeck,
12 Gebiet von Veen,
13 Labbecker Bruch bei Labbeck,
14 Urselwald/Niederbruch bei Xanten,
15 Raderbruch bei Appeldorn,
16 Bernem u. Arselaerbroek bei Kalkar-Altkalkar,
17 Tiller Bruch bei Till-Moyland,
18 Kranenbruch bei Kranenburg,
19 Maldensche Broek bei Malden,
20 Hetter bei Vrasselt-Praest,
21 Gebiet In Holland bei Praest,
22 Kattenbruch bei Haldern (vermutet),
23 Wertherbruch bei Werth,
24 Die Hufen, südl. Erweiterung von 23 (vermutet),
25 Ringenberger Bruch bei Ringenberg,
26 Silvoldsche Slagen bei Silvolde (vermutet),
27 Azewijnsche Broek bei Gendringen (vermutet),
28 Vinkwijksche Broek bei Zeddam (vermutet),
29 Kwartier bei Didam (vermutet),
30 die Liemers (nicht näher untersucht).

Belege bei Krings 1983, 188.

schen der geldrischen Herrlichkeit Afferden und dem klevischen Niederamt Goch. Nach einigen Gewalttätigkeiten konnten sie durch einen Vertrag vom 12.11.1552, der die Grenze neu festsetzte, beigelegt werden (Ferber 1860, 138 – 141). Der Bereich Hülmer Heide – Baaler Bruch schließt nach links (d.h. nach Südosten) an das in Abb. 2 erfaßte Gebiet an. Nachdem die beiden Leitgräben identifiziert waren, ließ sich eine Interpretationsskizze (Abb.3, S. 17) anfertigen. Danach bilden der Hülmer Deich die nördliche, der Baaler Deich bzw. die Anhöhe der Hees die südliche Begrenzung. Im Osten liegt der Mühlrathsche Deich, über den eine Straßentrasse führte, die Aachen und Nimwegen verband. Sie wurde im 18./19. Jahrhundert zugunsten eines weiter östlichen, chausseeartig ausgebauten Verlaufs (über Weeze) aufgegeben. Für das Bruchgebiet ist eine schematische Schlageinteilung – ungefähr in SW-NO-Richtung – angenommen. Die metrologische Analyse ergab eine Regelbreite von 30 rheinländischen Ruten à 3,77 m (= 113 m). Von den Deichen aus wurde ein kleiner Teil des Areals urbar gemacht; der größere Rest blieb Allmende und zwar bis zu Beginn des 20. Jahrhunderts, als mittels „Dampfbodenkultur" die individuelle Inwertsetzung vorbereitet wurde (Krings 1980, 112 – 114). Einiges spricht dafür, den mit Abb.3 erläuterten Befund als Spur niederländischer Kolonisationstätigkeit zu werten, wie sie auch im Rhein-Maas-Delta festzustellen ist (vgl. Henderikx 1989). Trifft dies zu, so wäre zu fragen, ob niederländische Kolonisten selber die Träger der Maßnahmen waren oder ob nicht eher einheimische Siedler nach niederländischem Muster vorgegangen sind. Um das zu klären, gibt es mehrere Wege. Ich habe seinerzeit auf eine Landrolle aus dem 14. Jahrhundert, in der die Namen der Siedler verzeichnet sind, hingewiesen (Krings 1980, 108).

Mittlerweile edierte Dieter Kastner (1988) diese Landrolle. Ich selbst habe einen anderen Weg beschritten und in einer Verbreitungsskizze (Abb. 4, S. 18) festgehalten, wo am Niederrhein Schlageinteilungen der oben erwähnten Art vorkommen und welchen Territorien sie angehörten. Das Ergebnis spricht für eine recht umfangreiche und vielleicht planmäßig betriebene Niederungskolonisation. Für ihre Beurteilung kommt man mit urkundlichen Quellen nicht aus. Unerläßlich ist, auch Karten sowie die erhaltenen Spuren im Gelände zu berücksichtigen. Festzustehen scheint, daß die Kultivierungsmaßnahmen häufig nicht in einem Zuge durchgeführt worden sind, sondern daß es nachträgliche Erweiterungen, auch Verzahnungen und Überlagerungen gab, so daß im Detail stark zu differenzieren ist. Damit haben wir uns zugleich weit von den einfachen Vorstellungen entfernt, die bis in die Nachkriegszeit hinein von der Siedlungsentwicklung herrschten.

VI. 2. FORMEN NEUZEITLICHER ERSCHLIESSUNG AUF DER KLEVISCHEN HÖHE

Das zweite Beispiel bezieht sich auf die Klevische Höhe. Es geht im wesentlichen um die ehemalige Gocher Heide, eine Allmende der Stadt Goch (Abb. 5, S. 21). Sie beschäftigte mich bei meinen Untersuchungen über die Entwicklung von Allmenden besonders, weil sich hier die Aktivitäten und Interessen verschiedener sozialer Gruppen niedergeschlagen haben und dies an dem Erschließungsmuster, das die Karten zeigen, ablesbar ist. Die Gocher Heide, die durch einen breiten, gut 2 km langen Triftweg mit der Stadt Goch verbunden war, umfaßte ursprünglich eine Fläche von etwa 3500 ha. Sie zerfiel in einen kleineren zentralen Teil (die sogen. *Vals*), der als Kuhweide diente, und in einen größeren peripheren Teil, der als Schafweide genutzt wurde. Für die Stadt Goch war diese Schafweide solange von Nutzen, wie ihr Wolltuchgewerbe blühte und den einheimischen Rohstoff benötigte. Dies war bis etwa 1400 der Fall. Von da an ging es mit dem Tuchgewerbe bergab. Stattdessen kam die Appretur von Leinwand aus eigener und fremder (Brabanter) Produktion auf. Daraufhin verwandelte man vor den Toren der Stadt Allmendflächen teils in Bleichen, teils in Ackerland. Die Urbarmachung sollte wahrscheinlich

Flächen für den Flachsanbau bereitstellen. Eine andere mögliche Erklärung wäre, daß die vorübergehende Verschlechterung der Wirtschaftslage die Bürger zwang, die landwirtschaftliche Komponente in ihrem Erwerbsleben zu verstärken.

Nachdem keine Nachfrage für Wolle mehr bestand, wurde die entlegene äußere Gocher Heide, deren Außenrand teilweise über 7 km von der Stadt entfernt war, mehr oder weniger funktionslos. Die ersten genaueren Karten, die wir von der Gocher Gemarkung besitzen, sind die Blätter der preußisch-klevischen Katasteraufnahme von 1733/36. Aus ihnen läßt sich feststellen, was sich bis dahin auf der Gocher Heide getan hatte: An den äußeren Rändern finden sich zahlreiche winzige Siedlerstellen. Sie waren mit Haus, Garten und Ackerland inselartig in die weite Heidefläche eingesprengt. Die Siedler gehörten der bäuerlichen Unterschicht an: Kötter, die von den Nachbargemeinden im Norden und Osten in die Gocher Allmende eingedrungen waren. Ob dies mit Billigung der Stadt geschah oder nicht, läßt sich schwerlich sagen. Es gibt aus anderen Gebieten Belege dafür, daß „wildes" Urbarmachen und Aufsiedeln von Allmendflächen rigoros unterbunden wurde. Hier wird man es geduldet haben, da die Fläche praktisch ungenutzt war.

Ostwärts der Straße Goch – Kleve zeigen die Karten einen *Alten* und einen *Neuen Tannenbusch*. Mit Tannen (nl. dennen) sind Kiefern gemeint. Die Kiefer ist keine bodenständige Baumart. Es muß sich daher um planmäßige Aufforstungen handeln. Bereits in der ersten Hälfte des 17. Jahrhunderts hatte die Stadt Goch die betreffenden Flächen an den Staat verkauft, der die Aufforstungen vornehmen ließ. Es war eine der frühesten derartigen Maßnahmen im Rheinland (Hesmer 1958, 106ff.). Südlich der Straße Goch – Kalkar befindet sich ein Areal von rund 55 ha, das als *Kalbecksche Vrede* bezeichnet ist (Nr. 2 in Abb. 5, S. 21). Kalbeck war ein in der Nähe der Niers gelegener Adelssitz; unter Vrede ist ein eingefriedeter Bereich, also wohl eine Schonung, zu verstehen. An den Aufforstungen beteiligte sich danach neben dem Staat auch der Adel. Beiderseits der Straße Goch - Kleve war die Heide teils in Ackerland umgewandelt, teils aufgeforstet worden. Ackerland und Wald verteilen sich meist auf größere geschlossene Anwesen, Einzelhöfe mit Einödflur. An der Gestaltung der neu angelegten Waldstücke und an ihrer Namengebung läßt sich ablesen, daß die Träger dieser Siedlung auf keinen Fall bäuerlicher Herkunft waren. Über einen der nichtbäuerlichen Siedler auf der Gocher Heide lassen sich nähere Angaben machen: den königlich-preußischen Leutnant Johann Rudolf Lobbes, der 1738 in der Nähe von Berlin geboren wurde und 1817 in Weeze starb. Er erwarb um 1780 ein Gelände auf der Gocher Heide und machte es urbar. Daraus ging das heutige Gut Heidhausen hervor (Nr. 3 in Abb. 5, S. 21). Lobbes war ein gebildeter Mann. Er berichtete 1787 bei der Beantwortung einer amtlichen Umfrage ausführlich über seine landwirtschaftlichen Versuche und Erfahrungen und korrespondierte mit Albrecht Thaer, dem bedeutendsten deutschen Agrarwissenschaftler seiner Zeit. Thaer fand die Niederschrift von Lobbes so wichtig, daß er sie 1801 in den *Annalen der niedersächsischen Landwirtschaft* abdruckte. Dadurch verfügen wir über eine Vielzahl wertvoller Informationen, die die fortschrittliche Wirtschaftsweise am Ende des 18. Jahrhunderts erkennen lassen. Lobbes wandelte das Heideareal teils in Ackerland um, teils forstete er es auf. Er trieb Schafzucht und legte dazu eine Kleeweide an. Dadurch reduzierte sich der Bedarf an Futterfläche gegenüber der traditionellen unverbesserten Allmendweide nach seiner Aussage auf etwas mehr als ein Zehntel. Wir besitzen hier also ein gutes Beispiel für die Intensivierung, wie sie die Agrarpolitik seit dem 18. Jahrhundert forderte. Thaer führt sie auch als Argument für die von ihm propagierte Allmendteilung an.

Bei der Anlage des Katasters 1733 – 36 waren große Teile der Gocher Heide noch ungenutzt. Sie wurden allerdings in der Folgezeit vollkommen aufgesiedelt, und zwar durch Bauern aus dem Hunsrück, der damals zur Pfalz gehörte (Abb. 5,

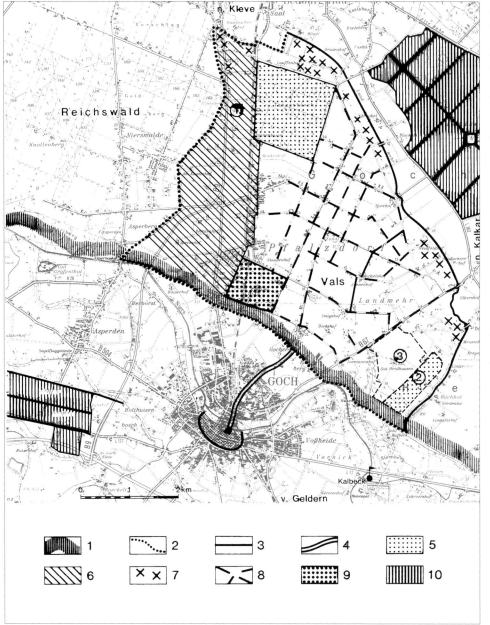

Abb. 5: Interpretationshilfe zur Umgebung von Goch.

Nr. 1 Sogen. Ulius-Güter,
Nr. 2 Sogen. Kalbecksche Vreede,
Nr. 3 Gut Heidhausen, angelegt von J.R. Lobbes (E. 18.Jh.).

Zeichenerklärung:
1 Landschaftsgrenze zwischen Niederrheinischem Höhenzug (nördlich) und Unterer Niersebene (südlich),
2 ehem. Grenze der Allmende „Gocher Heidell",
3 dgl., zugleich ehem. Landwehr Geldern Kleve (bis 1473),
4 Triftweg („Veesteeg") von Goch auf die Heide,
5 Alter u. Neuer Tannenbusch (staatl. Aufforstung 17.Jh.),
6 Heidekultivierung durch Angehörige der städtischen Oberschicht aus Kleve, Nijmegen, Duisburg usw. (vor 1733),
7 Heidekultivierung durch einheimische Kötter,
8 Heidekultivierung durch Pfälzer Siedler (nach 1740),
9 Gemeindewald Pfalzdorf (um 1800),
10 Kolonien Asperheide (18.Jh.) u. Louisendorf (um 1820)

S. 21, Bereich Pfalzdorf). Die Geschichte dieser pfälzischen Kolonisation ist in zahlreichen Arbeiten behandelt worden. Die zuständige königlich preußische Kriegs- und Domänenkammer in Kleve wurde von dem Wunsch der Pfälzer, die Auswanderung nach Nordamerika umständehalber aufzugeben und im Lande zu bleiben, offensichtlich überrascht. Konkrete Pläne zur Ansiedlung von Kolonisten gab es bis dahin nicht. Wohl mehr zufällig kam man auf die Gocher Heide, und man überließ es den Pfälzern, dort ein ihnen geeignet erscheinendes Gelände ausfindig zu machen. Darüber kamen Zweifel auf, ob die Siedlungswilligen nicht eher die Staatsfinanzen belasteten als aufbesserten. Man wollte die Pfälzer schon wieder wegschicken, doch erreichten ihre daraufhin zum König nach Berlin gereisten Abgesandten, daß sie bleiben durften. Die Befürchtungen erwiesen sich in diesem Falle bald als unbegründet, obwohl die Bedingungen außerordentlich ungünstig waren: Die Kolonisten mußten nach einer Schonfrist von 5 bzw. 10 Jahren an die Stadt Goch Erbpacht zahlen. Dazu kamen die Steuern, denn die Bitte um Steuerfreiheit wurde offenbar abgewiesen. Das Plaggenstechen war ihnen verboten; damit fiel die traditionelle Methode der Bodenverbesserung aus. Stattdessen mußten sie z.B. Mergel verwenden, den sie über die Maas aus Südlimburg bezogen. Dies aber erforderte Kapital und führte zu einer hohen Verschuldung.

Nachzutragen ist etwas zu Nr. 1 in Abb. 5., S. 21. Nach dem klevischen Kataster waren die sogenannten *Ulius-Güter* beispielhaft für die Besiedlung in diesem Bereich. Sie umfaßten u.a. einen *Plaisir Busch* mit Blickschneisen nach Bedburg, Qualburg und Hau, einen *Stern Busch* und ein kleineres Waldstück mit dem Namen *Hünerklau* (Krings 1976 Fig.8). Die ganze Anlage deutet auf modisch ausgerichteten Geschmack hin, ihre Funktion war keine ausschließlich ökonomische. Vorbilder hierfür finden sich an den Fürstenhöfen, in den benachbarten Niederlanden auch bei der städtischen Oberschicht, die seit dem goldenen Zeitalter, dem 17. Jahrhundert, in den Heidegebieten des Gooi oder der südlichen Veluwe Land- und Sommersitze (Buiten-plaatsen) anlegte. So war es auch auf der Gocher Heide. Aus den Katasterblättern läßt sich entnehmen, daß die Eigentümer in Duisburg, Kleve, Gennep und Nimwegen wohnten. Einer der Höfe gehörte einer adeligen Familie aus der Gemeinde Weeze. Die *Ulius-Güter* selbst sind nach einem Schöffen aus Hertogenbosch benannt.

Wie läßt sich die Platzwahl der Landsitze erklären? Der Hauptgrund war zweifellos die räumliche Nähe zu der kurbrandenburgisch-preußischen Residenzstadt Kleve. Hier wirkte z.B. von 1647 bis 1668 Graf Johann Moritz von Nassau, ein Mann von großem Format (vgl. de Werd 1980). Die Anziehungskraft der klevischen Hofhaltung war stark, und so verwundert es nicht, in der Umgebung der Stadt mehrere Landsitze zu finden. Daß einige davon auf dem unfruchtbaren Boden der Gocher Heide angelegt wurden, dessen Inwertsetzung einiges an Investitionen erforderte, ist vom rein ökonomischen Standpunkt unverständlich. Die sprichwörtliche Unfruchtbarkeit der Heide ist, und das würde durchaus dem Empfinden des 17. Jahrhunderts entsprechen, offensichtlich als Herausforderung verstanden worden, die Überlegenheit menschlichen Handelns über die wüste Natur zu demonstrieren. Während für die Kötter die Allmenden die einzige Ausweichmöglichkeit boten und sie ihre mühsam urbar gemachten Kleinstflächen oft bald wieder aus Mangel an Düngemitteln aufgeben mußten, wären für Angehörige der Oberschicht sicher auch günstigere, bereits kultivierte Flächen verfügbar gewesen.

Soviel zur Gocher Heide. Die Frage ist, inwieweit sich die hier festgestellten Tendenzen verallgemeinern lassen, d.h. inwieweit sie für die preußischen Landesteile am Niederrhein insgesamt Gültigkeit beanspruchen können. Die staatliche Peuplierungspolitik setzte erst mit dem geschilderten Fall der Pfälzer Siedler ein, blieb aber auf den klevischen Landesteil beschränkt. Mit nachgewanderten Pfälzern und teilweise wohl auch einheimischen Siedlern entstanden auf Allmenden weitere Kolonien: Asperheide bei Goch, Bönninghardt bei Sonsbeck, Königshardt rechtsrheinisch im heutigen Stadtgebiet von Oberhausen und andere.

Mit der Zeit wuchs die Bevölkerung, besonders der ersten Kolonie Pfalzdorf, an. Für die nachgeborenen Söhne bot die Landwirtschaft an Ort und Stelle keine Existenz. Damit geriet die Regierung erneut in Zugzwang, und so wurden, nachdem Preußen 1815 wieder die Herrschaft übernommen hatte, die Kolonien Louisendorf und Neulouisendorf zur Erweiterung von Pfalzdorf angelegt. Hierzu verwendete man erstmals Domänenländereien wie den *Eichenwald*, dessen Ausdehnung die Tranchot-Karte (Bl. 9 Goch) zeigt. Diese Waldflächen dienten bis dahin der ansässigen Bevölkerung als Allmende. Die Betroffenen versuchten zwar, eine Entschädigung für den Verlust ihrer Rechte zu erlangen, drangen damit aber nicht durch. Sie wurden allerdings wohl mit Grundstücken abgefunden (Imig o.J., 20).

Bemerkenswert an Louisendorf ist, daß der Verteilungsplan von 1821 vorsah, unterschiedliche Besitzgrößen auszuweisen: 20 holländ. (preuß.) Morgen – 10 M. – 5 bis unter 10 M. – 4 bis unter 5 M. – 3 M. und 2 M. (Imig o.J., 21; Krings 1976 Fig.11) und man dies auch verwirklichte. Benannt ist Louisendorf nach der preußischen Königin Louise (1776 – 1810). Um den zentralen Platz herum wurde für jedes ihrer 34 Lebensjahre ein Baum gepflanzt. Dies entsprach, wenn wir Hans Sedlmayr folgen wollen, dem Zeitgeschmack: „Auf der Stufe des Landschaftsgartens ist das Denkmal ein 'Hain'. Ein Mal aus Bäumen erscheint als die höchste und würdigste Verkörperung der Denkmalsidee. Wie ein Rundtempel aus Naturelementen umstehen in Ermenonville und in Wörlitz Pappeln im Kreis die Gedächtnisstätten Rousseaus" (1955, 48f.). Mit der Anlage von Neulouisendorf 1832 endete die Phase der staatlich gelenkten, vom Geist der merkantilistischen Bevölkerungspolitik beeinflußten Binnenkolonisation am Niederrhein. Gemessen an der Gesamtfläche der verfügbaren Allmende war die Wirkung gering. Das Bild der niederrheinischen Kulturlandschaft wurde freilich durch diese Plansiedlungen noch vielfältiger. Wichtiger ist, daß sich diese Kolonien bis in die Gegenwart ein gewisses Eigenleben erhalten haben. Die Niederungsgebiete selbst blieben von den punktuellen staatlichen Peuplierungsmaßnahmen unberührt. Zwar wurde z.B. für die Niers ein neues Reglement eingeführt (1769) und zur Verbesserung der Vorflut ein Kanal von Geldern zur Maas angelegt (1770), die Melioration der Niersniederung erfolgte jedoch erst nach 1850 durch bäuerliche Genossenschaften, so auch ab 1907 im Baaler Bruch.

Von dem Wald auf der Klevischen Höhe blieb trotz der angesprochenen und weiterer Rodungen in der Nachkriegszeit („Reichswalde" und „Nierswalde" als Flüchtlingssiedlungen, vgl. Abs 1980) ein ausgedehntes Areal von über 5.000 ha erhalten. Auch im Wald gibt es Spuren menschlicher Tätigkeit aus der Vergangenheit, Spuren, die erfaßt und erklärt werden sollten. Im Südteil des *Clevischen Waldes* zeigt die heutige Karte ein schematisches Schneisensystem und darin Reste älterer Wegverläufe, die um 1800 nach der Tranchot-Karte (Bl. 8 Gennep) noch dominieren. Die damals erkennbaren neuen Elemente sind erstens der *Neue Weg*. Er führt schnurgerade aus Richtung Kleve nach SW, Ziel ist das Haus Nergena nahe der Niers. Dieses Waldgebiet war im Spätmittelalter aus Reichsbesitz an die Landesherrschaft gelangt. Sie übertrug die Verwaltung des Waldes erstmals 1438 einem Waldgrafen, der ab 1471 seinen Sitz auf der Burg Nergena hatte. Weiterhin sind neu zwei Querwege, die im Abstand von rund 1,3 km parallel zueinander verlaufen: *le Rendezvous und de Eerste stelstee*. Diese Querwege dienten möglicherweise von Kleve aus als Sammelwege bei Jagden. Der Name Rendezvous ist auf der heutigen Karte noch enthalten. Als Vergleichsbeispiel sei Het Loo in der Veluwe genannt. Über König Wilhelm III. schreibt Southwell: *He generally whilst here, hunts stag* (Hirsch) *twice or thrice a Weeke. The Rendevous or Place of starting is often at 10 or 15 Miles distance* (zit. nach Fremantle 1970, 52).

Die Waldstücke in der Nähe von Kleve zeigen ein anderes Muster, und wir lesen *Stern Busch* oder *Alter Thiergarten*. Ich habe vorhin Johann Moritz von Nassau-Siegen genannt, der die Landschaftsgestaltung initiierte (vgl. Diedenhofen 1978). Es handelt sich, wenn man so will, um eine systematische Spurensetzung. Aus diesem System von Punkten und Beziehungsachsen sei der Kenotaph, das Grabmal des Fürsten in Bergendael, herausgegriffen (vgl. Hilger 1980). Es liegt am Beginn einer Sichtachse, die es über das *Freudental* hinweg mit dem Prinzenhof in Kleve verband. Zur 300. Wiederkehr des Todestages (1679) ist dieses Monument, das schon Ende des 18. Jahrhunderts verstümmelt worden war, wiederhergestellt worden. Es hat eine doppelte geschichtliche Perspektive: Nach rückwärts, in die Vergangenheit hinein, betreibt es Spurensicherung, indem es römische Altertümer einbezieht, von denen der Caelius-Stein am bekanntesten ist. Der andere Bezug reicht nach vorn: Am 14. Juni 1763 begab sich Friedrich der Große zu Fuß von Kleve nach Bergendael, um das Monument zu besichtigen. Vielleicht hatte er es vorher schon einmal besucht. In seinem Testament von 1752 jedenfalls legte er fest, wie er in Sanssouci bestattet werden wollte. Es heißt dort: *Le prince de Nassau, Maurice, a été inhumé de même dans un bois proche de Clèves.*

So können Spuren, die die Vergangenheit hinterließ, weiterwirken. Nicht alle Spuren in der niederrheinischen Kulturlandschaft sind von einer solchen oder nur annähernd großen Bedeutung. Aber es ist notwendig, daß die Spuren der kulturlandschaftlichen Entwicklung sorgfältig erforscht werden, daß möglichst viele Leute, nicht nur ein paar Spezialisten das Spurenlesen erlernen und daß dadurch der verantwortungsbewußte Umgang mit dem Erbe der Geschichte gefördert wird.

I. Kulturlandschaftsgenese am unteren Niederrhein

Einführung in ein interdisziplinäres Projekt

WOLFGANG WEGENER

I. GESETZLICHE GRUNDLAGEN UND PRAKTISCHES HANDELN

Nach mehrjähriger Erfahrung in der Bodendenkmalinventarisation des RAB, die durch die aktuelle Auseinandersetzung von fachamtlicher Bestandserfassung und den administrativen Unterschutzstellungsverfahren der Unteren Denkmalbehörden sowie der Planungsbehörden in Städten und Gemeinden bestimmt waren, wurde das hier vorzustellende Projekt vor zwei Jahren umgesetzt.

Mit dem 1980 verabschiedeten Denkmalschutzgesetz von Nordrhein-Westfalen (DSchG NW) wurde die Bodendenkmalpflege auf eine neue gesetzliche Grundlage gestellt und wesentliche Aufgaben des Fachamtes neu bestimmt. Mit der Namensgebung *Denkmalschutzgesetz* verfolgte der Gesetzgeber gegenüber dem alten *Preußischen Ausgrabungsgesetz* eine klare Zielsetzung, bei der der Schutzgedanke deutlich in den Vordergrund tritt. Zudem muß das Fachamt als Träger öffentlicher Belange an allen öffentlichen Planungen beteiligt werden. In § 1 Abs. 3 DSchG heißt es: *Bei öffentlichen Planungen und Maßnahmen sind die Belange des Denkmalschutzes und der Denkmalpflege angemessen zu berücksichtigen. Die für den Denkmalschutz und die Denkmalpflege zuständigen Behörden sind frühzeitig einzuschalten und so mit dem Ziel in die Abwägung mit anderen Belangen einzubeziehen, daß die Erhaltung und Nutzung der Denkmäler [...] möglich sind.* (Memmesheimer/Upmeier/Schönstein 1989).

In enger Verbindung mit diesem Paragraphen und mit besonderem Augenmerk auf die Bodendenkmäler wendet sich § 11 DSchG an die öffentlichen Planungsträger: *Die Gemeinden, Kreise und Flurbereinigungsbehörden haben die Sicherung der Bodendenkmäler bei der Bauleitplanung, der Landschaftsplanung und der Aufstellung von Flurbereinigungsplänen zu gewährleisten.*

Jährlich erreichen das RAB mehr als 3000 Vorhaben, die umfangreiche Gebietsplanungen, aber auch Einzelbauanträge betreffen. Weder das Fachamt noch die örtlichen Planungsbehörden sind auf diese neue Aufgaben in personeller Hinsicht genügend vorbereitet.

Da das Land Nordrhein-Westfalen zu den am dichtest besiedelten Regionen Europas gehört und vorrangig durch die Wirtschaftskraft an Rhein und Ruhr bestimmt wird, herrscht ein hoher Bedarf an bebaubaren Wohn- und Industrieflächen. Andererseits existiert eine Jahrtausende alte Kulturlandschaft, deren kulturgeschichtlicher und archäologischer Fundreichtum weit über die Landesgrenzen hinaus Bedeutung hat. Diese Gegensätze – Erhalt des kulturellen Erbes und moderne Entwicklung der Industriegesellschaft – führten zu ständigen Konflikten. Sie gilt es, in einer Form zu lösen, die keinen Verlierer hinterläßt.

II. BEDROHUNGEN FÜR DAS BODENARCHIV

Es gibt vielfältige Bedrohungen für das archäologische Bodenarchiv. Drei Beispiele seien genannt, die Abgrabungen, die moderne Landwirtschaft und die behördlichen Flurbereinigungsverfahren, die für das Niederrheingebiet von besonderer Bedeutung sind.

ABGRABUNGEN

Die größte Zerstörung, radikal und unwiderruflich, wird durch die großflächigen Abgrabungen zur Rohstoffgewinnung verursacht. V.a. der Braunkohletagebau tritt dabei immer wieder in das öffentliche Bewußtsein. Jährlich werden 500 ha Kulturlandschaft zerstört, von denen lediglich 20 ha, also 5%, archäologisch untersucht werden können. Weniger bekannt, aber in der Konsequenz für das Bodendenkmal vergleichbar, sind die zwar kleineren, aber zahlreicheren Abgrabungen von Kies, Sand und Ton. Durch sie werden jährlich Gebiete abgebaggert, die denen der Braunkohle vergleichbar sind. In besonderem Maße hiervon betroffen ist der untere Niederrhein. Von den im Jahr in der Bundesrepublik geförderten 300 Mio. t Sande und Kiese entfallen 25% auf Nordrhein Westfalen.

Davon werden wiederum 70%, überwiegend im Naßverfahren, im Niederrheingebiet gefördert (ca. 52 Mio. t). Die hierbei aufgetretenen spektakulären Funde basieren zumeist auf Zufällen, so das im Spätsommer 1991 freigespülte römische Schiff in einem Altrheinarm bei Xanten oder der 7000 Jahre alte Holzbrunnen bei Erkelenz-Kückhoven.

Betrachtet man die in den letzten hundert Jahren durch den Menschen abgegrabenen Flächen, so wird der rasante Verlust an Kulturlandschaft deutlich. Waren es vor der Jahrhundertwende kleine Flächen, die etwa den für die Ziegelherstellung benötigten Ton lieferten, beginnt seit den dreißiger Jahren ein vermehrter Abbau von Sand und Kies. Seit den fünfziger Jahren werden diese Rohstoffe industriell ausgebeutet und weit über den regionalen Raum hinaus verhandelt (Abb. 6, S. 27).

LANDWIRTSCHAFT

Eine weitere Gefährdung für das Bodenarchiv entsteht durch die moderne Landwirtschaft. Mit PS-starken Arbeitsgeräten und durch künstliche Bodenverbesserung werden heutzutage Bodentiefen erreicht und Flächen in Nutzung genommen, die bis dahin nicht erschlossen waren und archäologische Befunde bewahrten. Heute erreichen Harkenpflüge eine Tiefe von über einem Meter. Durch intensiv eingebrachte Düngemittel können korrosive chemische Verbindungen entstehen, die vor allem die im Untertägigen vorhandenen Funde aus Metall angreifen.

Diese Gefährdung wird auch dadurch nicht vermindert, daß ca. zwei Drittel des Untersuchungsraumes als Landschaftsschutzgebiete ausgewiesen sind (Abb. 7, S. 28). Zwar dienen diese Flächen aufgrund ihrer naturräumlichen Ausstattung in den Niederungsbereichen der Flußlandschaft als Winterquartiere für nordische Zugvögel und haben damit eine wichtige ökologische Funktion, jedoch unterliegen sie weiterhin einer intensiven landwirtschaftlichen Nutzung. Als größere Naturschutzgebiete (im Sinne § 20 LG NW) ausgewiesen sind die Gebiete um Wissel, Emmerich und Praest. Die in diesen Arealen vorhandenen Bodendenkmäler genießen wegen restriktiver Bestimmungen der Naturschutzgesetzgebung relativ umfassenden Schutz.

Die Bodendenkmalpflege hat bisher für den Untersuchungsraum 60 Bodendenkmäler zur Eintragung (§ 2 DSchG NW) vorgeschlagen bzw. von den Unteren Denkmalbehörden bereits eingetragen. Dies ist weniger als 1% der Gesamtfläche.

FLURBEREINIGUNG

Seit dem letzten Jahrhundert werden von staatlicher Seite Flurbereinigungsverfahren im ländlichen Raum durchgeführt, in einzelnen Gebieten

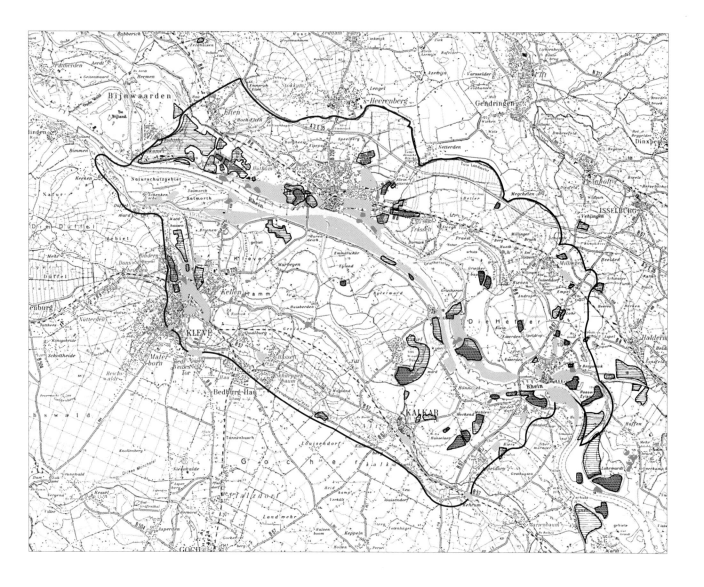

Abb. 6: Verlustflächen durch Abgrabungen und Industrieanlagen im Untersuchungsgebiet.

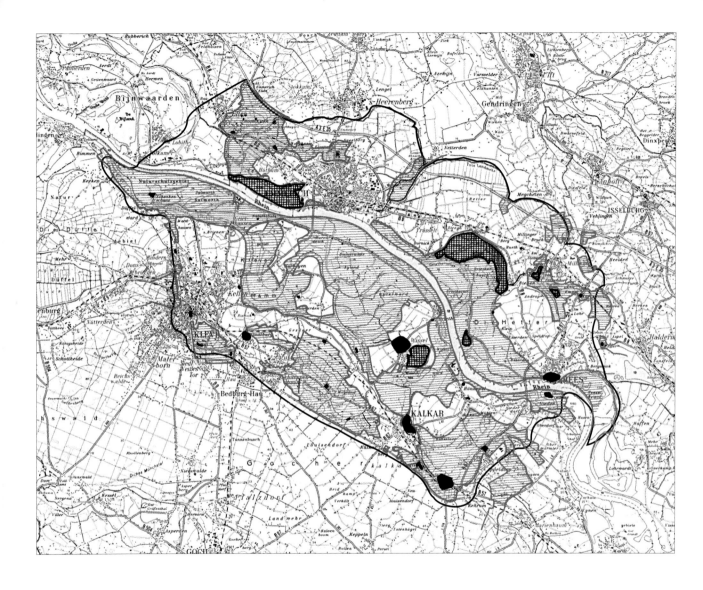

Abb. 7: Geschützte Landschaftsteile im Untersuchungsgebiet.

bereits mehr als drei Verfahren. Dabei wurde bis vor wenigen Jahren den Kulturlandschaftsrelikten nur wenig Beachtung geschenkt und alte, über Jahrhunderte gewachsene Strukturen aktuellen wirtschaftlichen Überlegungen geopfert. So bei der Zusammen- und Umlegung von Parzellen, die flächige Strukturen wie bestimmte Kolonisationsformen verschwinden ließen, oder der Veränderung alter historischer Wegeführungen.

III. GEÄNDERTER DENKMALBEGRIFF

In der täglichen Praxis spielt auch der sich wandelnde bzw. immer weiter gefaßte Denkmalbegriff eine Rolle. Die Objekte der Bodendenkmalpflege sind nicht mehr auf die Epochen von der Vorgeschichte bis ins Mittelalter ausgerichtet, vielmehr erstrecken sie sich bis in unsere heutige Zeit (Trier 1991). Zudem wird der Ruf nach einer vollständigen Erfassung geschlossener archäologischer Areale immer lauter, werden von den öffentlichen Planungsträgern Planungsunterlagen gefordert, die einen schnellen Überblick hinsichtlich archäologischer Denkmäler verschaffen und die Auskunft geben über Gebiete, in denen archäologische Fundstellen zu vermuten sind. Vorrangig besteht die Forderung nach einer umfassenden Schnellinventarisation.

Das Bodenarchiv ist nicht nur vielfältig bedroht, sondern auch die Aufgaben der Archäologen haben sich durch gesetzgeberische Maßnahmen gewandelt. Das RAB stellt sich mit dem Projekt *Kulturlandschaftsgenese am unteren Niederrhein* dieser Herausforderung, indem es einen Landschaftsraum systematisch unter interdisziplinären Fragestellungen erfassen. Daran beteiligt sind die Archäologie, die Historische Geographie und die Geologie für die naturwissenschaftlichen Fragestellungen.

In der Kombination der Fachwissenschaften Archäologie und Historische Geographie liegt der vielversprechende Ansatz, räumlich wie zeitlich die Genese und Entwicklung eines Kulturlandschaftsraumes mit seinen Wechselbezügen zu erforschen.

IV. UNTERSUCHUNGSGEBIET UNTERER NIEDERRHEIN

Der untere Niederrhein mit seinen Niederungsbereichen, den angrenzenden Uferwällen und Höhenzügen bietet eine breite Palette an naturräumlicher Vielfalt (Abb. 8, S. 30). Das Wechselspiel zwischen Fluß und Landschaft hat die Menschen von jeher angezogen, so daß wir Spuren der Besiedlung aus allen Epochen vorfinden. Von der Spätantike über das Mittelalter bis in die frühe Neuzeit stellte der Rheinstrom eine bedeutsame politische und kulturgeschichtliche Grenze bzw. Verbindungslinie dar. Die alte Kulturlandschaft am Niederrhein bietet noch zahlreiche Flächen, in denen die alten Strukturen und Elemente intakt sind und wissenschaftliche Untersuchungen zur Siedlungsgenese zulassen (Abb. 9, Farbtafeln S. 68).

Besondere Berücksichtigung findet der Rhein, der seit jeher als Spender von Wachstum und Wohlstand, aber auch als zerstörende Naturgewalt bestimmend ist für die Siedlungstätigkeit, die Bevölkerungsentwicklung, den Landesausbau ebenso wie für das Wachstum der Städte, der Wirtschaft und des Verkehrs.

V. ARBEITSGRUNDLAGEN UND TECHNIKEN

Als Grundlagen dienen die im Archiv des RAB vorhandenen archäologischen Dokumentationen (Busch/Faust/Wegener 1991). Dabei handelt es sich z.B. um Grabungen, Beobachtungen, Begehungen, oder Luftbilder. Diese Erkenntnisse werden ergänzt durch weitere Feldbegehungen und Auswertung archäologischer Informationen und Quellen bzw. historischer Karten (s. S. 40) innerhalb der Projektarbeit. Zusammengefaßt werden alle Ergebnisse in drei speziell für das Projekt eingerichteten Datenbanken. Durch die Vielzahl an Daten wurde es notwendig, eine systematische

Abb. 8: Untersuchungsgebiet des Projektes.

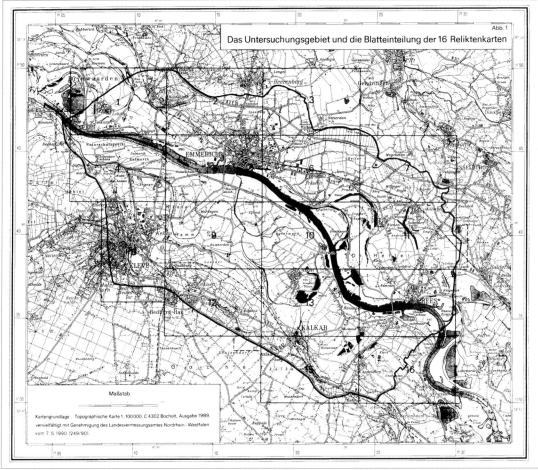

Erfassung durchzuführen, die sich nach fachlich-wissenschaftlichen Gesichtspunkten ordnen läßt und von daher eine Transparenz gegeben bleibt. Die Grundlagendatei erfaßt zunächst die topographischen Informationen sowie Angaben zum Objekt und zur Zeitstellung. Die Basisdatei speichert die archäologischen und historisch-geographischen Informationen der Feldforschung und Quellenauswertung. Für die Beurteilung einer Fundstelle ist es wesentlich zu erfahren, unter welchen Umständen die Informationen gewonnen wurden. Als Kriterien sind zu nennen Ausgrabung, Begehung, Fundstellenbeobachtung, ein Zufallsfund bei Gartenarbeiten oder die systematische Kartenauswertung. Zusätzlich zu den Angaben archäologischer Funde werden Informationen zum Erscheinungsbild der Landschaft und zum Boden gespeichert. In die Textdatei gelangen historische Informationen zum Objekt sowie Quellen- und Literaturdaten. Eine einheitliche Objektkennung verbindet die Informationen in den drei Datenbanken.

Neben der Erfassung von Sachinformationen besteht unter anderem die Möglichkeit, für statistische Zwecke Objektgattungen, Zeithorizonte usw. gezielt zu suchen bzw. zu bearbeiten. Allerdings zeigt es sich, daß eine Definition bzw. Zusammenfassung gleichartiger Elemente Voraussetzung für eine überschaubare Bearbeitung ist.

Deutlich wird dies am Objektbereich „Siedlung". „Siedlung" definiert sich als umfangreicher Befund bzw. geschlossene Ortslage mit einer Ansammlung von Gebäuden und entsprechender Infrastruktur (Brunnen, Straßen, Plätze). Demgegenüber steht der Begriff „Siedlungsstelle", bei dem es sich um kleinere Fundplätze und Fundstreuungen handelt mit Indikatoren wie Keramik, Gerätschaften und organischen Materialien. Unter diesem Begriff werden auch „Sachgruppen" wie Grubenhaus, Pfostenlöcher, Schwellbalken oder Fundamentreste u.a. zusammengefaßt. Insgesamt sind bisher 36 übergeordnete Kategorien eingeführt.

Die EDV-gestützte Kartographie bietet darüber hinaus die Möglichkeit, in kurzer Zeit Abfragen zur Verteilung, zum Bearbeitungsstand oder zur Siedlungsentwicklung abzurufen (Abb. 10, 11, Farbtafeln S. 69, S. 70).

VI. DARSTELLUNG DER ERGEBNISSE

Die zu erfassenden Daten bilden einen wesentlichen Arbeitsschwerpunkt innerhalb des Projektes. Es sollen darüber hinaus für den Untersuchungsraum ein Inventar der historischen Relikte erstellt und Erklärungen im geschichtlichen Zusammenhang herausgearbeitet werden. Zum zweiten ist es die kartographische Aufarbeitung, die die wesentliche Neuerung für die Bodendenkmalpflege erbringt und die im Beitrag von P. Burggraaff (S. 39 ff.) näher erläutert wird. Die Ergebnisse dienen als Handlungs- und Bewertungshilfen für zukünftige Schutz- und Nutzungskonzepte und stehen den kommunalen Selbstverwaltungen und Raumordnungsbehörden als Arbeitsgrundlage für ihre gesetzlichen Aufgaben und ihre Fragen zu Entwicklungsplänen, Flächennutzungsplänen und Flurbereinigungsverfahren zur Verfügung. Der ständige Umgang mit der Kulturlandschaft setzt für den Abwägungs- und Entscheidungsprozeß voraus, daß man den zu erörternden Gegenstand genau kennt.

Darüber hinaus ist es Aufgabe des Projektes, in der Erprobung ein praktikables Modell zu entwickeln, um zukünftige Erhebungen in anderen Räumen kostengünstig vorzunehmen.

Archäologische Kulturlandschaftsforschung am unteren Niederrhein

SABINE WIRTH

I. GRUNDLAGEN

Die Erforschung der Kulturlandschaft am unteren Niederrhein ist ohne die Archäologie nicht denkbar. Um alle Elemente menschlicher Siedlungstätigkeit erfassen zu können, bedarf es der Untersuchung obertägiger und im Boden erhaltener Denkmäler. Die in der heutigen Landschaft noch sichtbaren Relikte bilden nur einen Teil der früheren Siedlungsstrukturen. Die archäologische Disziplin verfügt über moderne Prospektionsmethoden, untertägige Siedlungsreste aufzufinden und zu dokumentieren. Der vorgegebene Zeitrahmen beginnt mit der Spätantike, d. h. dem letzten Drittel des 3. Jahrhunderts, dem beginnenden Zerfall des römischen Reiches. Erste Überfälle der germanischen Völker auf das römische Reichsgebiet finden statt, im Rheinland fallen die Franken ein. Die Grenzsicherung wird schwieriger und unübersichtlich durch die Zuwanderung germanischer Stämme.

Das Jahr 1990 bildet den Abschluß des Pilotprojektes. Somit werden auch neuzeitliche Siedlungsstrukturen berücksichtigt. Der heutige Kreis Kleve wurde bisher nicht vollständig untersucht, eine systematische flächendeckende Bearbeitung mit archäologischen Methoden wurde noch nicht vorgenommen. Lediglich der Altkreis Rees auf rechtsrheinischer Seite wurde intensiver erforscht. Bereits in den dreißiger Jahren des 20. Jahrhunderts wurde eine archäologische Landesaufnahme unter Federführung des Rheinischen Landesmuseums Bonn durchgeführt. Durch Geländebegehungen, Sichtung von Funden in Museen, privaten Sammlungen und schriftliche Aufzeichnungen wurden rund 500 Fundstellen von vorgeschichtlicher bis mittelalterlicher Zeitstellung erfaßt. In den sechziger Jahren begann M. Groß mit den Feldarbeiten (Abb. 12, S. 33). Auf linksrheinischer Seite fand bisher keine vergleichbare archäologische Landesaufnahme statt. Meistens beschränken sich hier die Kenntnisse über die frühgeschichtliche Besiedlung auf einzelne Begehungen und Notbergungen bei Baumaßnahmen. Diese Untersuchungen wurden nicht nur von Mitarbeitern der Bodendenkmalpflege, sondern häufig von ehrenamtlichen Helfern durchgeführt. Besonders wichtig ist für die Fachämter hierbei die Mithilfe der Heimatforscher. Sie geben wichtige Hinweise aus mündlichen Überlieferungen über lokale Sagen, alte Siedlungen, Kultplätze u. ä. Planmäßige Ausgrabungen bilden bis heute die Ausnahme.

Begehungen können nur dort ein Ergebnis bringen, wo auf landwirtschaftlich genutzten Flächen Material an die Oberfläche befördert wird.

Unter moderner Besiedlung liegt ein großer Teil mittelalterlicher Bodenfunde, weil alte Siedlungskerne überbaut wurden. Der Publikationsstand ist verhältnismäßig gut. Das Rheinland kann auf eine lange Tradition archäologischer Forschung zurückgreifen. Bereits im 17. Jahrhundert befaßten sich Privatgelehrte und Kleriker mit den römischen Siedlungsfunden im Raum Kleve. Dies verstärkte sich durch das private Interesse des Generalstatthalters Johann Moritz von Nassau-Siegen in Kleve, der seit 1647 die Erforschung niederrheinischer Denkmäler förderte. Zahlreiche Privatsammlungen entstanden. Im 19. Jahrhundert wandten sich Forscher auch den übrigen vor- und frühgeschichtlichen Zeiträumen zu, die man jetzt genauer zu unterscheiden lernte. Zu nennen sind hier L. J. F. Janssen, J. Schneider und A. Rein. Besonders verdient gemacht in der archäologischen Forschung haben sich C. Koenen, R. Stampfuß, F. Tischler, H. Hinz, F. Rütten und A. Steeger.

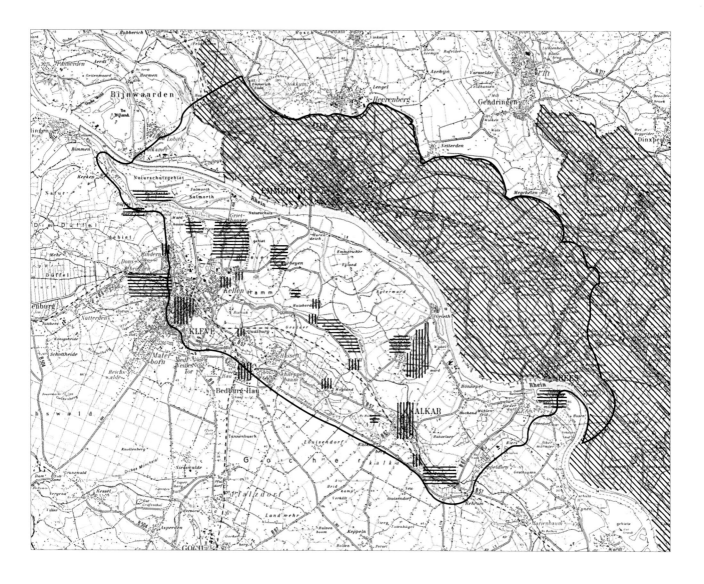

Abb. 12: Räumliche Verteilung archäologischer Prospektionsarbeiten.

Über die römische Zeit im Rheinland liegen grundlegende Arbeiten von J. E. Bogaers/C.B. Rüger, M. Gechter, J. Kunow, H.G. Horn u.a. vor. Die fränkische Periode bearbeitete kürzlich Frank Siegmund (S. S.47). Ein neuer Schwerpunkt liegt in der Erforschung des Mittelalters, hier gilt das Interesse Kirchen, Burgen, Stadtkernen, Wüstungen und Ortsnamen.

II. METHODEN UND HILFSMITTEL

Neben der Begehung bzw. der archäologischen Landesaufnahme und der Ausgrabung stehen dem Archäologen auch Prospektionsmethoden zur Verfügung, die einen Bodeneingriff möglichst gering halten oder überflüssig machen. Im vom Menschen ungenutzten Boden wie Wiesengelände, Wald und Ödland bleibt archäologisches Fundgut unversehrt im Boden. Durch systematische Luftbildaufnahme einer Landschaft bei unterschiedlichen Lichtverhältnissen (Sommer und Winter) können alte Siedlungs- und Flurrelikte im Gelände erkannt werden. Bei der Auswertung zeigen sich die untertägigen Bodeneingriffe und Siedlungsreste in positiven oder negativen Bewuchsmerkmalen bzw. Bodenverfärbungen. Im Gelände werden außerdem physikalisch-chemische Untersuchungen des Bodens vorgenommen, so z.B. Magnetik, Erdwiderstandsmessung und Phosphatkartierung.

Bei der Magnetik macht man sich die magnetische Eigenschaft (u.a.) der Eisenverbindungen im Boden zunutze. Menschliche Eingriffe verändern das Erdmagnetfeld, so daß auch archäologische Spuren Störungen im Boden verursachen, die gemessen werden können.

Die Erdwiderstandsmessung basiert auf der Tatsache, daß die Erde elektrischen Strom leitet. Je nach Feuchtigkeit und Gehalt an leitenden Ionen im Boden besteht ein elektrischer Widerstand. Besonders hohen Widerstand besitzen Steine und Sande. Lokale Störungen im Widerstand des Bodens deuten demnach auf Steinstrukturen hin, die Siedlungsspuren angehören können. Auch Hohlformen wie Gruben und Gräben zeichnen sich durch tonigen, humosen, feuchten Boden mit geringem Widerstand aus, der sich von der Umgebung abhebt. Zur Ermittlung von Siedlungen hat sich auch die Phosphatmethode bewährt. Hoher Phosphatgehalt des Bodens ist häufig auf menschlichen Einfluß zurückzuführen. In menschlichen und tierischen Fäkalien, Nahrungsrückständen und Dung liegt eine hohe Konzentration von Phosphatsäure vor. Daraufhin können Siedlungsstellen im Boden ausgemacht werden. Bei Gebäuden besteht zusätzlich die Möglichkeit, die Funktionen einzelner Räume zu bestimmen (Wohn-/ Stallbereich etc.).

Hilfe bei der Erforschung der Besiedlungsgeschichte des unteren Niederrheins bieten vor allem alte Kartenwerke und Katasterpläne. Über sie lassen sich Rückschlüsse auf die Entwicklung der Besiedlung in früherer Zeit ziehen. Eng damit verbunden sind die Orts- und Flurnamenforschung, die Hinweise auf frühgeschichtliche Fundstellen geben können. Die Wüstungsforschung befaßt sich mit ehemaligen Siedlungen, die heute verschwunden sind, aber auf alten Karten verzeichnet sein können. Um ein vollständiges Bild zu erhalten, ist auch die Auswertung schriftlicher Quellen, insbesondere Daten der Orts- und Kirchengründungen notwendig.

Die wichtigsten und aussagefähigsten Fundstellen liegen für die römerzeitliche Epoche vor, bei denen es sich im Bearbeitungsgebiet vor allem um militärische Anlagen handelt.

Das 5. Jahrhundert ist mit archäologischen Mitteln schwer zu erfassen. Die seit dem 3. Jahrhundert in das Imperium Romanum eindringenden Germanen konnten zunächst durch das römische Militär zurückgedrängt oder als Laeten und Foederaten auf römischem Reichsgebiet angesiedelt und somit kontrolliert werden. Die unsichere Situation im 4. Jahrhundert, in dem die Teilung in ein Ost- und ein Weströmisches Reich erfolgte, löste weitere Germanenzüge aus. Die Aufgabe des Limes, der im Arbeitsgebiet als sogenannte nasse Grenze bestand, war nur eine Frage der Zeit. Die fränkische Landnahme setzt zwar im 5. Jahrhundert verstärkt ein, doch kann dieser Vorgang nur allmählich vollzogen worden sein. Die geringe Fundmenge aus dieser Zeit läßt sich z. T. damit erklären, jedoch ist auch eine Forschungslücke nicht auszuschließen. So ist es denkbar, daß Grabfunde, die bisher in das 6. Jahrhundert datiert werden, vielleicht schon dem 5. Jahrhundert angehören und Objekte des 4. Jahrhunderts noch im 5. Jahrhundert in Gebrauch waren. Ab dem 6. Jahrhundert liegen für die Merowingerzeit zahlreiche Funde vor (S. S. 47 ff.).

Im Arbeitsgebiet sind die folgenden, teilweise bis in römische Zeit zurückreichenden Örtlichkeiten von besonderer Bedeutung:

RINDERN

In Rindern vermutet man das auf antiken Straßenkarten verzeichnete Harenatium – Arenatio. 1870/72 stieß man auf römische Gebäudereste im Nordteil der Kirche, Funde von Ziegelstempeln bezeugen römische Militärpräsenz. Ob es sich jedoch um das erwähnte Lager handelt, ist bis heute unsicher. Harenatium lag an der Limes-Straße, die in diesem Abschnitt die Colonia Ulpia Traiana (Xanten) mit Noviomagus (Nijmegen) verband. Harenatium galt als Brückenkopf am zu jener Zeit dort vorbeifließenden Rheinstrom.

Flurnamen weisen noch heute auf römerzeitliche Ansiedlung hin, wie z.B. *steenpad, hoge weg* und *steenacker* oder *steentgen*. In Spyck bei Rindern wurden beim Kiesbaggern römische Schiffsfunde gemacht, die auf einen Hafen im ehemaligen Rheinbett hindeuten. Westlich von Rindern liegt zwischen Reimanskath und Kampshof der Acker Kalkhof, in älteren Quellen als *Kalkaven* oder *Kalkoven* (= Kalkofen) bezeichnet. Begehungen in den dreißiger Jahren erbrachten Kalkstein, Marmorstücke und Reste von römischen Gebäuden, die im Mittelalter sicher noch obertägig vorhanden waren und als Steinbruch genutzt wurden. Die archäologischen Funde deuten darauf hin, daß die Umgebung von Rindern vom 1. bis ins 4. Jahrhundert besiedelt war. Ausgrabungen in der Kirche von Rindern legten verschiedene Vorgängerbauten seit dem 11. Jahrhundert frei. Im Stadtgebiet kamen Befunde der frühen bis spätmittelalterlichen Zeitstellung zutage. Die südöstlich gelegenen Anlagen, der Stifts- und Frankenhof, weisen Siedlungsfunde vom 10. Jahrhundert bis in die frühe Neuzeit auf. Die Namen deuten auf fränkischen Ursprung hin. Südlich des Stiftshofes lag eine Wurt.

QUALBURG

Der Ort Qualburg reicht ebenfalls bis in römische Zeit zurück. Der römische Schriftsteller Ammianus Marcellinus schreibt in seinem, Ende des 4. Jahrhunderts abgefaßten Geschichtswerk von einem Ort Quadriburgium, dessen Lage mit dem heutigen Qualburg in Verbindung gebracht wird. Die seit dem 4. Jahrhundert zunehmenden Frankenüberfälle auf die linksrheinischen römischen Provinzen erforderten eine stärkere Grenzsicherung entlang des Rheins. Funde auf dem erhöhten Dünengelände um die Kirche von Qualburg werden seit dem 17. Jahrhundert gemacht. W. Teschenmacher (1638), Christoffer de Vries (1698) und Pfarrer R. Wahl (1848 – 82) berichten von Keramik, Glas und vor allem Münzen des 3./4. Jahrhunderts. 1890 wurde die Kirche in Qualburg abgerissen, dabei kamen römische und fränkische Befunde zutage. 1937 wurde bei Untersuchungen durch das Rheinische Landesmuseum Bonn ein Befestigungsgraben angeschnitten. Die Funde datieren in die Zeit vom Ende des 3. bis Anfang des 4. Jahrhunderts. Südwestlich der Kirche legte man Befunde des 1./2. und 4. Jahrhunderts frei. Baustellenbeobachtungen in den siebziger und achtziger Jahren erbrachten weitere Erkenntnisse zur Besiedlung, so zwei Gräben von zwei, voneinander unabhängigen Anlagen. Der erste Graben stammt wohl von einer mittelkaiserzeitlichen Benefiziarierstation, der zweite gehörte zum spätantiken Kastell des 3. bis 4. Jahrhunderts. Kleinfunde weisen die Anlage eindeutig in die Spätphase der römischen Kaiserzeit. In den Verfüllungsschichten der Gräben fand man stempelverzierte Gefäße des 6./7. Jahrhunderts sowie karolingische Ware und Pingsdorfer Gefäße des 12. Jahrhunderts. Eine Siedlungskontinuität ist jedoch aufgrund der geringen Fundanzahl nicht nachzuweisen. In der Kirche wurde 1890 ein Tuffsteinsarkophag des 7. Jahrhunderts geborgen sowie Memoriensteine des 9. bis 11. Jahrhunderts. Im übrigen Stadtgebiet wurden ebenfalls merowingerzeitliche Funde gemacht und südwestlich von Qualburg spätmittelalterliche Bestattungen geborgen.

KALKAR-BURGINATIUM

Das Gelände auf dem Bornschen Feld südlich von Kalkar ist seit langem für seine römerzeitlichen Funde bekannt. Schriftlichen Quellen zufolge lag hier das Auxiliarkastell Burginatium, das aufgrund des Münzspiegels von ca. 40 n. Chr. bis Anfang des 5. Jahrhunderts datiert wird. Neuerdings durchgeführte Prospektionen der Außenstelle Xanten des RAB lieferten südwestlich des Hauptlagers den Nachweis eines Übungslagers der frührömischen Phase, dessen Datierung jedoch noch unsicher ist. Auf dem Ausläufer des Monreberges beobachtete man Gräber und Gebäudereste des 4. Jahrhunderts. Die heutige Burgwüstung auf dem Monreberg wird im 10. Jahrhundert als *Veste Munna* erwähnt. 1011 baute Graf Wichmann eine Befestigung. Sie galt als die Stammburg der Herzöge von Kleve und bildete ursprünglich eine Anlage mit dreifachem Mauerring, Hauptburg und Bergfried. Erst 1918 und 1967 zerstörten Baumaßnahmen die Fundamente.

HOCHELTEN

Die Besiedlung des Eltenberges begann offensichtlich erst am Ende des 9. Jahrhunderts. Bereits im 17. Jahrhundert vermutete man hier eine römische Befestigungsanlage. C. Koenen ließ 1911 Ausgrabungen durchführen und meint die römische Einordung bestätigen zu können. Erst die umfangreichen Grabungen von Günther Binding 1964/65 gaben Aufschluß über die Besiedlung des Eltenberges: Auf dem östlichen Teil des Berges wurden Reste einer frühmittelalterlichen Burg und der spätere Klosterbereich mit Stiftskirche, Palas und Wirtschaftsgebäuden freigelegt. Bestattungsplätze der Stifterfamilie gruppierten sich in und um die Kirche.

Die Siedlungskontinuität vom Ende des 9. Jahrhunderts bis zur Zerstörung 1585 ist durch archäologische und historische Quellen gesichert. Auf dem westlichen Sporn ist eine Siedlung zu vermuten, die im zeitlichen Zusammenhang zum Stiftsbezirk zu sehen ist. Am Fuße des Eltenberges und im östlichen, heute bewaldeten Gebiet liegen zahlreiche durch Begehung erfaßte Siedlungsstellen und Gewerbeanlagen des frühen bis späten Mittelalters und der Neuzeit.

Eine vormittelalterliche Besiedlung des Burgbezirks scheidet mit großer Sicherheit aus. Die wenigen Einzelfunde reichen für eine derartige Interpretation nicht aus.

GROIN, PRAEST und REES

In Groin boten Kanalisierungsarbeiten die Möglichkeit, ein größeres Areal zu erforschen. Siedlungsgruben enthielten Material des 4. bis 14. Jahrhunderts. Bei Haldern auf der „Wittenhorst" und bei Haffen/Mehr östlich von Rees ergrub man in den dreißiger Jahren zwei erhöht gelegene Siedlungen. Dabei wurden Hausgrundrisse von Ständer- und Grubenbauten, Öfen und Brunnen der vorgeschichtlichen bis spätmittelalterlichen Periode freigelegt.

Die Blouswardt bei Praest lieferte 1963 und 1975 bis 77 wichtige Befunde einer Wurtensiedlung, die von der vorrömischen Eisenzeit bis in die Neuzeit reichten.

Bei Stadtkerngrabungen ergaben sich neue Erkenntnisse über die Topographie und Besiedlungsgeschichte niederrheinischer Städte. In Rees ist fast die gesamte Befestigung als Bau- und Boden-

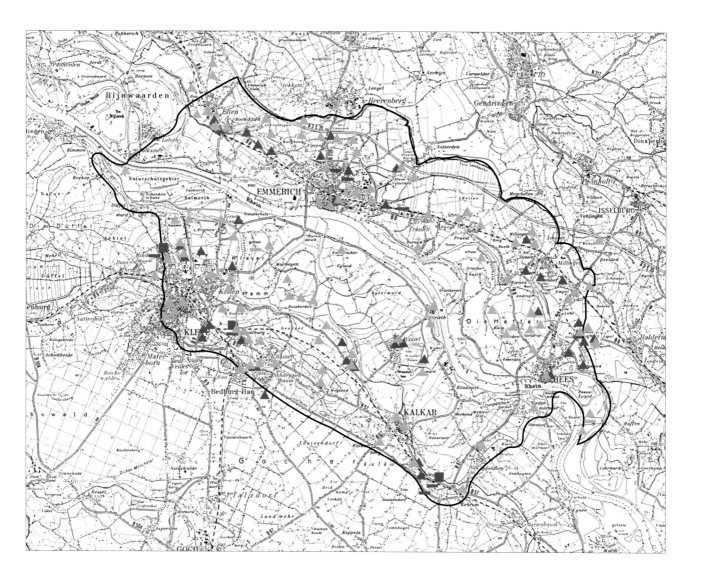

Abb. 13: Verteilung bekannter archäologischer Fundstellen.

denkmal erhalten. Die mittelalterliche Stadt dürfte sich weitgehend unversehrt im Boden befinden.

Zusammenfassend ergibt sich folgendes Bild: Auf je einer Höhenschichtenkarte (Abb.13, S. 71) sind archäologische Fundstellen von 275 – 911 und von 911 – 1500 eingetragen. Es wird deutlich, daß in vormittelalterlicher Zeit bis zum Beginn der ersten Rodungsphase des 8./9. Jahrhunderts hochwasserfreie Flächen aufgesucht wurden. Im Gebiet der Moränenzüge bei Elten, Kleve und Kalkar, den Uferwallbereichen alter Flußläufe und den heutigen Hochuferzonen, sowie im Dünengebiet bei Wissel nahm die Besiedlung ihren Anfang. Wichtige Altsiedellandschaften in der Düffel, um Kellen und bei Wissel besitzen die frühesten Deichsysteme aus dem Hochmittelalter. Rechtsrheinisch gilt die Umgebung von Rees und Millingen als alte Kulturlandschaft.

In der zweiten Phase von 911 – 1500 kann ein fortschreitender Besiedlungsprozeß in Richtung auf die Flußniederungen beobachtet werden. Viele Hof- und Burganlagen liegen auf künstlich erhöhtem Gelände, dessen Ausformung im Zusammenhang mit dem im 13./14. Jahrhundert errichteten ersten Banndeichsystem steht.

Der kurze Überblick über die archäologischen Methoden und Ergebnisse läßt noch viele Fragen offen. Er zeigt den unbefriedigenden Bearbeitungsstand am unteren Niederrhein.

Aufgrund unterschiedlicher Quellenlage innerhalb der einzelnen Zeiträume kann bisher nur ein Ausschnitt der Siedlungstätigkeit erfaßt werden. Eine Kontinuität der Besiedlung von der Spätantike bis in die Neuzeit läßt sich an keinem Ort nachweisen. Größere Fundlücken treten besonders am Übergang von der Spätantike zur Merowingerzeit, im 8. Jahrhundert und im 14./15. Jahrhundert auf.

Möglichkeiten und Arbeitsergebnisse der Historischen Geographie

PETER BURGGRAAFF

Die historische Geographie erforscht die Kulturlandschaft unter besonderer Berücksichtigung ihrer Genese und Entwicklung. Die Kulturlandschaft ist der von Menschen eingerichtete und angepaßte Naturraum, der ständig und im Laufe der Zeit mit einer zunehmenden Dynamik geändert sowie umgestaltet wurde und noch wird. Von der Steinzeit bis heute hat die Landschaft sich von einer Naturlandschaft mit anthropogenen Elementen zur hochtechnisierten Kulturlandschaft mit nur wenigen natürlichen Elementen entwickelt.

Die historische Geographie hat sowohl eine räumlich geographische als auch eine zeitlich historische Komponente. Die räumliche Komponente bezieht sich auf die Kulturlandschaft in ihrer Gesamtheit, weil es sich hier – ohne diesen Begriff räumlich abzugrenzen – um ein Geflecht von Elementen, Strukturen, Einrichtungen, Komplexen, Verbindungen handelt, die eine Folge der dynamischen geistigen Entwicklung (Zivilisation) und der damit zusammenhängenden technologischen Fähigkeiten des Menschen in der vorgegebenen naturräumlichen Beschaffenheit sind. Die zeitliche Komponente bezieht sich auf die verschiedenen Entwicklungsstadien und die Datierung der Entstehung, der Umgestaltung und des Verschwindens der einzelnen Kulturlandschaftselemente bzw. Kulturlandschaftsteile. Die Hauptaufgabe der Historischen Geographie ist es, die Kulturlandschaftselemente zusammenhängend und räumlich unter Berücksichtigung ihrer Genese zu erforschen. Durch ihre räumliche und zeitliche Orientierung ist die Historische Geographie interdisziplinär ausgerichtet und arbeitet mit benachbarten Disziplinen wie der Vor- und Frühgeschichte, Namens-, Volkskunde, Bodenkunde, Geschichte usw. zusammen.

Die angewandte Historische Geographie beschäftigt sich mit der heutigen Kulturlandschaft mit dem Ziel, die heute noch erhaltenen Elemente, Strukturen und Teile früher Entwicklungsstadien z.B. im Vorfeld einer Planung bzw. eines Eingriffes in die Kulturlandschaft bezüglich ihres Schutzes, ihrer Erhaltung sowie ihrer Pflege zu erarbeiten. Es wäre zu begrüßen, daß diese Daten (z.B. Kulturlandschafts- und Reliktkartierungen, Landesaufnahmen, Inventare, Gutachten) erfaßt und im Vorfeld aller geplanten Eingriffe in die Kulturlandschaft Berücksichtigung fänden, um einen behutsamen Umgang mit der historisch gewachsenen Kulturlandschaft zu gewährleisten. Außerdem sind solche Daten für die Fachämter zur Durchführung ihrer gesetzlichen Aufgaben äußerst wichtig.

Die Zusammenarbeit mit der Archäologie bietet sich an, da sich beide Disziplinen mit der historisch gewachsenen Kulturlandschaft beschäftigen. Bei der Archäologie stehen besonders die nun fast verborgenen und manchmal schwierig zu erkennenden und zu erschließenden unter- und halbuntertägigen Überreste von Kulturlandschaftselementen und Hinweisen menschlicher Anwesenheit und Aktivitäten (Scherben, Münzfunde usw.) im Mittelpunkt.

I. DIE GRUNDLAGEN

Zunächst möchten wir kurz die für dieses Projekt in Frage kommenden Quellengrundlagen ansprechen: schriftliches und gedrucktes Quellenmaterial, Kataster-, topographische und thematische Karten sowie Luftbilder verschiedener Zeitstellungen, von Fachämtern erhobene Daten, Ergebnisse der Begleituntersuchungen zum Projekt (s. S. 47 ff Gerlach, Siegmund, Straßer).

1. Schriftliches und gedrucktes Quellenmaterial

Dieses Material besteht aus Urkunden, Rechnungen, Registern (Urbaren), Weistümern, Protokollen, Deichbüchern und Altkarten, Plänen und Grundrissen. Hier möchten wir das Klevische Kataster hervorheben, weil die Katasterkarten in der Untersuchung eine sehr wichtige Rolle spielen. Diese Karten sind für das Untersuchungsgebiet außer Elten und die ehemaligen geldrischen Gebiete nördlich von Emmerich flächendeckend vorhanden (Abb. 13, Farbtafeln S. 71).

Diese Quelle ermöglicht einen deutlichen Blick in die Kulturlandschaft um 1730. Das Kataster ist seit der Vorlage von Ketter (1929a) und Aymans und seinen Mitarbeitern umfassend, gründlich und quellenkritisch bearbeitet und erschlossen worden. Dabei stellte sich heraus, daß vor allem die Karten der Periode von 1731 – 1737 für die damaligen Verhältnisse sehr genau sind.

Außerdem sind viele für verloren gehaltene Karten unter anderen Namen in Gemeindearchiven wiedergefunden worden. Die von Aymans und Jansen erarbeiteten Fundkarten (M 1 : 50.000), in denen die Begrenzung der einzelnen Blätter nach Ämtern geordnet ist, befinden sich im Druck.

Für die Periode vor 1730 gibt es neben den flächendeckenden territorialen Übersichtskarten des 16., 17. und 18. Jahrhunderts – wie z.B. der Karte von Christiaan's Grooten (1560) – im kleineren Maßstab (Abb. 15, Farbtafeln S. 72) auch thematische Manuskriptkarten (Deichschau-, Grenzkarten, Skizzen zu den Rheinbefahrungsprotokollen, Flußkarten, Stadtgrundrisse, Befestigungspläne usw.) im größeren Maßstab. Diese Altkarten müssen sehr kritisch benutzt werden, weil z.B. der Inhalt nicht immer mit dem Erscheinungsjahr (Übernahme von Darstellungen) übereinstimmt und die Darstellung meistens ungenau und nicht maßstabgerecht ist. Außerdem muß bei Benutzung dieser Karten immer der Zweck, für den die Karten hergestellt worden sind, bedacht werden.

Die Quellen befinden sich im Hauptstaatsarchiv Düsseldorf und in den regionalen, lokalen und benachbarten niederländischen Archiven. Die intensive Archivforschung ist im vorgesehenen Projektzeitraum nicht im vollen Umfang durchführbar. Hier müssen wir auf Urkundenbücher und -regesten sowie Quellenbearbeitungen und -editionen zurückgreifen. Nur bei Kenntnislücken und Spezialfragen wird gezielt auf Archivforschung zurückgegriffen, um nicht veröffentlichte Quellen zu erschließen. Hier sind vor allem G. Aymans, K. Flink, F. Gorissen, F.-W. Oediger, W.-R. Schleidgen und für das 19. und frühe 20. Jahrhundert Th. Ilgen, Th. J. Lacomblet, R. Scholten und C. Wilkes zu erwähnen.

2. Topographische, Kataster-, thematische Karten und Luftbilder

Die Erstellung der verschiedenen topographischen Karten und Luftbilder obliegt dem Landesvermessungsamt Nordrhein-Westfalen (LVA) in Bonn - Bad Godesberg, die Kataster- und Deutsche Grundkarten den Katasterämtern der Kreise und kreisfreien Städte, die Boden-, geologischen und hydrologischen Karten dem Geologischen Landesamt (GLA) Krefeld. Die flächendeckenden topographischen Karten werden ständig vom LVA bzw. den Katasterämtern nach dem neuesten Stand bearbeitet. Die älteren Ausgaben, die in Archiven aufbewahrt werden, sind als Quellen benutzt worden. Die topographische Karte und die Deutsche Grundkarte (verkleinert auf M 1 : 10.000) fungieren sowohl als Darstellungsmedium für die erarbeiteten Ergebnisse als auch als Quelle für die Untersuchung am unteren Niederrhein.

Seit etwa 1800 gibt es für das Rheinland flächendeckend topographische Karten im Maßstab 1 : 25.000: die Tranchotkarte (1801 – 1805), die preußische Uraufnahme (1843) und die preußische Neuaufnahme (1895).

Die Originale der Tranchotkarten (seit 1968) und die Originale der preußischen Uraufnahmen (seit 1990) werden als farbige Faksimileausgaben vom LVA herausgegeben. Von der Tranchotkarte gibt es keine Blätter für den rechtsrheinischen Raum. Hier müssen wir auf die katastralen Übersichtspläne von 1821/1835 und die *Hydrographische und militärische Karte von Lintz bis Arnheim* von Wiebeking (1796) zurückgreifen.

Seit 1986 gibt das LVA neben den Senkrechtluftbildaufnahmen (DGK 5, Luftbildkarte) ebenfalls schwarz-weiß Luftbildaufnahmen im Meßtischformat M 1 : 25.000 heraus. Außerdem gibt es ältere topographische Luftbilder (M 1 : 25.000) aus den dreißiger Jahren von Hansaflug G.m.b.H. und den fünfziger Jahren (M 1 : 12.500). Die ersteren sind im Meßtischformat der heutigen topographischen Karten (M 1:25.000) montiert und auf Bestellung zu erwerben, so daß ein Vergleich mit den heutigen Luftbildkarten (M 1:25.000) möglich ist. Die Luftbilder ergänzen durch ihre bildliche Darstellung die topographischen Karten, z.B. mit älteren Wegespuren, Parzellenstrukturen, die sich durch Verfärbungen und Vegetation (Baum- und Heckenreihen) erkennen lassen. Die thematischen Schräg- bzw. Senkrechtluftbilder sind besonders für die archäologische Prospektion und für militärische Zwecke angefertigt worden (Abb. 16, Farbtafeln S. 73).

3. Daten, die von Fachämtern erhoben werden

Vor allem sind die Daten des Ortsarchivs des RAB in Bonn bzw. seiner Vorgängerinstitutionen und des Denkmalarchivs des Rheinischen Amtes für Denkmalpflege (RAD) in Brauweiler zu erwähnen. Hier ist auch auf das Werk von P. Clemen (1892) *Die Kunstdenkmäler der Rheinprovinz* (die Kreise Kleve und Rees) hinzuweisen. Bezüglich der Baudenkmalpflege muß festgestellt werden, daß vor kurzem im Untersuchungsgebiet außer der Schnellinventarisation von H.P. Hilger (1966 – 1970) im Altkreis Kleve noch keine systematische Baudenkmalerfassung durchgeführt worden ist. Die Gelände- und Erfassungsarbeiten sind für diese Erfassung in der Gemeinde Rees abgeschlossen. Seit der Neuauflage des Denkmalschutzgesetzes (DSchG NW) von 1980 werden jedoch auch kleinere Ensembles wie Straßenzeilen und größere Einheiten wie z. B. Altstadtgrundrisse und markante Kulturlandschaftssituationen als Denkmalbereiche ausgewiesen.

4. Ergebnisse der Begleituntersuchungen

Diese Ergebnisse werden in den Beiträgen von R. Gerlach, F. Siegmund und R. Straßer vorgestellt (S.S. 47 ff).

5. Geländearbeiten

Eine Geländebesichtigung hilft im ersten Projektstadium, eine visuelle Vorstellung bzw. einen Bezug zum Untersuchungsgebiet zu bekommen. Die Geländebegehung bezieht sich im weiteren Projektverlauf auf Überprüfungsarbeiten, wo die Karten nicht genug Auskünfte geben und ergänzende Informationen notwendig werden, so vor allem bei der Erstellung der Reliktkarten.

6. Literatur

Der Niederrhein ist in bezug auf Umfang und Themen der Forschungen seit der Mitte des 19. Jahrhunderts ein beliebtes Untersuchungsgebiet. Neben den geisteswissenschaftlich orientierten historischen, geographischen, territorial-, landes-, wirtschafts-, sozial-, kirchen-, agrargeschichtlichen, namens- und volkskundlichen Forschungen wurden naturwissenschaftliche Untersuchungen wie geologische, bodenkundliche, geomorphologische und hydrologische Arbeiten veröffentlicht. Hervorzuheben sind der Geschichtliche Atlas der Rheinlande (1982ff.), der Rheinische Städteatlas (1972ff.) und die drei Bände des niederrheinischen Städteatlasses (Kleve, Kalkar und Nijmegen, Gorissen 1952/56).

Die akademische Forschung (Universitäten und Wissenschaftliche Gesellschaften), die seit 1850 systematisch betrieben wird, ist thematisch, zeitlich und räumlich vielseitig gestaltet. Deswegen kann hier nur auf einige Forscher hingewiesen werden. Für die wichtigsten Aspekte der Kulturlandschaftsentwicklung, des Städtewesens, des Landesausbaus, der territorialen und kirchlichen Entwicklung usw. ist auf die Veröffentlichungen von G. Aymans, N. Becker, E. Ennen, K. Flink, F. Gorissen, Th. Ilgen, W. Krings, F.W.Oediger, F. Petri, R. Scholten u.v.a. hinzuweisen.

Die traditionsreiche lokale und Heimatforschung beschäftigt sich vor allem mit der Stadt-, Orts-, Hof-, Burg-, Klostergeschichte usw., Landwirtschaft und für die Region typischen Wirtschaftsaktivitäten (Ziegelei, Fischerei).

Trotz dieser breiten Palette unterschiedlicher Informationen verschiedener Disziplinen gibt es bisher, von Ansätzen abgesehen, keine zusammenhängende flächendeckende genetische Kulturlandschaftsforschung für den unteren Niederrhein, ebensowenig wie eine systematische Wüstungsforschung des Untersuchungsgebietes.

II. METHODE DER KULTURLANDSCHAFTSWANDELKARTIERUNG

Der Kulturlandschaftswandel wird in drei getrennten Karten der Perioden 275 n.Chr. – 1150, 1150 – 1730 und 1730 – heute erfaßt und dargestellt. Hierdurch kommt die Dynamik der Kulturlandschaftsentwicklung (275 n.Chr. – heute), v.a. des Rheinlaufes besser zum Ausdruck (Abb. 17a, Farbtafeln S. 74) als auf nur einer Karte, auf der wertvolle Informationen über die Hintergründe der Veränderungen und frühere Entwicklungsstadien und Landschaftssituationen nicht dargestellt werden könnten. Dabei würden besonders für die Archäologie wertvolle Informationen zu früheren Kulturlandschaftssituationen als potentielle Fundbereiche entfallen. Für die mehrstufige Kartierung spricht auch eine bessere Lesbarkeit der Karte.

Die ersten zwei Perioden orientieren sich an historischen Ereignissen (Einfall germanischer Stämme in die Provinz Germania inferior seit 275 und Beginn des Landesausbaues um 1150 durch die Territorialherren). Der Zeitschnitt 1150 läßt sich mit dem zunehmenden Volumen der schriftlichen Quellen begründen. Die Auswahl des Zeitschnittes 1730 gründet sich auf die Klevischen Katasterkarten, dem ältesten genauen kartographischen Kartenwerk, das für das Untersuchungsgebiet vorliegt.

Für die älteste Kulturlandschaftswandelkarte, die aufgrund der Quellenlage am schwierigsten zu bearbeiten ist, wird unter Nutzung von Fund- und Fundstellenkartierung, Höhen-, Bodenkarten und Ergebnissen der Begleituntersuchungen eine punktuelle Kulturlandschaftsrekonstruktion erarbeitet, die als Grundlage für die Kartierung fungiert. Mit Hilfe dieser Karten können Gebiete mit guten und schlechten Siedlungsbedingungen unter Berücksichtigung der damaligen Möglichkeiten unterschieden werden. Dabei wird die Kontinuität der Besiedlung beachtet. Sie ist besonders in unmittelbarer Nähe zum Rhein durch dessen Laufveränderungen und großen Überschwemmungen gestört (Abb. 17b, Farbtafeln S. 74).

Für die Kulturlandschaftswandelkarte der Periode 1150 – 1730 ist anhand des klevischen Katasters unter Berücksichtigung der Tranchotkarte die Topographie um 1730 rekonstruiert worden. Diese topographische Rekonstruktion (nicht als topographische Karte zu betrachten) fungiert als Kartierungsgrundlage für die Periode 1150 – 1730. Dennoch vermittelt sie ein Bild der Kulturlandschaft um 1730, in der die mittelalterliche Struktur weitgehend erhalten ist. Um den Bezug zur heutigen Kulturlandschaft beizubehalten, wird die heutige topographische Situation in hellem Grauton zusätzlich unterlegt. Dasselbe gilt für die erste Karte. Für die chronologische Darstellung der Landschaftsentwicklung von 1150 bis 1730 führten folgende historische Ereignisse und Entwicklungen zur Einteilung in fünf Zeitstufen (Abb. 17c, Farbtafeln S. 75):

1. Die Situation um 1150 (Stabilisierung der Siedlungen im Rahmen von Grundherrschaft und Herausbildung von präurbanen Zentren). – 2. 1150 – 1350 (Territorialisierung: Binnenkolonisation und Stadtentstehung). – 3. 1350 – 1500 (Herausbildung des Territorialstaates). – 4. 1500 – 1609 (Wirtschaftliche Blüteperiode, Reformation). – 5. 1609 – 1730 (Kriegswirren und Entwicklung vom Zentrums- zum Periphergebiet mit wachsendem absolutistischem Staatszentralismus).

Für die Legende der Karte der jüngsten Periode (1730 – 1989/90) gelten vier Zeitstufen, die auf den klevischen Katasterkarten (um 1730), der Tranchotkarte (1802/05), der Neuaufnahme (1895) und der heutigen topographischen Karte beruhen. Für die Gewässer sind zwei Stufen vorgesehen: seit 1730 unverändert, nach 1730 verändert bzw. entstanden.

Die Kulturlandschaftswandelkarten mit den Kartierungsschichten von 1150, 1730 und heute sind jeweils chronologisch aufgebaut. Daraus ergibt sich, daß Elemente und Strukturen, die während der Perioden 275 n.Chr. – 1150, 1150 – 1730 und 1730 – 1990 entstanden und wieder aufgegeben wurden bzw. verschwunden sind, logischerweise nicht kartiert worden sind. Für die letzte Periode war es möglich, diese Elemente systematisch durch Kartenvergleich auf einer zusätzlichen „Karte mit abgegangenen Elementen" darzustellen. Diese Karte enthält ebenfalls die Kulturlandschaftselemente von 1730 und der Zeit davor, die in der Periode 1730 – 1990 verschwunden sind.

Die Kulturlandschaftsentwicklung 1730 – 1989/90 ist durch den Kartenvergleich wegen des vorhandenen Kartenmaterials relativ problemlos zu erfassen. Dadurch lassen sich die Veränderungen datieren. Für die erste und zweite Karte sind solche genauen Datierungen, wegen des Fehlens genauen Kartenmaterials, bedeutend schwieriger, weil man hier hauptsächlich auf nichtkartographisches Quellenmaterial angewiesen ist. Verschiedene Datierungskriterien, die allerdings unterschiedlich genau sind, helfen hier weiter: eine absolute Datierung, die exakt belegt ist (Gründungsurkunde), – eine grobe Datierung (z.B. zwischen 1230 und 1290), – eine relative Datierung (älter bzw. jünger als), – die älteste Erwähnung in den schriftlichen Quellen, die aber nicht mit einer absoluten Datierung gleichzusetzen ist, – eine Deutungsdatierung aufgrund von Hinweisen wie Namensformen, Patrozinien, natürliche Beschaffenheit, Bau- und Strukturformen usw., – eine unsichere Datierung, die lediglich auf Vermutungen oder einer vergleichenden Betrachtung (Analogie) basiert.

Somit können auf diesen beiden Karten nicht alle Elemente datiert werden, es kommen „weiße Flecken" vor. Sie sind jedenfalls älter als 1730 (Abb. 17d, Farbtafeln S. 75) bzw. 1150 (Abb. 17c, S. 75). Unsichere Datierungen werden mit Schraffierungen und gerissenen Linien kenntlich gemacht. Erstnennungen, die nicht mit einer absoluten Datierung gleichzusetzen sind, werden jener Periode zugeordnet, in der sie erwähnt wurden, auch wenn sie möglicherweise älter sind. Ausgenommen hiervon sind die Elemente und Strukturen, die durch andere Reste (Bodenaltertümer) zeitlich älteren Perioden zugeordnet werden können. Ein anderes Problem tritt beim Landesausbau auf. Können bei exakt datierten Kultivierungen alle Elemente automatisch gleich datiert werden?

Schließlich muß bemerkt werden, daß auf diesen Karten nicht die Bausubstanz von um 1730 bzw. die heutige Bausubstanz Ausgangspunkt der Datierung ist, sondern der Standort. Viele der Gebäude hatten Vorgängerbauten, die zerstört, abgebrannt, abgerissen und an gleicher Stelle wiederaufgebaut wurden. Dies gilt in hohem Maße für die Zerstörungen des Zweiten Weltkrieges, die im Untersuchungsgebiet verheerend waren. Außerdem sind Bauwerke wie Kirchen, Schlösser und Festungsanlagen immer wieder nach den zeitgemäßen Bau- und Kunstvorstellungen umgestaltet, erweitert und sogar neu aufgebaut worden. Nur wenn der Standort sich verändert, wie bei den Rheinlaufveränderungen, wird das Bauwerk neu datiert und der alte Standort als Wüstung angegeben.

III. DIE RELIKTKARTEN (16 Blätter)

Auf die Karten im Maßstab 1:10.000 (Grundlage: DGK 5), die gut an den bei Planungen angewandten Maßstab anschließen, werden die heute ganz oder teilweise sichtbaren historischen Landschaftselemente mit ihrem unterschiedlichen Erhaltungszustand kartiert. Dies bedeutet auch, daß die Elemente kartiert werden, die ältere überlagern, oder bei denen im Boden Reste älterer Zustände zu erwarten sind. Letzteres ist für die Bodendenkmalpflege sehr wichtig, weil hiermit potentielle Fundorte angegeben werden. Die Karten korrespondieren mit dem Katalogteil, in dem die Relikte in einer Datenbank erfaßt worden sind (vgl. S. 30 ff.). Um die Bearbeitung zu erleichtern, wurde auf Entwurfkarten die heute noch sichtbare Landschaftssituation von 1730 übertragen, wie sie zuvor durch Begehungen überprüft worden ist.

Bei der Erstellung der Reliktkarten gibt es ebenfalls einen Unterschied zwischen Punkt-, verbindenden Linien- und zusammenfassenden flächenhaften Elementen.

Die Punktelemente beziehen sich hauptsächlich auf die Bausubstanz und archäologische Fundorte. Hier ist sowohl die heutige Bausubstanz als auch der historische Standort (wichtig für die Archäologie und Bodendenkmalpflege) Ausgangspunkt der Datierung.

In der Legende werden die Funktion und der Erhaltungszustand berücksichtigt, bei dem auch die Daten des Archivs des Rheinischen Amtes für Denkmalpflege eingingen. Die archäologischen Fundorte sind aus dem Ortsarchiv des RAB übernommen worden, daneben die durch Begehungen festgestellten Fundorte. Schließlich wurden die Standorte der abgegangenen Bebauung ebenfalls nach ihrer Funktion (Burg, Kirche, Mühle, Hof usw.) kartiert. Sie werden nach archäologischer Überprüfung ins Ortsarchiv des RAB aufgenommen.

Andere Punktelemente sind beispielsweise Deichkolke, die bei Deichdurchbrüchen entstanden sind, Grenzsteine, Kreuze, Teiche, Motten, Brücken, Fährstellen, Landwehrdurchlässe, Festungsanlagen usw.

Die Linienelemente umfassen mit ihrer Funktion angegebene Wege, Alleen, Bahnlinien, Deiche, Landwehren, Viehtrifte, Gräben, Kanäle, Wälle. Besonders bei den Wegen liegt der Schwerpunkt auf dem Trassenverlauf, der oft mit den historischen Trassen übereinstimmt. (Abb. 18, Farbtafeln S. 76, Abb. 19, rechts).

Bei den flächenhaften Elementen handelt es sich um zusammengefaßte bebaute Flächen (Stadt- und Ortskerne), Gebiete mit alten Parzellierungsstrukturen, historische Park- und Gartenanlagen, historische Wälder usw. Weil in diesen flächenhaften Darstellungen auch Punkt- und Linienelemente eingeschlossen sind, kommen die historisch gewachsenen Strukturen zum Ausdruck.

IV. ERLÄUTERUNGS- UND ANWENDUNGS-KARTEN

Zur Erläuterung der Kulturlandschaftswandelkarten sind zusätzlich Begleitkarten und eine Wüstungskarte im Maßstab 1:100.000 erstellt worden, in denen Kirchen, Burgen, Mühlen und Stätten des regionalspezifischen Gewerbes wie Ziegeleien und Molkereien kartiert wurden. Ihr Ziel ist es, Standorte und Strukturen dieser Objekte hervorzuheben. Auf die Karte mit abgegangenen Elementen sind die heute nicht mehr anwesenden Punkt- und Linienelemente kartiert worden. Diese Karte ist besonders für die archäologische Prospektion im Untersuchungsgebiet hilfreich.

Aufgrund der Kulturlandschaftswandelkarten entstand eine Bewertungskarte mit archäologisch

Abb 19: Blattauschnitt im Luftbild.

und historisch-geographisch relevanten Flächen, historischen Orts- und Stadtkernen, überlieferten Flursystemen und Gärten- und Parkanlagen als wertvolle erhaltungswürdige Kulturlandschaftsbereiche bzw. -einheiten. Eine weitere Kartierung bewertet die Kulturlandschaft nach ihrem Grad der Veränderung, der in vier Stufen unterschieden wird (Abb. 20, Farbtafeln S. 77).

Um den bisherigen Zerstörungsgrad der Kulturlandschaft zu erfassen, ist eine Karte erstellt worden, die alle Bodeneingriffe im Untersuchungsgebiet (künstliche Böden, Egalisierung der Böden, abgetichelte Flächen und Kiesgruben) enthält. Durch diese Eingriffe wurde das Bodenarchiv erheblich angetastet bzw. zerstört.

Schließlich sind in dieser Karte sowohl die geschützten Bereiche (Natur- und Landschaftsschutzgebiete) als auch die durch Flurbereinigung veränderten Flächen eingetragen.

Wir sind davon überzeugt, daß die im Rahmen dieses Projektes erstellten Karten nicht nur ihren wissenschaftlichen Wert haben, sondern in der Bau- und Bodendenkmalpflege im Rahmen der Beteiligung als Träger öffentlicher Belange genutzt werden. Darüber hinaus ist zu hoffen, daß diese Karten als Planungsgrundlage dienen können, um auf diese Weise in einer behutsamen Planung den überlieferten historischen Kulturlandschaftselementen und -strukturen auch in der zukünftigen Kulturlandschaft eine Überlebenschance zu geben. Es ist unsere Pflicht, mit dem uns anvertrauten kulturhistorischen Erbe besser als bisher umzugehen.

Die frühmittelalterliche Besiedlung am unteren Niederrhein

FRANK SIEGMUND

Aus dem Arbeitsgebiet des Projektes sind bislang 19 merowingerzeitliche Fundstellen bekannt, die auf 12 Siedlungen samt ihrer Bestattungsplätze schließen lassen (Abb. 21, S. 48). Die archäologische Quellenlage für das Frühmittelalter ist hier wenig günstig: Keine der Fundstellen ist systematisch und auch nur annähernd vollständig ergraben. So sind im Hinblick auf eine Siedlungsgeschichte zuverlässige Aussagen zur Dauer und Größe der Höfe oder Weiler sowie zu Fragen des Landesausbaus kaum möglich. Will man dennoch abschätzen, was diese 19 Fundstellen für die Siedlungsgenese bedeuten, muß man auf einen größeren Raum zurückgreifen. So wurden die folgenden Aussagen zur Schätzung der Bevölkerungsdichte am frühmittelalterlichen Fundstoff des gesamten Niederrheins erarbeitet (Siegmund 1989). Auch hier ist das großräumige Fundbild in starkem Maße von den Aktivitäten des modernen Menschen abhängig. Eine quellenkritische Betrachtung zeigt, daß die Massierung der Fundplätze in einer jeweils etwa 4 – 7 km breiten Zone entlang des Rheins im wesentlichen auf spezifischen, günstigen Entdeckungsbedingungen beruht; ob die heute ungewöhnlich fundarmen Zonen etwa auf den Kempen-Aldekerker-Platten oder der Schwalm-Nette-Platte im Frühmittelalter tatsächlich weitgehend siedlungsfrei waren, läßt sich ohne künftige systematische Bodenforschung kaum verifizieren. Auch der Vergleich mit der schriftlichen Überlieferung, die ja gänzlich anderen Imponderabilien unterliegt, hilft nur bedingt weiter. So zeigt der Liber Valoris, ein nahezu vollständiges Verzeichnis der Kirchen um 1300, ein insgesamt dichteres, aber ansonsten recht ähnliches Siedlungsbild; er könnte deshalb als Stütze dienen, den derzeit faßbaren Fundniederschlag als repräsentatives Abbild der ehemaligen Verhältnisse zu lesen. Dem stehen jedoch die Ergebnisse der Ortsnamenforschung entgegen; gerade die Verbreitung der als typisch frühmittelalterlich geltenden Typen der -heim-Namen weicht vom archäologischen Fundbild deutlich ab. So bleibt beim derzeitigen Stand der Bodenforschung nur, den Gültigkeitsbereich der Aussagen auf jene besser erforschte Zone entlang des Rheins zu beschränken. Zunächst ist die Frage nach der Größe der Siedlungen zu klären. Angesichts der wenigen und kaum repräsentativen Siedlungsgrabungen sind es die Gräberfelder, die zur Schätzung herangezogen werden. Die (wenigen) Bestattungsplätze am Niederrhein, die vollständig ergraben sind, lassen auf 39 Einwohner als mittlere Größe (Median) der lebenden Bevölkerung pro Fundplatz schließen (Abb. 22, S. 49). Damit läge in der „Rheinschienc" eine Bevölkerungsdichte von etwa 3,3 Einwohnern pro Quadratkilometer vor. Diese Schätzung beruht auf dem heutigen Fundbestand; da auch in Zukunft mit der Entdeckung weiterer Fundplätze zu rechnen ist, liegt sie sicherlich unter dem „wahren Wert". Es ist kaum möglich, die Zahl künftiger archäologischer Entdeckungen vorherzusagen. Ich möchte jedoch nachfolgend eine Schätzung der Größenordnung des zu erwartenden Zuwachses vornehmen. Die Anzahl der neu entdeckten Fundstellen der Merowingerzeit ist in den letzten Jahrzehnten zurückgegangen; dies geschah in der gleichen Zeit, in der ein neues Denkmalschutzgesetz, verbunden mit einer besseren Finanzausstattung der Fachbehörden, zu einer erheblichen Steigerung der generellen archäologischen Aktivitäten führte. Als Maß für diese Tätigkeiten wird die Anzahl der pro Jahrzehnt im Rheinischen Landesmuseum Bonn inventarisierten Funde herangezogen. Trägt man beide Größen in einem Diagramm auf (Abb. 23, S. 50), wird die zunehmende Divergenz beider Trends erkennbar. Dies läßt nur eine Interpretation zu: Die fränkischen Fundstellen im Rheinland werden selten,

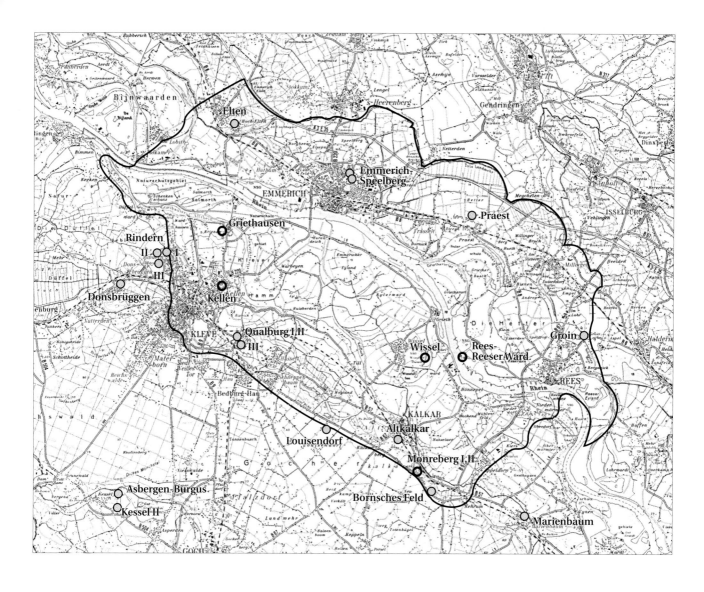

Abb. 21: Merowingerzeitliche Fundstellen am unteren Niederrhein und im Projektgebiet.

der Bestand ist bereits weitgehend erschlossen. Ich möchte deshalb diesen Trend der abnehmenden Zahl der Neuentdeckungen versuchsweise in die Zukunft fortschreiben: Danach würden bis zum Jahr 2060 etwa 70 neue Fundstellen entdeckt, womit der Fundbestand erschöpft wäre. Diese Zahl, die notwendigerweise einen hohen Schätzfehler aufweist, ließe auf eine Bevölkerungsdichte von etwa 4,3 Einwohnern pro Quadratkilometer schließen. Bezogen auf das Arbeitsgebiet des Projektes, das etwa 280 qkm umfaßt, ließe sich damit die Anzahl der gleichzeitig lebenden Menschen auf 1200 Personen schätzen. Diese Rechnung ist sicherlich ungenau und müßte überprüft werden. Hilfreich wäre eine Analyse des Naturraumes und seines Potentials. Wie viele Menschen können unter den Verhältnissen der damaligen Landwirtschaft und aufgrund der natürlichen Gegebenheiten überhaupt ernährt werden?

Die oben genannten Größen der einzelnen Bestattungsplätze zeigen zudem, daß neben Einzelhöfen auch größere Siedlungen (Weiler, Dörfer) üblich waren; die alte These, der Niederrhein sei das Gebiet der Einzelhofsiedlung, ist in dieser generellen Form sicherlich irrig. Ebenso sprechen die Zahlen entschieden gegen einen Landesausbau im 7. Jahrhundert. Über den gesamten Zeitraum der intensiver geübten Beigabensitte (ca. 530 bis 670 n.Chr.) blieb die Anzahl der Bestattungen pro Jahr weitgehend konstant, eine nennenswerte Vermehrung der Bevölkerung fand nicht statt.

Bei den meisten Fundstellen der Merowingerzeit am unteren Niederrhein handelt es sich um Gräberfelder; sie lagen damals noch regelhaft außerhalb der Siedlungen und wurden erst mit den Kirchengründungen im 8./9. Jahrhundert als Kirchhöfe in die Dörfer verlegt. Abb. 24, S. 51, zeigt die Entfernungen zwischen den Gräberfeldern und den nachgewiesenen oder vermuteten Ortslagen; man erkennt, daß neben geringen Distanzen von 50 – 150 Metern zumeist Distanzen von etwa 200 – 650, maximal 750 Meter vorliegen. Größere Entfernungen zwischen Gräberfeld und Siedlung sind wenig wahrscheinlich.

Diese Erfahrungswerte können auf das Arbeitsgebiet angewendet werden und erlauben eine bessere Zuordnung und Interpretation der Fundstellen:

Gräberfeld	Gräber	Dauer	geschätzte Bevölkerungsgröße	
Sterkrade II (ca.)	26	3 - 9	7.2 (5 - 9)	
Hülm	26	8 - 12	8.3 (6 - 11)	
Alsum	18	4 - 8	8.4 (6 - 11)	„1 Hof"
Oberkassel (1 - 14)	14	3 - 5	8.5 (6 - 11)	
Kaarst (Gr. 10 - 32)	22	8 - 11	8.7 (6 - 11)	
Walsum	44	10 - 11	32.3 (24 - 42)	
Müngersdorf	148	2 - (9)	35.3 (26 - 45)	
Stockum	99	8 - 11	39.1 (29 - 50)	„4 - 6 Höfe"
Gellep - West	192	3 - 11	43.8 (33 - 56)	
Rill	81	7 - 9	48.9 (37 - 63)	
Xanten (geschätzt)	388	2 - 11	66.4 (50 - 85)	
Junkersdorf	544	2 - 11	93.0 (70 - 120)	
Iversheim	248	8 - 11	97.9 (73 - 126)	„12 - 15 Höfe"
Eick (geschätzt)	250	4 - 8	116.6 (87 - 150)	
Gellep - Ost	546	4 - (9)	224.1 (168 - 288)	„28 Höfe"

Nach der Formel von G. Acsádi und J. Nemeskéri. Mittelwert: 47,5% Kinder, 22,5 Jahre mittlere Lebenserwartung. In Klammern links: weniger Kinder, kürzere Lebenserwartung, rechts: mehr Kinder, längere Lebenserwartung. Schätzung der Größe der lebenden Bevölkerung an weitgehend vollständig erfaßten Gräberfeldern im Rheinland.

Abb. 22: Geschätzte lebende Bevölkerung anhand weitgehend vollständig erfaßter Gräberfelder im Rheinland.

Danach dauern wahrscheinlich sechs frühmittelalterliche Dörfer über das Mittelalter bis in die Neuzeit fort: Altkalkar, Griethausen, Kellen, Qual-

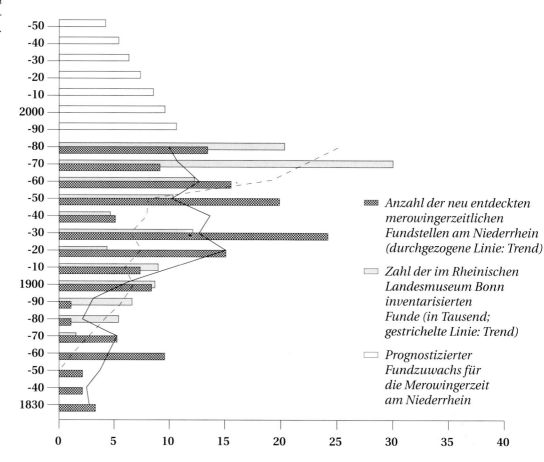

Abb. 23: Fundzuwachs an neuentdeckten fränkischen Fundstellen pro Jahrzehnt.

burg (I–III), Rindern (I–II) und Wissel; drei Fundstellen dürften Einzelhöfen zuzuordnen sein: Altkalkar-Bornsches Feld (mit Monreberg I), Groin und Rindern III. Drei Fundstellen lassen auf später wüst gefallene Siedlungen schließen: Elten, Emmerich-Speelberg und Louisendorf. Damit wären 3 von 12 Siedlungen, also ein Viertel, wüst gefallen, was in der Größenordnung den Verhältnissen am gesamten Niederrhein nahekommt, wo mindestens 42 von 150 Siedlungen nachmerowingerzeitlich wüst fielen (= 28 %).

Für größere, nachmerowingerzeitliche Veränderungen im Siedlungsgefüge spricht auch der Vergleich mit dem hochmittelalterlichen Zustand.

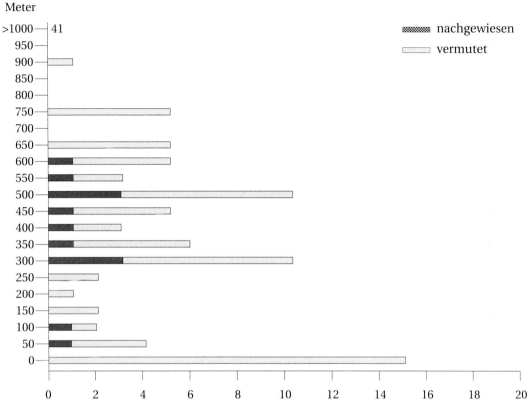

Abb. 24: Entfernung zwischen merowingerzeitlichem Gräberfeld und Siedlung.

In Ermangelung systematischer Quellen zur Mittelalterarchäologie sei hier wieder der Liber Valoris herangezogen, der die Pfarr- und Kirchorte in der Erzdiözese Köln um 1300 auflistet. Wertet man diese Orte als lokale Zentren, zeigt sich eine gleichmäßige und die Fläche ausfüllende Erschließung des Raumes, vor allem, wenn man in das Bild die bekannten Thiessen-Polygone einträgt (Abb. 25, S. 52). Eine Reihe von lokalen Zentren liegt unterhalb des Abfalls von der Mittel- zur Niederterrasse in gleichmäßigen Distanzen: Düffelward, Rindern, Kleve, Qualburg, Till, Kalkar, Appeldoorn, Vynen. Eine weitere Reihe verläuft etwas versetzt näher zum Rhein hin: (Griethausen), Warbeyen,

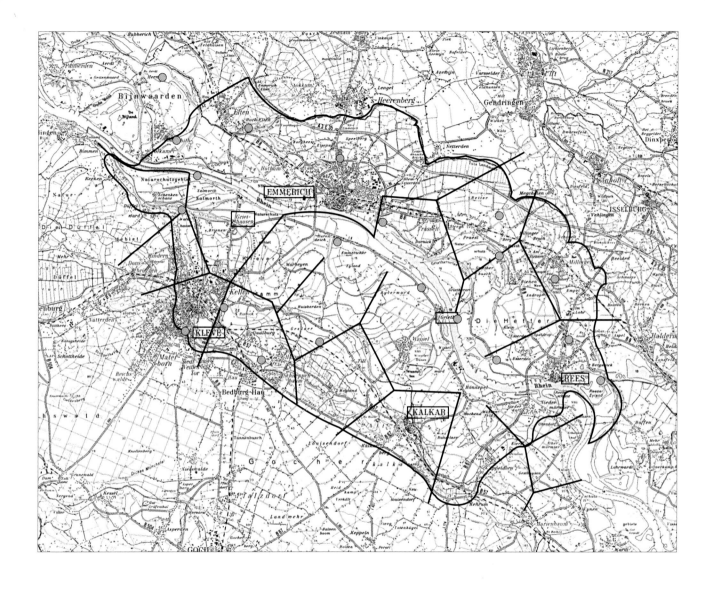

Abb. 25: Kirchorte nach dem Liber Valoris und zugehörige Thiessen-Polygone. Hervorgehobene Namen: Städte im 13./14. Jahrhundert.

Huisberden, Wissel, Niedermörmter, Obermörmter. Nördlich des Flusses deutet sich Vergleichbares an. In dieses Muster fügen sich die Städte des 13./14. Jahrhunderts auffallend regelmäßig ein: Kleve und Kalkar an der Terrassenkante, Griethausen und Grieth vorgeschoben am Strom, am nördlichen Ufer Emmerich und Rees. Dabei liegen die genannten Städtepaare jeweils 11 – 13 km voneinander entfernt und haben jeweils zunächst einen Kirchort als Nachbarn, so daß zwischen zwei Städten einer Reihe auch jeweils zwei Kirchorte liegen (Abb. 25, Städte unterstrichen): Rindern, Kleve, Qualburg, Till, Kalkar, Appeldorn, sowie Düffelward, Griethausen, Warbeyen, Huisberden, Grieth (statt Wissel) und nördlich des Rheins Emmerich, Dornick, Bienen, Rees. Dieses schematische Bild ist sicherlich nicht geeignet, die einzelne Siedlungsgenese zu beschreiben oder gar zu erklären; es schildet jedoch m.E. eindrücklich das im 14. Jahrhundert erreichte Siedlungsgefüge, das in wesentlichen Zügen bis in die Neuzeit fortlebt. Betrachtet man vor diesem Hintergrund das frühmittelalterliche Bild (s. auch Abb. 21, S. 48), erkennt man gewisse Regelhaftigkeiten: Wiederum zieht sich ein Siedlungsstrang entlang der Terrassenkante (und spätantiken Straße), wiederum zeigen sich regelmäßige Abstände zwischen den Fundorten. Der Abstand zwischen den Siedlungen beträgt 2,5 – 3 km; dort, wo größere Entfernungen vorliegen, sind sie recht genau doppelt so groß. Dies läßt die Prognose zu, daß dort ein bislang unentdeckter Fundplatz zu erwarten ist; so etwa östlich von Schneppenbaum auf halbem Wege zwischen Qualburg und Louisendorf.

Nördlich des Stromes zeichnet sich ein ähnlich regelmäßiges Bild ab, das Prognosen zuläßt (tatsächliche Fundorte unterstrichen): Elten, Hüthum, Emmerich-Speelberg, NN (Wüstung, mittig im Zwischenraum gelegen), das früh bezeugte, später im Rhein abgegangene Sulen (statt Praest), Millingen, Groin. Fraglich bleibt, ob dieses regelmäßige Raster in der Frühzeit tatsächlich überall mit Siedlungen besetzt war. Da oben aufgrund gänzlich anderer Argumente über den heutigen Fundbestand hinaus etwa 70 weitere Fundplätze (= 40 % Zuwachs) für den gesamten Niederrhein wahrscheinlich gemacht wurden, wären weitere 4 Ortslagen für das Arbeitsgebiet keinesfalls auszuschließen.

Wichtiger als diese Überlegungen, die erst durch künftige Bodenforschung verifiziert werden können, ist der Vergleich zwischen dem merowingerzeitlichen und dem mittelalterlichen Siedlungsmuster. Dabei fällt auf, daß zwar beide – wie oben geschildert – Regelhaftigkeiten aufweisen, sich diese jedoch nicht decken. So liegen die merowingerzeitlichen Fundplätze Kellen, Louisendorf und Altkalkar - Bornsches Feld genau auf Linien der Thiessen-Polygone für das mittelalterliche Siedlungsbild, d.h. zwischen späteren Zentren im Bereich deren hypothetischer Gemarkungsgrenzen. Ein Fall, der sich unmittelbar östlich des Arbeitsgebietes mit dem frühmittelalterlichen Marienbaum zwischen den Kirchorten Appeldorn, Obermörmter und Vynen wiederholt.

Für das Projekt einer Reliktenkarte können gerade diese Fälle interessant sein: Ihre Lage abseits der mittelalterlichen und neuzeitlichen Zentren im Bereich von Gemarkungsgrenzen kann dazu führen, daß hier in Zonen, die im Mittelalter weniger intensiv bearbeitet wurden, frühmittelalterliche Relikte erhalten geblieben sind. Für die Frage nach der Siedlungsgenese bedeutet dies, daß die fränkischen Altsiedlungen nicht durchweg auch die späteren lokalen Zentren (Dörfer, Kirchorte) bilden; etwa ein Viertel fällt nach der Merowingerzeit wüst oder wird unbedeutend.

Die spätmittelalterlich-neuzeitlichen Rheinlaufverlagerungen zwischen Grieth und Griethausen

RUDOLF STRASSER

I. DIE UM DIE MITTE DES 13. JAHRHUNDERTS AKTIVE STROMBAHN

Als Graf Dietrich VI. von Kleve (1208–1260) das wohl in der ersten Hälfte des 13. Jahrhunderts gegründete Grieth 1250/54 mit Stadtrecht ausstattete, verfolgte er die Absicht, im Norden der Wisselward einen Handelsort anzulegen. Die damit der Siedlung zugewiesene Funktion eines Warenumschlagplatzes berechtigt zu der Annahme, daß der Rhein damals sein Bett unmittelbar östlich des Ortes ausgebildet hatte. Letzteres gilt um so mehr, als nach dem damaligen Entwicklungsstadium der Grietherbuscher Schlinge der Fluß in Höhe von Klein-Esserden in Richtung der Stadt Grieth umgebogen ist. Der Ausrichtung ihrer Grundrißachsen nach zu urteilen, tangierte der Rhein um 1250 den Ort im Nordosten. Hierfür spricht auch, daß der westlich und nordwestlich von Grieth durch den rezenten Lauf der Kalflack zwischen dem Gänseward-Hof und der Volksgatt-Mündung im Greisenstadium seiner Entwicklung nachgezeichnete Bylerward-Mäander sich damals noch im juvenilen Stadium seines Werdens befunden hat. Erhärtet wird diese Schlußfolgerung durch ein Einkünfteverzeichnis der Grafen zu Kleve, in dem für das Jahr 1319 die zwischen Wissel und Emmerich aufgelandete Insel *Beylar* erwähnt wird. Da sie im wesentlichen mit Teilen der heutigen Bylerward identisch ist, muß der Fluß um 1250 mit noch schwach gekrümmter Schleife von Grieth über die Ostabschnitte der Bylerward und des Emmericher Eylands auf Emmerich zugeflossen sein (Abb. 26, Farbtafeln S. 78). Daß seine südlichen Stadtviertel damals in direktem Kontakt mit dem Fluß standen, ergibt sich aus der für 1233 hier bezeugten Schiffslände, die sicherlich die Entscheidung begünstigte, den Schmithauser Rheinzoll 1318 nach Emmerich zu verlegen.

Folgt man ausschließlich der schriftlichen Überlieferung, so war unterhalb von Emmerich die heute noch im Gelände gut auszumachende Tiefenlinie des Schmithauser oder Kellener Altrheins aktiv; denn einerseits ist auf dieser ehemaligen Stromstrecke für 1265 und 1319 die Existenz der Geine-Ward urkundlich überliefert und andererseits übte die um die gleichnamige Burg entstandene Siedlung Schmithausen vom 11. bis zum 13. Jahrhundert sowie vom 11. Jahrhundert bis 1318 die Funktionen der stadtklevischen Schiffslände sowie einer Rheinzollstelle aus. Deshalb liegt auf den ersten Blick die Schlußfolgerung nahe, der Rhein sei seinerzeit von Emmerich über Warbeyen und Schmithausen nach Griethausen geflossen. In die gleiche Richtung wirkt, daß Warbeyen aus Sicht des Xantener Viktorstiftes 1122 noch als *trans renum* gelegen bezeichnet wird.

Für die Zeit um 1250 ist eine solche Aussage allerdings nur schwer zu halten; denn zum einen gibt es bislang noch keine stichhaltigen Beweise für die damalige Aktivität eines Flußbettes zwischen Emmerich und Warbeyen, zum anderen sank Schmithausen mit Annäherung an das 14. Jahrhundert immer mehr in die Bedeutungslosigkeit ab: Nach 1237 wurde die wohl ursprünglich im Burgbereich angesiedelte Rheinzollstelle auf die Tolhaus-Ward (Abb. 27, W 5, Farbtafeln S. 79) gegenüber dem Schwartkop-Hof verlegt, gegen Ende des 13. Jahrhunderts verlor das 1285 höchstwahrscheinlich noch fünf Wassermühlen betreibende Wirtschaftszentrum die Funktion der stadtklevischen Schiffslände an Griethausen, und schließlich bestand der Ort im Jahre 1319 nur noch aus neun bewohnten Hausplätzen. Hieraus ergibt sich, daß der ganz sicher zwischen 1000 und 1200 aktive Schmithauser Rhein vor 1250 seine Bedeutung als Schiffahrtsweg eingebüßt hat. Stattdessen muß sich der Rhein bereits damals sein Bett zwischen Emmerich und Griethausen geschaffen haben.

Wenngleich die schriftlichen Belege hierfür fast ausschließlich ins 14. Jahrhundert datieren, so ergibt sich der entscheidende Hinweis auf die Existenz dieser Strombahn aus der Sedimentation der 1381 erstmals genannten Inseln Snepersward und Scheinden (Abb. 27, W 3 u. W 6, Farbtafeln S. 79). Ihre Lage zeigt nämlich an, daß beide Warden nur in einem von Emmerich herankommenden Flußbett aufgelandet worden sein können. Letzteres kann – auch unter Berücksichtigung der Tatsachen, daß die Auflandung beider Werther einige Zeit gedauert hat und sich das Hauptstrombett schon um die Mitte des 14. Jahrhunderts auf die Nordseite der Inseln verlagert hatte – jedoch nur bedeuten, daß der Rhein um 1250 die heute noch nördlich des Jansen- und des Loyenhofes existierende Hohlform als Abflußbahn benutzt hat. Demnach floß er zwischen der Tolhaus-Ward und dem Scheinden hindurch auf Griethausen zu (Abb. 26 u. 27, W 5 u. W 6, Farbtafeln S. 78/79). Nur so läßt sich auch erklären, daß man nach 1237 den Schmithauser Rheinzoll auf der Tolhaus-Ward erhoben hat.

II. DIE HERAUSBILDUNG DES NEUZEITLICHEN RHEINBETTES

Im 14. und 15. Jahrhundert drang der Bylerward-Mäander weiter nach Westen und Südwesten vor und hatte bis 1556 die Kalflack erreicht. Die dabei unterhalb von Grieth erfolgte Sedimentation der Insel Wisschel und die fortwährende Vergrößerung des der Steensward angelagerten, 1540 schon über 80 holländische Morgen umfassenden Großen Grinds brachte es mit sich, daß der Stromstrich nicht nur immer stärker auf Wissel und den Domänenhof Till hin abgelenkt wurde, sondern der Rhein auch in die Kalflack einbrach.

Dies hatte zur Folge, daß die Uferlinie beiderseits des ursprünglich weiter im Osten gelegenen Domänenhofes kontinuierlich zurückverlegt wurde und seine Gebäude in den sechziger Jahren der Seitenerosion zum Opfer fielen. Je mehr sich dabei die Krümme des Bylerward-Bogens verschärfte, desto näher schob sich der nach unterstrom das Emmericher Eyland querende Gegenbogen dieser Schlinge an Emmerich heran. Bis 1562 hatte er sich der südöstlichen Stadtfront soweit genähert, daß die Emmericher vor allem bei Hochwasser mit Eisgang einen Einbruch des Rheins befürchteten, wenn der von ihm ausgehenden Seitenerosion nicht wirksam Einhalt geboten würde. Deshalb suchte der Rat der Stadt nach Abhilfe und beschloß im Jahre 1588 – nachdem man hierfür die Zustimmung des Landesherrn eingeholt hatte – *zur Erhaltung der Stadt und Abwehr des Hochwassers (die Bylerward) zu durchstechen, wodurch die Sandmasse, die wie ein Polster immer mehr zum sicheren Verderb der Stadt anschwelle, nach dem entgegengesetzten Ufer getrieben würde.* Der Plan schlug jedoch fehl, und die Gefahr des Rheineinbruchs blieb bis zum Jahre 1644 bestehen. Dann gelang es, durch Aushub eines neuen Grabens, den Rhein quer durch die Bylerward bis zu der um 1600 von den Generalstaaten gegenüber von Emmerich auf dem linken Rheinufer erbauten Oranienschanze zu lenken, wo er wieder sein altes Bett erreichte. Dieser künstliche Durchstich brachte der Stadt zwar die gewünschte Entlastung, hatte aber gleichzeitig die Zerstörung des Forts Orange zur Folge. Deshalb versuchten die Holländer bereits 1649, den als Volksgatt bezeichneten neuen Rheinlauf wieder in sein altes Bett zurückzuverlegen. Da aber der neuerliche Durchschnitt nicht tief genug war, blieb auch ihrer Absicht der Erfolg versagt. So konnte das Volksgatt infolge der durchstichsbedingten Laufverkürzung und der daraus resultierenden Gefällezunahme bis zum Jahre 1667 ungestört eine ausgereifte Stromschlinge um das Emmericher Eyland ausbilden. Die dadurch bedingte Verlagerung des gesamten Emmericher Eylands auf die rechte Rheinseite hatte jedoch nur kurz-

55

fristig Bestand. Bereits 1713 hatte der Hauptstrom das Volksgatt wieder verlassen und floß nun an der Ost- und der Nordseite des Emmericher Eylands entlang. Seit diesem jüngsten Mäanderhalsdurchbruch sind – sieht man einmal von der Entwicklung der im Jahre 1819 ebenfalls mittels Durchstichs begradigten Grietherorter Schlinge ab – bis zum Beginn des 19. Jahrhunderts zwischen Grieth und Emmerich keine größeren Rheinlaufverlagerungen mehr eingetreten.

Wenn auch nicht in dem bisher dargelegten Ausmaß, so unterlag das Flußbett zwischen Emmerich und Griethausen in der Zeit vom ausgehenden Mittelalter bis zum beginnenden 19. Jahrhundert doch beträchtlichen Verlagerungen. Sie sind durch die Verschiebung der um 1250 aktiven Strombahn in nördlicher Richtung gekennzeichnet. Ausgelöst und in Gang gehalten wurde diese Entwicklung durch die fortwährende und insbesonders während der Kleinen Eiszeit beschleunigt ablaufende Auflandung einer Vielzahl von Inseln und Grindörtern (vgl. Abb. 27, W 3, W 4 u. W 6 – W 9, Farbtafeln S. 79), die auch die flußabwärtige Wanderung des bis zu Anfang des 15. Jahrhunderts noch vor Griethausen gelegenen Strombogens verursacht hat. Daß die seit 1357 als Rheinzollstelle belegte Siedlung um 1400 noch am Scheitel der nur wenige Jahre später vor Brienen nachgewiesenen Stromschlinge lag, bezeugen die Nachrichten über die schweren Baumaterialien für die Klever Stiftskirche und die Weinfrachten, die damals in Griethausen umgeschlagen wurden. Sie setzten nämlich eine Fahrrinne voraus, die unmittelbar vor dem Rheintor der Stadt vorbeiführte. Weniger als zwei Jahrzehnte später hatte sich die Situation vor Griethausen völlig verändert; denn durch den weiteren Aufwuchs des vor Griethausen sedimentierten Werths trat eine Änderung des Stromstrichs dahingehend ein, daß der zuvor als Nebenarm nördlich der Insel ausgebildete Helle-Strang zum Hauptstrom wurde. Um 1415/20 ging er bereits auf Brienen zu. Um die Mitte des 16. Jahrhunderts hatte auch der Helle-Strang seine Bedeutung als Schiffahrtsrinne längst verloren (vgl. Abb. 27, Farbtafeln S. 79). Sie erstreckte sich damals im großen und ganzen über das heute im Raum südlich von Hüthum ausgewiesene Naturschutzgebiet Emmericher Ward und wurde – auch durch die Stromlaufänderungen oberhalb Emmerichs begünstigt – bis zum Beginn des 19. Jahrhunderts durch den Anschluß der um 1540 hier bestehenden Inseln ans Ufer (vgl. Abb. 27, W 2 u. W 10 – W 13, Farbtafeln S. 79) sowie die damit einhergehenden Hochwasserschutz- und Wasserbaumaßnahmen in einem etwas weiter südlich gelegenen Bett fixiert.

Urkunden:
HSTAD Kleve-Mark, Akte 917: Agenda für den Rheinstrom – auf Grund der Befahrungen und Besichtigungen zusammengestellt, 1543 – 1567; HSTAD Kleve-Mark, Akten 919, 920, 921 und 922: (Rhein-) Befahrungsprotokolle von 1566, 1540, 1531 und 1540; HSTAD Kleve-Mark, Akte 991: Besichtigungen des Rheins von 1484, 1531, 1539, 1556 – 60, 1563, 1567, 1578 und 1580; HSTAD Karten, Nr. 2364: Der Rhein von Grieth bis Lobith (1556); Nr. 4801: Der Rhein von Friemersheim/Angerort bis Arnheim (1712/13); Nr. 2646: Der Rhein von Hohenbudberg bis Arnheim (1728); Herzog von CROY'sches ARCHIV DÜLMEN HS 2: »Albums de Croy«, Karte des deutsch-niederländischen Grenzraumes aus der Zeit um 1600; Th. ILGEN, Quellen zur inneren Geschichte der rheinischen Territorien. Das Herzogtum Kleve. Publ. Ges. rhein. Geschichtskde. 38, 2. Bde. (Bonn 1921-1925); LANDESVERMESSUNGSAMT NORDRHEIN-WESTFALEN (Hrsg.), Kartenaufnahme der Rheinlande durch Tranchot und v. Müffling 1803-1820: Bl. 5: Kleve; Bl. 6: Grieth. Publ. Ges. rhein. Geschichtskde. XII. 2. Abt. NF. (Bonn-Bad Godesberg 1968/69); F.W. OEDIGER (Hrsg., unter Benutzung d. Vorarbeit v. Th. ILGEN u. unter Mitwir. von M. PETRY), Grafschaft Kleve. 2: Das Einkünfteverzeichnis des Grafen Dietrich IX. von 1319 und drei kleinere Verzeichnisse des rechtsrheinischen Bereichs. Publ. Ges. rhein. Geschichtskde. 38, 2 Teile. (Düsseldorf 1982).

Die natürlichen Grundlagen der Kulturlandschaft oder „Wie alt ist die Aue?"

RENATE GERLACH

I. EINLEITUNG

Eine Kulturlandschaft kann sich immer nur auf dem Boden der natürlichen Landschaft entwickeln. Geologie, Boden, Wasserangebot, Klima, Relief und Vegetation waren grundlegende Faktoren, die die ersten Siedler bewußt oder unbewußt dazu veranlaßten, einen Ort als Siedlungsstandort zu wählen und einen anderen zu meiden. Noch heute zeichnen die natürlichen Faktoren die Siedlungsverteilung, das alte Wegenetz, die Art der landwirtschaftlichen Nutzung und dergleichen nach. Freilich erfordert die weitgehende Zerstörung von Natur- und historischer Kulturlandschaft ein genaues Hinschauen, um diese Spuren der Durchdringung von Natur und Siedlungsbild zu entdecken. Am unteren Niederrhein ist die Abhängigkeit der Kulturlandschaft von der natürlichen Umgebung besonders eng, denn hier entstanden große Teile der Landschaft erst in historischer Zeit, parallel zur Siedlungsentwicklung; in der breiten, bereits küstennahen Flußaue riß der natürliche, unbefestigte Rheinstrom permanent Land ab, das er andernorts wieder anlandete. Bis zu den Rheinregulierungen im 19. Jahrhundert veränderte die Aue dadurch ständig ihr Gesicht: Flußläufe verlagerten sich, neue Inseln und neue Uferanschüttungen entstanden und ganze Dörfer wurden vom Rhein hinweggerissen. Beispiele für diese Flußdynamik führt Christiane Hoppe (1970) in ihrer Arbeit über die Flußverlagerungen des Niederrheins in den letzten zweitausend Jahren auf. Bei der geologischen Betrachtung der Aue stand aber nicht der Fluß selber, sondern die durch den Fluß geschaffenen Flächen im Vordergrund, die sich zeitlich unterscheiden lassen und daher vollwertige stratigraphische Glieder der jüngsten Erdgeschichte darstellen.

II. DIE GEOLOGISCHEN GRUNDLAGEN

Drei naturräumliche Einheiten prägen den unteren Niederrhein: Die Stauchmoräne mit ihrem Sander, die Niederterrasse und die heutige Rheinaue.

Alle drei Einheiten sind Produkte des Quartärs, das vor 2,4 Millionen Jahren begann und bis heute andauert. Unterteilt wird diese jüngste Erdepoche in das von wechselnden Kalt- und Warmzeiten geprägte Pleistozän, in dem das Inlandeis zeitweise bis an den Niederrhein vorstieß und in das Holozän, unsere derzeitige Warmzeit, die mit dem vorläufig letzten Rückzug der Inlandeismassen auf die Polarregionen vor ca. 10.000 Jahren begann (Abb. 28, S. 58).

Die Stauchmoräne, die im ansonsten flachen Niederrheingebiet als weit sichtbarer Höhenrücken von bis zu 80 m Höhe ü. NN bei Kleve herausragt, berührt das Untersuchungsgebiet am Rande.

Sie wurde aus den Rheinsanden und -kiesen durch das vom Nordwesten her vorstoßende Inlandeis in der Saale-Eiszeit (Drenthe-Vorstoß vor ca. 250.000 Jahren) aufgestaucht. Stauchmoränenwälle haben sich im Untersuchungsgebiet jedoch nur bei Kleve und Kalkar erhalten, dazwischen liegen Sanderablagerungen. Diese Sanderablagerungen sind Schmelzwassersedimente des Saale-Inlandeises, die vor den Stauchmoränen abgesetzt wurden. Auch sie überragen mit einer Höhenlage von ca. 30 bis 40 m ü. NN die Rheinniederung noch deutlich.

Gegenüber den Erhebungen der Stauchmoräne erscheint die Rheinniederung wenig gegliedert, denn Niederterrasse und Aue lassen sich morphologisch nur schwach unterscheiden.

Abb. 28: Geologische Karte des Untersuchungsgebietes (nach Klostermann 1992)

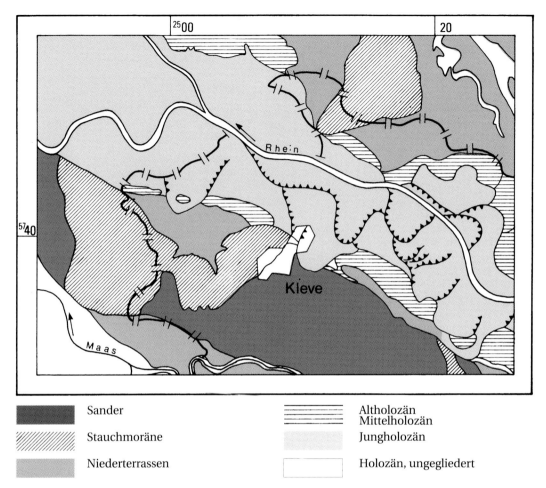

Die leicht höher gelegene jüngere Niederterrasse (ca. 16 – 17 m ü. NN) wurde am Ende des letzten Glazials (Weichsel-Eiszeit vor ca. 70.000 bis 10.000 Jahren) angeschüttet. Während dieser Zeit war der Niederrhein Teil des dauerhaft frostkalten Periglazial-Gebietes. Daher floß der Rhein, ähnlich wie heute Flüsse in Sibirien, Nordkanada oder Island, kilometerbreit verzweigt mit ständig wechselnden Armen in einem vegetationsarmen Tundragebiet. Bei Kleve nahm das in unzählige Arme aufgespaltene Flußbett mindestens 30 km Breite ein. Durch die Frostverwitterung wurde eine große Schuttmenge bereitgestellt, die der Fluß nur kurzzeitig in den sommerlichen Tauperioden transportieren konnte.

Danach blieb das zu Sand und Kies aufgearbeitete und abgerollte Material liegen. Der Rhein schotterte so breitflächig und vertikal in die Höhe wachsend die Niederterrasse auf.

Im Untersuchungsraum haben sich bei Emmerich und auf der linken Rheinseite im unmittelbaren Anschluß an die Sanderablagerungen Reste der Niederterrasse erhalten, während der holozäne Rhein die übrigen Niederterrassenbereiche abtrug (Brunnacker 1978; Siebertz 1987).

Am Ende der letzten Kaltzeit (vor 10.000 Jahren) erwärmte sich das Klima und die Vegetation kehrte zurück. Die Wasserführung der Flüsse wurde ausgeglichener, da die große Schwankung zwischen winterlicher Trockenheit und sommerlichen Taufluten nach der Eiszeit endeten. Der Rhein zog sich daher auf einen mehr oder minder einbettigen und mäandrierenden Fluß zurück, dessen Ufer durch den Bewuchs stabilisiert wurden. Beschränkt auf ein vergleichsweise schmales Bett mußte sich der holozäne Rhein in den Niederterrassenkörper einschneiden und schuf so das am unteren Niederrhein ca. 2 m tiefere Niveau der Aue. Parallel zum Fluß fällt die Oberfläche der Rheinaue von ca. 17 m ü. NN bei Kalkar auf ca. 13 m ü. NN bei Rindern ab. Aus- und umgestaltet wurde die Aue, die zwischen Kleve und Emmerich eine Breite von ca. 10 km einnimmt, infolge der Mäandrierung des Rheins, denn unter natürlichen Bedingungen verlagert ein mäandrierender Fluß ständig sein Bett. Seine Bögen wandern flußab und bei einem bestimmten Reifegrad brechen die Schlingen an der engsten Stelle durch: zurück bleiben die charakteristischen Altarme. Bei dieser Mäandrierung nimmt der Fluß an seinem steilen Prallhang (Außenufer des gekrümmtem Laufes) Gesteinsmaterial auf und lagert es an seinem Gleithang (Innenufer des gekrümmten Laufes) wieder ab, wodurch Sand und Kies beständig umgelagert werden. Im Laufe des Holozäns kam es mehrmals zu Perioden verstärkter Umlagerungen. So sind die Auen aus kleinen, flächigen Terrassenkörpern aufgebaut, die die erhalten gebliebenen Produkte solcher Umlagerungen der Flüsse während der letzten 10.000 Jahre sind (Schirmer 1983). Erst im 19. Jahrhundert beendete die Begradigung und Befestigung des Rheins die natürliche Umlagerungsdynamik. Eingeengt in ein künstliches Bett kann sich der Strom nur noch in die Tiefe einschneiden. Generell können am Niederrhein alt-, mittel- und jungholozäne Auenterrassen unterschieden werden, die höhengleich (Reihenterrassen) die Aue aufbauen (Brunnacker 1978; Klostermann 1992). Im Rahmen der Untersuchung waren nur die Bereiche mit den in historischer Zeit gebildeten jungholozänen Flußanschüttungen (ab ca. 2000 Jahre v.h.) von Interesse, die sich zunächst durch die alten Mäanderbögen gliedern lassen (Abb. 28 s. S. 58).

III. FLUSSDYNAMIK, ABLAGERUNGEN UND MORPHOLOGIE IN DER AUE

Mäander sind am Rhein und an den meisten mitteleuropäischen Flüssen eine normale Erscheinung. Geologisch gesehen sind diese Flußschlingen junge Gebilde, die als formende Bestandteile der Aue erst seit ca. 10.000 Jahren existieren. Jedem sind die Reste alter durchgebrochener Flußschlingen am Niederrhein vertraut: Im Raum des Untersuchungsgebietes sind u.a. die Bögen des Leybaches, der Kalflack und des Volksgatts auffällige Beispiele. Die heute sichtbaren Altwasserreste stellen aber nur den letzten Akt der Mäanderbildung dar, der dank des Durchbruchs am Mäanderhals konserviert wurde.

Ausgehend von einer kleinen initialen Krümmung weitet sich ein Mäander allmählich aus, vergrößert seinen Radius und wandert dabei langsam flußabwärts. Diese Flußdynamik ist eine Folge der oben geschilderten Erosions- und Akkumulationsbedingungen in der Flußkrümmung. Wesentlich ist, daß dabei in der Aue nicht nur die Altarme, sondern auch charakteristische flächige Ablagerungen zurückbleiben, die jedoch morphologisch weniger auffällig sind als die Altarme und Altrinnen (Abb.29 s. S. 61).

Fluviatil abgelagerte Sedimente stehen mit ihrer Korngröße in direktem Zusammenhang zur Fließgeschwindigkeit des Wassers. In mäandrierenden Flüssen können gröbere Kiese nur unmittelbar im Flußbett transportiert werden, wo Wassertiefe und Fließgeschwindigkeit ausreichend sind. Zu den Uferbereichen hin nimmt die Korngröße des transportierten Materials wegen der geringeren Wassertiefe und Fließgeschwindigkeit bis zur Sandkorngröße hin ab. Jenseits der nahen Uferbereiche, im Überschwemmungsgebiet, können die langsam fließenden, durch die Auenvegetation gebremsten Hochwässer nur feine schluffige oder tonige Schwebstoffe ablagern (Auenlehm).

Durch die Flußbettwanderung bleiben im Inneren eines Mäanders die ufernah gebildeten sandigen Gleithangsedimente zurück. Im Idealfall wird ein Gleithang durch Rippen und Senken gegliedert, die frühere Mäandrierungsphasen bezeugen (Abb. 29, S. 61).

Ein weiteres Element des Mäanderformenschatzes sind die Uferwälle, sie bilden sich beidseitig des Flusses, weil die Hochwässser im unmittelbaren Uferbereich den Hauptteil ihrer Last, die gröberen, sandigeren Sedimente (zumeist handelt es sich um Feinsand) abwerfen; in der Hochflutebene kommen nur die schluffig-tonigen Schwebstoffe zum Absatz.

Es ist aufgrund der Genese verständlich, daß Uferwall und Gleithangsediment nicht immer zweifelsfrei im Gelände auseinanderzuhalten sind, da die im Inneren einer Flußkrümmung gebildeten Uferwälle in den Gleithangbereich eingehen. Uferwälle wie Gleithangablagerungen haben aber eine Gemeinsamkeit: Sie sind sandiger als die Auenablagerungen und bilden daher kleine Erhebungen und Rücken in der Auenebene. In der von Natur aus ständig hochwasserbedrohten Aue konnten diese wenigen Dezimeter über dem mittleren Hochwasserniveau und der sandigere, leichtere und daher auch schneller abtrocknende Boden wesentlich über die Siedlungsgunst entscheiden.

Da jedoch bis zu den Flußregulierungen des 19. Jahrhunderts die Aue ein in großen Bereichen hochwasserbedrohtes Gebiet blieb, lagen die bevorzugten Siedlungsplätze zunächst auf den höheren eiszeitlichen Ablagerungen, z.B. Kleve auf der Stauchmoräne und Emmerich auf einem Rest der Niederterrasse und erst in zweiter Präferenz wurden die sandigen Rücken von Uferwall und Gleithangsedimenten in der Aue besetzt.

IV. UNTERSUCHUNGSMETHODE UND -ZIEL

Aus Untersuchungen an anderen Flüssen (z.B. Main, Oberrhein, Isar und Donau, s. Schirmer 1983; Striedter 1988; Feldmann 1990; Schellmann 1990) ist bekannt, daß es während des gesamten Holozäns, also auch in historischer Zeit, immer wieder Phasen gab, in denen die Flüsse verstärkt ihren Lauf veränderten und dabei auch mehr Material umlagerten und neue Auenflächen schufen. Die Aue wird daher von verschieden alten Flächenbereichen aufgebaut. Die Fragen lauteten am Beginn der Untersuchung, welche Flächen haben schon zur Römerzeit bestanden (und waren somit potentielles römisches Siedlungsland) und welche Bereiche wurden erst im Mittelalter oder in der Neuzeit angeschwemmt?

Im Rahmen der Untersuchung stand bewußt die Erprobung praxisnaher Untersuchungsmethoden im Vordergrund, die die zeitlichen Vorgaben nicht sprengen sollten. Es mußte daher auf die flächenhafte Aufnahme der gesamten Auenbereiche verzichtet werden. Dies fiel um so leichter, als man sich unter dem Aspekt der kulturlandschaftlichen Entwicklung auf die siedlungsrelevanten Uferwall- und Gleithangbereiche konzentrieren konnte. Auf der Grundlage der von Paas erstellten Bodenkarten M 1: 50.000 des Geologischen Landesamtes NRW (Bl. L 4102 Emmerich 1989 / Bl. L 4302 Kleve 1985) wurden die Flächen mit sandigen Auensedimenten (Uferwall und Gleithang) im Bereich der in historischer Zeit umgestalteten jungholozänen Aue herausgezeichnet und untersucht (Abb.30, Farbtafeln S. 80).

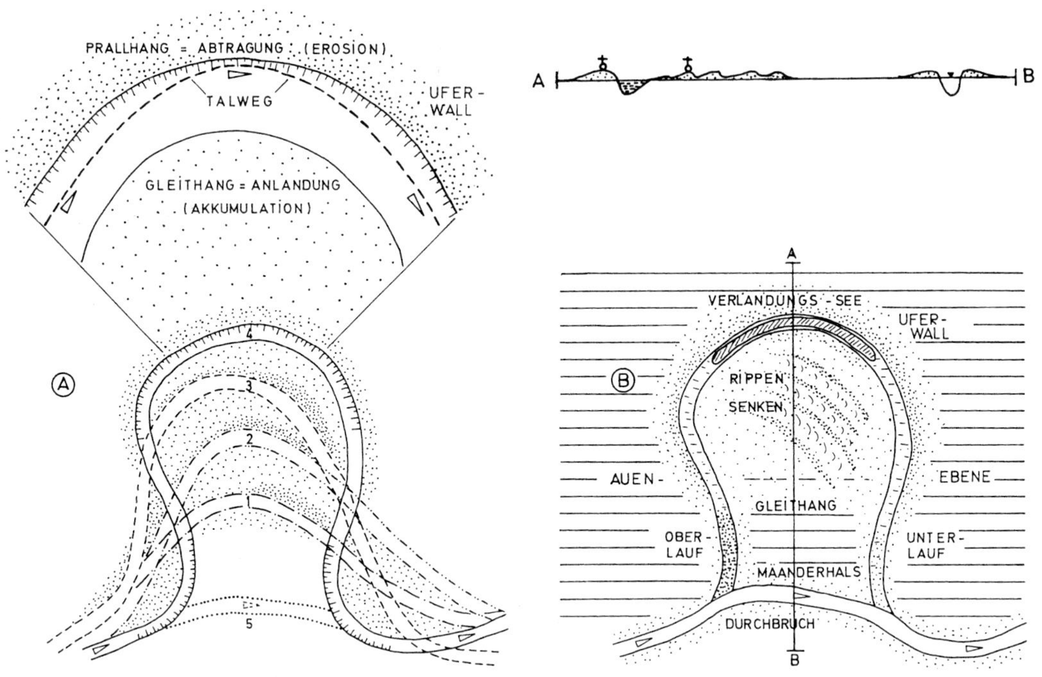

Abb. 29: Schema der Mäanderentwicklung und Begriffe der Mäandermorphologie.

Siedlungen und Einzelhöfe in der Rheinaue konzentrieren sich entweder auf die bereits im Jungholozän höher gelegenen Niederterrassenreste zwischen Qualburg im Westen und Kalkar im Osten (Qualburg, Hasselt, Moyland) oder auf die Uferwall- und Gleithangbereiche im jüngeren Auenbereich (Rindern, Griethausen, Kellen, Riswick, Warbeyen, Huisberden, Wissel, Grieth, Entenbusch, Hanselaer). Teilweise ist noch die Mäandrierung anhand der Gleithangrippen wie im Emmericher Eyland nachvollziehbar, teilweise sind die sandigen Gleithangflächen aber auch sekundär umgeformt worden, so bei Wissel, wo sie noch im Spätmittelalter zu flächigen Dünen ausgeweht wurden (Höppner/Steeger 1937).

Uferwall- und Gleithangbereiche haben nicht nur für die Besiedlung, sondern auch für die Geowissenschaften günstige Eigenschaften. Da sie aufgrund ihrer leicht höheren Lage weniger von Hochwasser und damit frischen Hochflutablagerungen beeinflußt werden und infolge der Sandkomponente schneller abtrocknen, können sich auf ihnen auch Differenzen in der Bodenintensität besser abbilden. Eine bodenstratigraphische Gliederung der Aue macht sich die Tatsache zunutze, daß bei ansonsten gleichen natürlichen Ausgangsbedingungen und annähernd konstantem Klimaeinfluß die Bodenreife eine Funktion der Zeit ist. Je älter eine Fläche ist, desto intensiver ist der auf ihr entstandene Boden und je jünger, desto weniger ist der entsprechende Auenboden entwickelt. Solche Unterschiede sind u.a. sichtbar anhand des Kalkgehaltes und der Verbraunungsintensität und -tiefe. Der Kalk in den primär kalkhaltigen Auensedimenten des Rheins wird im Laufe der Zeit durch Luft, Wasser, Bodenlebewesen und Pflanzen von oben nach unten fortschreitend aufgebraucht. Dabei muß jedoch bedacht werden, daß die frische Kalkzufuhr bei Überflutung den Bodenbildungsprozeß bremst, bzw. die oberen Bereiche wieder aufgekalkt werden. Im Zuge der Verwitterung kommt es daneben zu einer Freisetzung von Eisen aus den Mineralien. Das bei Luftzutritt oxidiert vorliegende Eisen färbt daher das Ausgangsmaterial „rostbraun" ein.

Die pedogenetische Prägung der trockenen Auenbereiche (in der Regel Uferwälle und Gleithangbereich) war auch für Brunnacker (1978) ein Hauptfaktor für die Untergliederung der Niederrheinischen Aue. Seine Bohrungen und bodenkundlichen Aufnahmen im Untersuchungsgebiet sind in die Abb. 30 eingegangen. Für die vorliegende Untersuchung genügte es, sich auf die jungholozänen Bereiche zu konzentrieren, jene Auenbereiche, die erst ab der Eisen-/ Römerzeit aus- und umgestaltet wurden. Die alt-mittelholozänen Anschüttungen (vor ca. 10.000 – 3.000 Jahren) und die Niederterrassenreste sind daher in der Farbtafel 30 zusammengefaßt worden (s. auch Abb. 28, S. 58).

Auf den entsprechenden Uferwall- und Gleithangbereichen wurden Flachbohrungen (bis 2 m Tiefe) niedergebracht und die Böden nach der bodenkundlichen Kartieranleitung angesprochen. (Wie bei der stratigraphischen Gliederung der holozänen Flußauen üblich, wurde auf die z.T. mißverständlichen und wenig differenzierenden semiterrestrischen Bodenbenennungen – s. die Bodenkarte, wo im Jungholozän lediglich Brauner Auenboden und Gleye mit diversen Zwischenstufen ausgegliedert werden – zugunsten der terrestrischen Bodentypen verzichtet).

Die Bodenintensität drückt sich anhand des Verbraunungsgrades (Farbbestimmung n. Munsell-Soil-Chart) und des zunächst mit 10 % Salzsäure im Gelände ermittelten Kalkgehaltes (nach bodenkundlicher Kartieranleitung 1982) aus, der im Labor gasvolumetrisch (Methode Scheibler) nachbestimmt wurde.

Eine Bodenabfolge von älter zu jünger sagt zunächst nur etwas über das relative Alter aus. Eine absolute zeitliche Einstufung wird erst möglich, wenn feste Daten aus naturwissenschaftlichen Datierungsmethoden (z.B. 14 C-Bestimmung, Pollenanalyse, Dendrochronologie), bzw. archäologisch datierbare Funde oder schriftliche Quellen hinzugezogen werden (vgl. S. 29 ff.).

V. ALTERSGLIEDERUNG DER HISTORISCHEN AUE

Brunnacker (1978) gliederte zwei jungholozäne Stufen aus, das Jungholozän I von der Zeitenwende bis ca. 500 n. Chr. und das Jungholozän II vom Hochmittelalter bis zum 19. Jahrhundert. Seine Datierungen der verschiedenen Bodentypen beruhen auf Siedlungsresten, archäologischen Funden und historischen Daten. Die Lokalitäten K1 und K7 zählen demnach zum Jungholozän I; K2, K4 und R3 zum Jungholozän II (Abb. 30 s. S. 80).

Der Versuch, mit Hilfe der Pollenanalyse aus sumpfig-moorigen Altwasser- und Rinnenresten genauere Daten zu gewinnen, schlug fehl, da zumindestens im Bereich der jungholozänen Aue die Rinnenfüllungen viel jünger sind als die Flächen. So ergaben die Proben G 4 und G 5 östlich von Kalkar ein Alter von früher Neuzeit bzw. 19. Jahrhundert (Urban/ Schröder/Leßmann 1983) (Abb. 30, Farbtafeln S. 80).

Schröder (1983) unterzog die Auengliederung von Brunnacker einer bodenchemisch-physikalischen Überprüfung in Gelände und Labor und bestätigte die kontinuierliche Bodenabfolge von alt (Altholozän = Parabraunerde) bis jung (Jungholozän = Pararendzina) (s. Abb. 31, S. 80).

Für die Böden auf römerzeitlichen (Jungholozän I) Anschüttungen ist der Bodentyp verbraun-

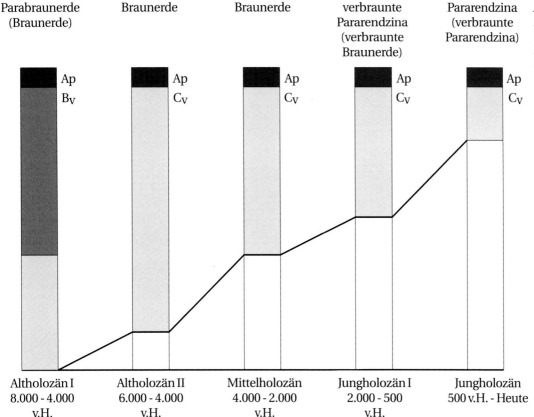

Abb. 31: Schema der Bodenentwicklung im Holozän (nach Brunnacker und Schröder)

te Pararendzina mit beginnender Entkalkung in den oberen 50 – 60 cm und für die jüngeren Anschüttungen schwach verbraunte Pararendzina bis brauner Auenboden mit hohem Kalkgehalt noch im Oberboden (= Ap-Horizont) typisch.

Die vorliegende, regional und zeitlich detaillierter gefaßte Untersuchung erbrachte allerdings ein differenzierteres Bild mit fünf verschieden alten Anschüttungen aus dem Jungholozän und einer Bodenabfolge von Braunerde bis Pararendzina (Abb. 32, S. 80 und Tabelle S. 64).

Der älteste Bodentyp, eine gut entwickelte bis 1,8 m Tiefe völlig entkalkte Braunerde (=B_V-Horizont) bei Rindern, entwickelte sich auf einem mächtigen Uferwall zwischen Rindern und Millingen. Paas u. Theunissen (1978), die diesem Raum eine eigene bodenkundlich-palynologische Untersuchung widmeten, führen archäologische Belege an, nach denen der Uferwall schon zur Hallstatt-Zeit bestanden haben muß. Rindern ist eine römische, bei Tacitus erwähnte Siedlung (Arenacium). Nach Paas u. Theunissen (1978, 393) wurde

Bodenmerkmale der Auenflächen (Römerzeit – 19. Jh.)

geschätztes Alter	Lokalität	Bohrung Nr.	Bodentyp	Kalkgehalt im A-Horizont	Tiefe des B_V-Horizonts	Tiefe des C_V-Horizonts
Ende Mittelholozän	Rindern	16	Braunerde	0	- 1,80 m	–
Eisen-Römer-Zeit	Kalkar Huisberden W Riswick O Griethausen Warbeyen	39, 40, 41, 45 23 20, 21 51 7	Braunerde – verbraunte Pararendzina	0	- 0,70 – - 1,00 m	0,60 – 1,30 m
Früh-Hochmittelalter	Wissel Kermisdahl Warbeyen N	35, 36, 38, 43 5, 6 12	verbraunte Pararendzina	0 – 1,5 (%)	–	0,50 – 1,00 m
Spätmittelalter	Warbeyen S Huisberden N/O Riswick W Kellen	8, 9, 10, 11 24, 25, 29 1, 2, 3 30	verbraunte Pararendzina	1 – 4,5 (%)	–	0,45 – 0,80 m
Spätmittelalter / Frühe Neuzeit	Bylerward	28, 32, 33, 34	verbraunte Pararendzina – Pararendzina	1,5 – 3,5 (%)	–	0 – 0,45 m
Frühe Neuzeit/ 18. / 19. Jh.	Emmericher Eyland Griether Uferwall	26, 27, 50 42, 46, 47, 48, 49	Pararendzina	5 – 11 (%)	–	–

dieser Uferwall in spät-subborealer Zeit, d.h. noch im Mittelholozän, angeschüttet. Dafür spricht auch der gut entwickelte Boden. Nicht alle Bohrungen sind aber für die Alterseinschätzung zu nutzen, denn im Untersuchungsgebiet treten zu der üblichen komplexen Dynamik der Auenböden auch Deichbruchsedimente auf, die eine Auenfläche überschütten können. Die beiden Bohrungen nördlich von Rindern erfaßten solche, wie kleine Schwemmfächer aussehende, sandige Ablagerungen eines historischen Deichbruches. In der Bohrung 17 war unter den ca. 1,40 m kiesigen Deichbausanden die alte Oberfläche anhand des Humushorizontes noch erkennbar gewesen.

Für die zeitliche Einstufung der eigentlichen jungholozänen Ablagerungen bot die morphologisch gut erkennbare und historisch datierbare Abfolge der Rheinbögen zwischen Kalkar und dem Emmericher Eyland die besten Voraussetzungen. Die Datierung orientiert sich an den Ergebnissen der morphologisch-historischen Untersuchung von Strasser (s. S.54 ff.), wobei die Daten mögliche Zeitspannen der Mäanderentwicklung und damit auch der Anschüttung der Sedimente im Mäanderinneren bis zum Durchbruch des Flußbogens umreißen.

Die jeweiligen Böden auf den Uferwall-Gleithangbereichen wiesen auch in dieser chronologisch feingliedrigen Sequenz Intensitätsunterschiede auf (Abb.30 u. 32, s.S. 80). Lediglich die historisch faßbare Unterteilung in die spät-frühneuzeitlichen Anschüttungen im Emmericher Eyland und die aus dem 18./19. Jahrhundert stammenden flußparallelen Uferwallresten dokumentiert sich, noch nicht in einem bodengenetischen Unterschied.

Hier sei aber auf eine besondere Schwierigkeit hingewiesen, hervorgerufen durch die seit einigen Jahren zunehmende, intensivere landwirtschaftliche Nutzung der Aue. Fast überall erreicht der Pflug Tiefen von ca. 40 cm. Dadurch erweitert sich der humushaltige A-Horizont, gegenüber den max. 25 cm Mächtigkeit, die er in ungestörter Lagerung entwickelt, nach unten. Eventuell vorhandene geringe Cv-Reste (Verbraunungszonen) werden dadurch untergepflügt. Auch so geht ein Stück historische Substanz und natürliches Quellenmaterial verloren.

Ausgehend von der Chronosequenz im Ostteil des Untersuchungsgebietes konnten die vor allem im Westen bei Huisberden, Kleve, Riswick, Kellen und Warbeyen fraglichen Flächen eingeordnet werden.

Demnach sind die als römerzeitlich datierten Anschüttungen bei Kalkar zeitgleich mit Uferwallresten westlich Huisberden, östlich Riswick und bei Griethausen. Die Datierung der Lokalität K7 in das römerzeitliche Jungholozän I legt es nahe, auch den Bereich unmittelbar um Kellen diesem Zeitraum zuzuordnen. Ob sich diese Anschüttungen zu einem relativ gestreckten Rheinlauf verbinden lassen, bleibt fraglich. Bei Xanten kam Klostermann (1986) zu dem Schluß, daß der Rheinlauf während der Römerzeit kein mäandrierender Fluß gewesen sein konnte, sondern nur schwach gekrümmt und aufgespalten in einige wenige Arme („Furkation") verlief. Die bislang vorliegenden Daten für das Untersuchungsgebiet erlauben noch keine Verifizierung dieser Hypothese. Einen „römerzeitlichen" Habitus weisen auch die Böden in der Bohrung 37 bei Wissel und Nr. 7 bei Warbeyen auf. Hier war jeweils ein entkalkter Bv mit 50 – 80 cm Tiefe ausgebildet (Braunerde).

In ihrer Umgebung wurden aber verbraunte Pararendzinen mit einem 0,50 – 1,00 m Cv-Horizont, die bereits einen leichten Rest-Kalkgehalt in der Ackerkrume enthielten, angetroffen. Sie sind auf früh-hochmittelalterlichen Anschüttungen entstanden. Ein „mittelalterliches" Alter – nach den vorliegenden Daten kann bislang nur von einer Zeit vor dem 13. Jahrhundert gesprochen werden – deutet auch der Boden auf den Gleithangresten an der Kermisdahl unterhalb Kleve an. Folgt man dem pedogenetischen Argument, kann es sich bei der Kermisdahl nicht um einen römerzeitlichen Rheinlauf handeln, wie es in der Heimatkunde tradiert wird, sondern eher um einen frühmittelalterlichen Lauf. Diese Frage wäre noch zu klären.

Etwas jünger als der Bodentyp bei Wissel und Warbeyen scheinen die Böden auf den Uferwall/Gleithangflächen nördlich von Huisberden, bei Riswick, im Süden des Warbeyener Altrheins und bei Kellen zu sein. Ihr A-Horizont ist noch schwach kalkhaltig und ihre Verbraunungszone (Cv) reicht zwischen 45 und 85 cm in die Tiefe. Diese Flächen sind möglicherweise älter als die Böden auf den historisch in das 13. – 16. Jahrhundert datierbaren Anschüttungen auf der Bylerward, aber auch jünger als die früh-hochmittelalterlichen Wisseler Böden. Der Bodentyp der Bylerward, eine Anschüttung, die an der Wende Spätmittelalter/Frühe Neuzeit stattfand, weist lediglich eine Verbraunungszone bis max. 50 cm Tiefe auf.

Die jungen unverbraunten Pararendzinen des Emmericher Eylandes und des flußparallelen Uferwalles aus dem 18./19. Jahrhundert lassen sich nicht mehr trennen (s.o.). Beiden Anschüttungen ist ein Kalkgekalt von 5 – 10 % im A-Horizont und das Fehlen einer Verbraunung (= C_V-Horizont) gemeinsam. In der Karte werden sie jedoch aufgrund der Lage zum Fluß gesondert dargestellt. Die Siedlungen Grieth und Entenbusch (Vorläufer Haus Höhn) liegen innerhalb der jungen Anschüttungen auf älteren Kernen, die im Falle von Haus Höhn im 17./18. Jahrhundert zum Teil weggerissen und überschüttet wurden.

VI. AUSBLICK

Bodengenetisch läßt sich eine Abfolge von der Vor-Römerzeit bis zum 19. Jahrhundert feststellen, womit eine erste grobe Einschätzung des Flächenalters, unter Berücksichtigung der historisch-archäologischen Ergebnisse möglich wird. Der geologisch-bodenkundliche Ansatz ergänzt insbesondere die Datierung der alten Rheinläufe durch R. Strasser (S.54 ff.). Erst die Kombination beider geowissenschaftlicher Arbeitsweisen ermöglicht die Rekonstruktion der natürlichen Landschaft, deren wechselndes Bild auf die kulturlandschaftliche Entwicklung des Niederrheins einen entscheidenden Einfluß hatte und heute noch determiniert, wo wir überhaupt historische Reste zu erwarten haben. Aber es bleiben noch viele Fragen offen: So muß u.a. versucht werden, ausgehend von den siedlungshistorisch bedeutsamen Uferwall- und Gleithangflächen, eine Gesamtgliederung der Aue in verschieden alte Auenterrassen zu erstellen. Auch bedürfen einige historisch-archäologische Daten und pedogenetischen Einstufungen der Überprüfung, wie im Falle des Kermisdahl-Altrheins bei Kleve.

Es ist natürlich reizvoll, einen Vergleich zu den Ergebnissen der holozänen Auengliederung von Schirmer (1983, 1990), Schellmann (1990), Feldmann (1990) und Striedter (1988) an Main, dem Niederrhein bei Dormagen, Donau, Isar und Oberrhein zu wagen und damit auch auf die Frage nach den Ursachen der Umlagerungsaktivitäten einzugehen: Bei den ersten drei Bearbeitern fanden sich jeweils am Main, dem Niederrhein bei Dormagen, Donau und Isar vier Auenterrassen aus historischer Zeit mit einer im wesentlichen übereinstimmenden Datierung, was auf eine überregionale, in ganz Deutschland wirksame Erhöhung von Umlagerungen der Flüsse hinweist. Überall konnte eine Anschüttung aus der Eisen-/Römerzeit, der die Flächen bei Kalkar, Huisberden W, Riswick E und Griethausen entsprechen, kartiert werden. Ihr schloß sich eine früh-hochmittelalterliche Auenterrasse (ca. 6. – 10. Jahrhundert n. Chr.) an. Analoge Flächen liegen bei Wissel, an der Kermisdahl und bei Warbeyen N. Die dritte historische Auenterrasse wird in die Zeit der allgemeinen Klimaverschlechterung in Europa („Kleine Eiszeit") ins 15. – 18. Jahrhundert datiert. Die Flächen Bylerward und Emmericher Eyland wurden ebenfalls in dieser Zeit abgelagert. Als jüngste und wegen der im 19. Jahrhundert beginnenden Begradigung und Befestigung aller großen Flüsse in Deutschland nur rudimentär ausgebildete Auenterrasse erhielt sich die Anschüttung des frühen 19. Jahrhunderts. Hierzu zählen die jungen flußparallelen Uferwälle.

Als überregionaler Faktor, der die Flüsse zu einer stärkeren Umlagerung zwang, lassen sich Klimaverschlechterungen ausmachen. Selbst die in historischer Zeit nur schwachen Klimaschwankungen waren ursächlich für die Flußdynamik verantwortlich (Gerlach 1990). Die bisherigen Ergebnisse legen es nahe, auch den Niederrhein in dieses Konzept einzubinden. Dabei muß insbesondere der aufgrund historischer Überlieferung und pedogenetischer Merkmale in drei Auenflächen aufgeteilte Zeitraum vom Spätmittelalter bis zum 18./19. Jahrhundert nochmals auf seinen flächenhaft durchhaltenden Bestand hin geprüft werden.

Regionale Unterschiede können aber durchaus vorhanden sein. Auch am Oberrhein existiert z.B. eine ca. um das 13. Jahrhundert entstandene Auenterrasse (Striedter 1988) (Abb. 30: orange Flächen = Spätmittelalter).

Um diese Probleme und offene Fragen zu klären, sind wiederum Geologie, Archäologie, Historische Wissenschaft und Geographie gemeinsam gefordert.

Abb. 2: Manuskriptkarte des Gebietes östlich der Maas, mit der Herrlichkeit Afferden und Teilen des Niederamtes Goch, 16. Jahrh.

Abb. 9: Alter Banndeich bei Kellen.

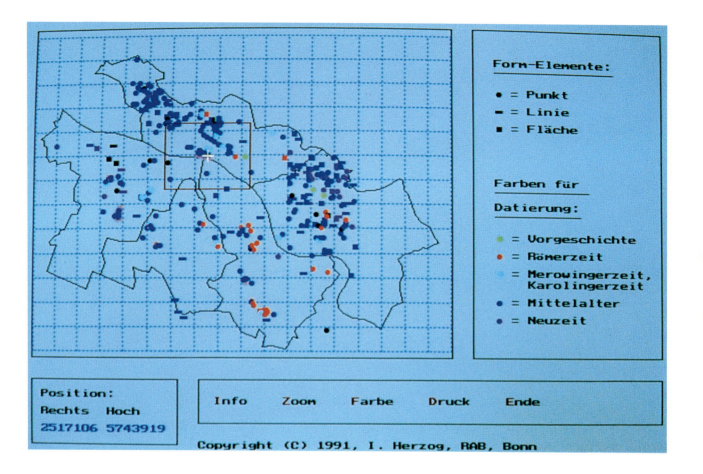

Abb. 10: Computerbild des Untersuchungsgebietes mit Fundstellenverteilung.

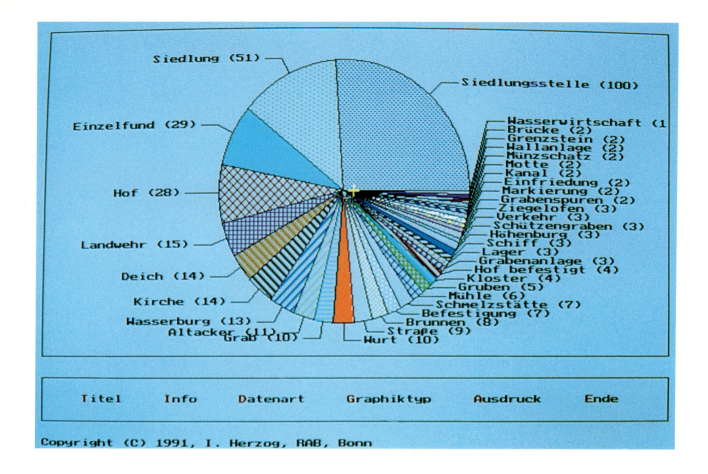

Abb. 11: Verteilung der Fundstellen nach Denkmaltypen.

Abb. 14: Übertragung der Klevischen Katasterkarte auf die Topografische Karte.

Abb. 15: Ausschnitt der Karte von Christiaan's Grooten (um 1560).

Abb. 16: Luftbild von Emmerich.

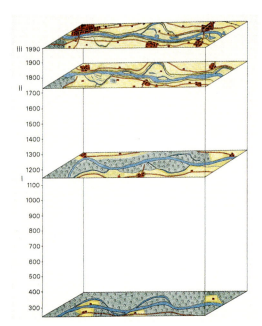

Abb. 17a:
Schematische
Darstellung der
Kulturlandschafts-
entwicklung.

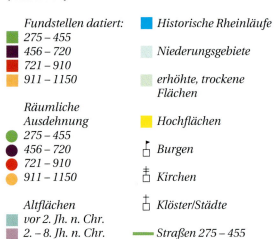

Abb. 17b: Kulturlandschaftswandelkarte 275 - 1150 (Ausschnitt)

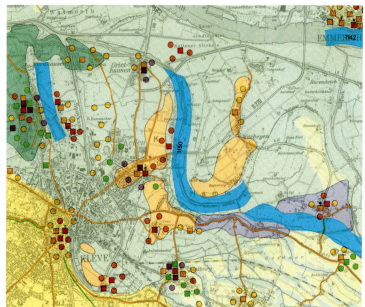

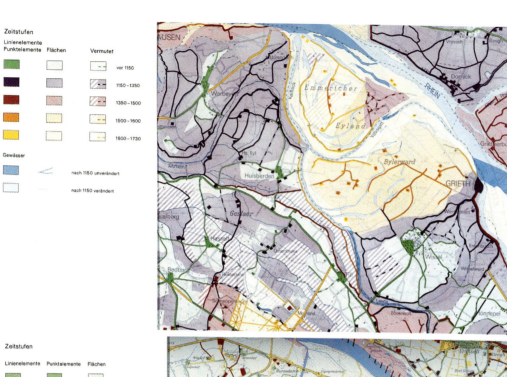

Abb. 17c: Kulturlandschaftswandelkarte 1150 - 1730 (Ausschnitt).

17d Kulturlandschaftswandelkarte 1730 - 1990 (Ausschnitt).

Abb. 18: Kartographische Darstellung erhaltener Kulturlandschaftsrelikte (Reliktkartierung).

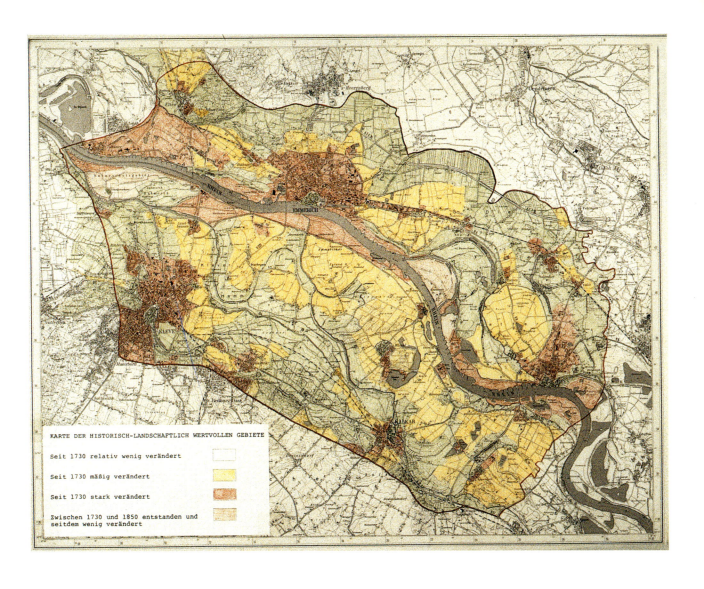

Abb. 20: Veränderungsgrad der Kulturlandschaft seit 1730.

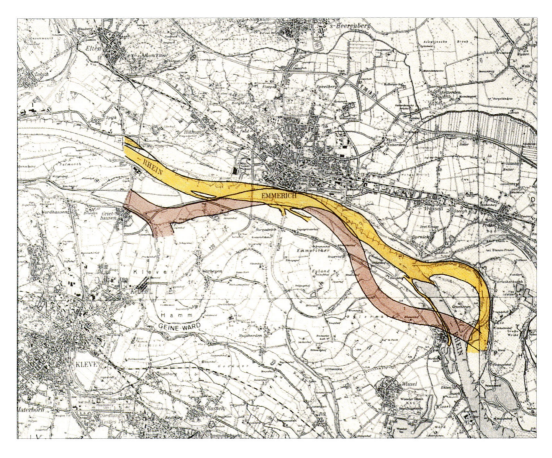

Abb. 26: Rheinläufe zwischen Grieth und Griethausen im 13. und 19. Jahrhundert.

LEGENDE

Laufstrecken

Rheinlauf um 1250

Rheinlauf zu Beginn des 19. Jahrhunderts

Heutiger Rheinlauf

Sand- oder Grindort

Siedlung Schmithausen

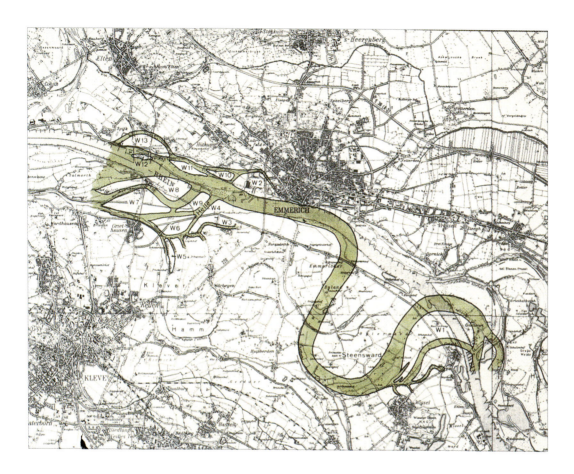

Abb. 27: Das Rheinbett zwischen Grieth und Griethausen um 1540.

Legende:

Laufstrecken

Strombahn um 1540

W...   Insel, Sand- oder Grindort

W 1	Wisschel	W 4	Frauenward
W 2	Groß Spillekens Ward	W 5	Tolhaus-Ward
W 3	Snepersward	W 6	Scheinden
		W 7	Griethauser Werth
		W 8	Middelward
		W 9	Ossenward
		W 10	Klein Spillekens Ward
		W 11	Eltensche Ward
		W 12	Wertgin
		W 13	Schockenward

Abb. 30: Karte der Auenfläche.

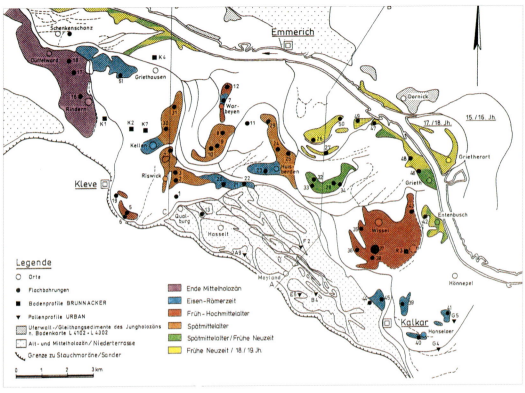

Abb. 32: Typische Bodenprofile (Farben vgl. Abb. 30)

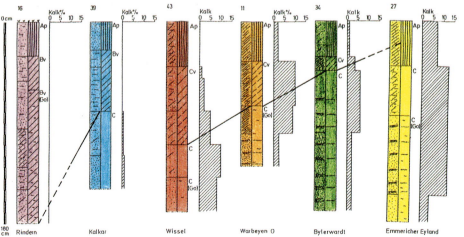

Abb. 33b: Orientierungs- und Identifikationselemente in der Kulturlandschaft: Antoniushäuschen, Nideggen-Embken, Kr. Düren.

Abb. 33a: Ländliche Siedlungen, Bestandteile der Kulturlandschaft; Nümbrecht-Lindscheid, Oberbergischer Kreis.

Abb. 33d: Hohlwege kennzeichnen alte Wegeverbindungen.

Abb. 33c: Die Obstwiese als kulturlandschaftlich und ökologisch zu erhaltendes und zu pflegendes Element.

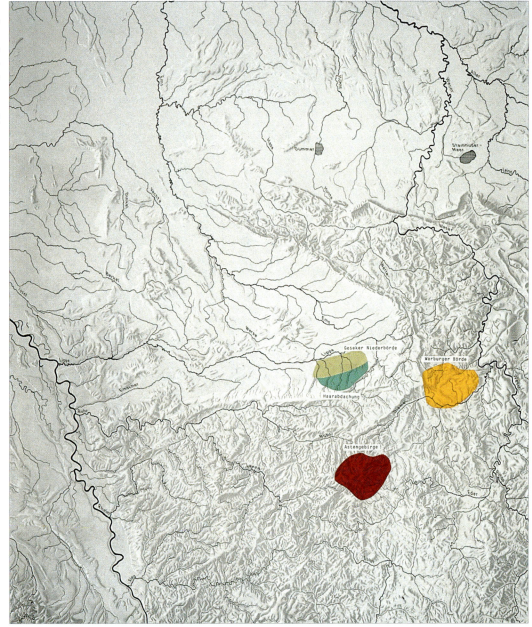

Abb. 37: Physisch-geographische Karte von Westfalen: Geseker Niederbörde (hellgrün), Geseker Haarabdachung (dunkelgrün), Warburger Börde (gelb) und Hochsauerland (rot).

Abb. 40: Wüstung Emmerke, Kirchenstumpf der St. Marien- und Martinkapelle.

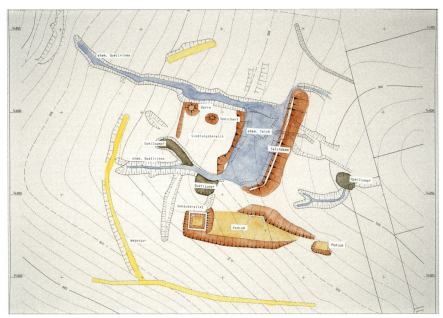

Abb. 41: Wüstung Rozedehusen, Siedlungsrelikte im ehemaligenm Ortsbereich (Warburg-Bonenburg, Kr. Höxter).

Abb. 47a: Ausschnitt aus der vereinfachten Bodenkarte: Alluviale Fläche der Schelde, Sand- und Lehm-Sandböden, leichte Sand- und Sandlehmböden, Lehmböden, nasse Böden aus Lehm und Kley, Böden mit tertiären Sedimenten, künstliche Böden.

Abb. 47b: Ausschnitt aus der historischen Landschaftskarte;

1. *Allgemeine Bodennutzung,*
2. *Ländliche Besiedlung,*
3. *Besondere Besiedlungstypen,*
4. *Sonstige Besiedlungstypen.*

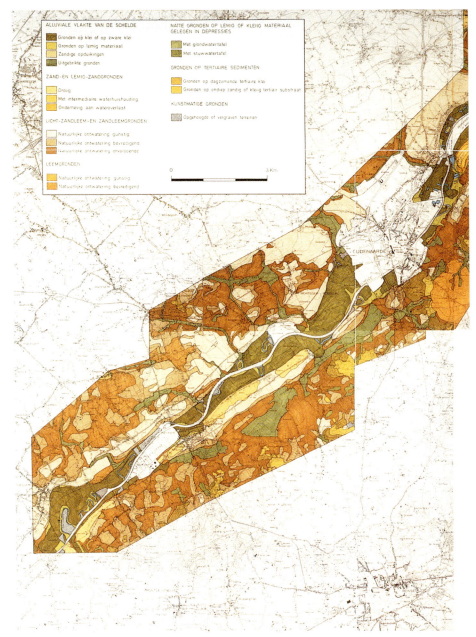

Abb. 47c: Ausschnitt aus der Reliktkartierung; I Flächenrelikte, II. Linienrelikte, III. Punktrelikte, IV. Sonstiges.

II. Allgemeine Beiträge zur Kulturlandschaft

Kulturlandschaftspflege als Beitrag zu Schutz, Pflege und Entwicklung der Kulturlandschaft

ADOLF ATTERMEYER und DIETER SCHÄFER

Mitteleuropa war vor Jahrtausenden großflächig mit Wald bedeckt. Als Sammler und Jäger beutete der steinzeitliche Mensch seine Welt opportunistisch aus. Das natürliche Gleichgewicht war aufgrund der einfachen Technologien dieser Sammler und Jäger nicht gefährdet, zudem war die Bevölkerungszahl niedrig.

Erst als der Mensch vom Sammler und Jäger zum Nahrungsproduzenten wurde, veränderte er das Erscheinungsbild der Erde, was bis dahin den Naturkräften vorbehalten war.

Die Einführung der Landwirtschaft bewirkte einen radikalen Wandel. Die sich herausbildende arbeitsteilige Gesellschaft führte bis hin zur Stadtkultur. Die Bevölkerung auf der Erde wuchs von drei bis acht Millionen Menschen zu Beginn der neolithischen Revolution auf 800 Millionen Menschen zu Beginn der industriellen Revolution.

Die Auswirkungen sind bekannt: Pflanzen- und Tierarten werden durch menschliche Aktivitäten zur Zeit in einem Ausmaß vernichtet, das die naturbedingten Vernichtungsraten um ein Vielfaches übersteigt. Laut Abschlußbericht der Projektgruppe *Aktionsprogramm Ökologie*, herausgegeben vom Bundesministerium des Innern, sind von 2667 Arten einheimischer Farn- und Blütenpflanzen in der Bundesrepublik Deutschland 30,8 % ausgestorben oder gefährdet. Beim Aussterben einer Pflanzenart ist damit zu rechnen, daß gleichzeitig jeweils etwa 10 bis 20 Tierarten durch Abhängigkeit von ihr verschwinden.

Die Hauptursache des Artensterbens ist die Beseitigung von Lebensräumen durch direkte Eingriffe in das Landschaftsgefüge (z.B. Ausräumen der Landschaft, Entwässerung, Umwandlung von Sonderstandorten, Einsatz von Pestiziden, Überbauung, Bodenabbau und Deponien, Gewässerausbau, Bau von Verkehrswegen, Freizeit und Erholung usw.). Die im Laufe der kulturellen Entwicklung entstandenen vielfältigen und differenzierten Lebensräume werden sukzessive wieder vernichtet. Als Beispiel sei die Stickstoffdüngung angeführt. Mit über 30 kg/Jahr erreicht der Stickstoffeintrag aus der Luft je ha fast die in den dreißiger Jahren empfohlene Nährstoffzufuhr von 40 kg je Jahr und Hektar in der Landwirtschaft (heute 200 kg). Der Stickstoffeintrag aus der Luft erfaßt jedoch jede Fläche. Ohne eine Umkehr des bisherigen Trends kommt es deshalb unabhängig vom Arealschutz zu einer Veränderung der Artenzusammensetzung, da über 50 % aller gefährdeten Arten in Mitteleuropa auf nährstoffarme, wenig saure Böden angewiesen sind.

Kulturlandschaft ist aber mehr als die uns umgebende physisch wirksame und erfaßbare Landschaft, die bei uns aufgrund der eben angerissenen Entwicklung Kulturlandschaft und nicht Naturlandschaft ist (Abb. 33a, Farbtafeln S. 81).

Kulturlandschaft ist ein dynamischer Prozeß, ist z.B. Lebensraum, Wohnumfeld, Freizeitraum oder Arbeitsplatz. Bei alledem bleibt sie eingebettet in das Gefüge und die Gesetzmäßigkeiten des Landschafts- und Naturhaushaltes. Der Begriff der Kulturlandschaft ist darüber hinaus ideell besetzt, ist Heimat, ist Erlebnis- und Erfahrungsfeld der Sinne, Trägerin vielfältiger kultureller und historischer Informationen und vieles mehr.

So ist die Landschaft neben dem realen Sein auch in unseren Köpfen gestaltet. Da mischen sich Erwartungshaltung, reale Erfahrung, Gelesenes, Gesehenes und Gehörtes. Diesen Aspekt nutzt nicht zuletzt die Werbung, um mit Landschaft Produkte zu vermarkten.

Die Kulturlandschaft ist das Betätigungsfeld vieler wissenschaftlicher Disziplinen, die allzu häufig nebeneinander und nicht miteinander arbeiten. Viele Interessengruppen greifen in die Kulturlandschaft ein, verändern sie laufend, gestalten sie um, zerstören sie.

Man könnte es bildlich so vergleichen: Hier werden Bücher verbrannt, bevor sie gelesen sind.

Der Verlust von Identifikation mit der den Menschen umgebenden Kulturlandschaft führt letztlich zu Heimatverlust, der Aufbau neuer Identifikationen ist daher schwierig.

Bereits 1965 beschrieb Mitscherlich (1970) die Bedeutung der Identifikation mit dem räumlichen Umfeld. Seine Betrachtung der Stadt führte zur Feststellung der Unwirtlichkeit dieser Städte. Seine Erfahrung, daß die gestaltete Stadt Heimat werden kann, die bloß agglomerierte nicht, „denn Heimat verlangt Markierung der Identität des Ortes", ließe sich auf die Gesamtlandschaft übertragen. Für viele Planende waren diese Aussagen Anlaß zum Nachdenken. Leider ließ und läßt sich nicht vermeiden, daß aus diesem Nachdenken entwickelte Lösungsansätze häufig durch schablonenartige Anwendung ihr Ziel verfehlten.

Manche Dorfverschönerung, Stadtsanierung, Verkehrsberuhigung oder Flurbereinigung produzierte mit viel Geld neue Monotonie.

Was Mitscherlich für die Stadt gefordert hat, gilt auch und in verstärktem Maße für die gesamte Kulturlandschaft, denn die Stadt ist nur Teil dieser Kulturlandschaft. Buchwald (1990) formuliert als Ziel für die Kulturlandschaft, daß sie wieder „heimatfähig" werden und erhalten bleiben muß. Die einsetzende Diskussion, die selbstverständlich öffentlich, d.h. mit den Bürgern und Bürgerinnen, den Vereinen und Verbänden, geführt werden muß, läßt hoffen. Erhalten und gepflegt wird etwas, das einen Wert hat, zu dem *ich* eine Beziehung habe. Wenn es sich um landschaftliche Dimensionen handelt, muß dieser Wert auch allgemein oder zumindest mehrheitlich anerkannt sein (Abb. 33b, Farbtafeln S. 81).

Zur Entwicklung von Konzepten ist es notwendig, zu wissen, was *ich* erhalten und schützen will, denn *ich* muß es erkennen und beschreiben können. Dieses Symposion zeigte, wieviel Wissen es über einen doch relativ kleinen Raum gibt und welcher Aufwand teilweise notwendig ist, um es zu erarbeiten.

Die *Pflege* ist in der Bodendenkmalpflege, in der Denkmalpflege und auch in der Landespflege begrifflich enthalten, so auch in der Aufgabe der Kulturlandschaftspflege.

Während langer Zeit haben Naturschutz, Heimatschutz und Denkmalpflege eine gemeinsame Geschichte. Disziplinen, die sich mit dem Schutz, der Pflege und der Entwicklung der Kulturlandschaft befassen, wie z.B. die Geographie oder die Landespflege, haben sich viele Jahre schwerpunktmäßig mit der Landschaft und ihren naturwissenschaftlichen Grundlagen befaßt, sie in Einzelaspekte zerlegt und so beschrieben. Das Landschaftsbild und die historische Dimension der Landschaft sind in der Aufmerksamkeit eher zurückgetreten. So hatte auch die bekannte V-Wert-Ermittlung eher das Ziel, das Landschaftsbild operabel, handhabbar zu machen und zu vergleichenden Beurteilungen der Erholungseignung zu kommen, als die jeweilige Landschaft in ihrem Bild zu erfassen und zu beschreiben. Kurz: Landschaftsästhetische und landschaftskulturelle Gesichtspunkte waren bei den meisten Disziplinen an den Rand gedrängt.

Dies zeigte sich z.B. auch bei der Umsetzung in Planungen. Quantifizierbare Ansprüche waren und sind leichter durchzusetzen als eher qualitative. Zunehmend erkennt man jedoch wieder, daß Landschaft mehr ist und sein muß als ein mehr oder weniger funktionierender Naturhaushalt mit einem entsprechenden Arteninventar oder eine funktionsgerecht eingerichtete Wirtschafts- und Produktionsfläche.

Der Naturschutz kümmert sich zu einem großen Teil um Kulturbiotope, die auf eine dauernde und gezielte Pflege durch den Menschen angewiesen sind. Als bekanntes Beispiel sei die Lüneburger Heide genannt, die nicht ursprüngliche Natur, sondern in ausgeprägter Form Kulturlandschaft ist, die einer differenzierten Pflege bedarf.

Die Bedeutung der kulturellen Entwicklung für die Artenvielfalt zeigt z.B. die Erkenntnis, daß sie im 17. und 18. Jahrhundert am stärksten war, als die Landschaft sehr differenziert und kleinteilig genutzt wurde. Ziel einer Kulturlandschaftspflege kann jedoch nicht sein, in kleinbäuerlich geprägte *Spitzweg-Landschaft* zurückzukehren. Naturschutz ist also heute zu einem wesentlichen Anteil auch Kulturlandschaftsschutz. Andererseits wird die Frage diskutiert, ob der Naturschutz als letztes Ziel das Aufhören jeglicher Pflege heißen muß, was auf die Dauer in Richtung einer Rückentwicklung zu weitgehend natürlichen Systemen führen würde. Auch dieses Ziel ist sicherlich berechtigt.

Es wird zu diskutieren sein, wie hoch der jeweilige Anteil sein soll und welche Flächen für die verschiedenen Ansprüche bereitgestellt werden können. Das Ziel der Erhaltung, Pflege und Entwicklung historisch gewachsener Kulturlandschaft muß hier deutlich zwischen der Forderung nach Nutzungsintensivierung in der Fläche auf der einen und einer großflächigen natürlichen Entwicklung auf der anderen Seite stehen.

Die bisherigen Ausführungen haben die Kulturlandschaft in das Zentrum einer Vielzahl von Interessenten und Ansprüchen gestellt. Daß die Entwicklung der Kulturlandschaft oft einseitig verlief und verläuft, dokumentiert sich in Fehlentwicklungen, die in der Landschaft deutlich ablesbar sind. Der Artenschwund (Rote Liste) ist ein Ausdruck dieses Verlustes an Vielfalt im Naturhaushalt. Er wird jedoch begleitet und ausgelöst durch den Verlust kulturlandschaftlicher Vielfalt, der gleichzeitig Kulturverlust ist. Die Verstädterung der Dörfer bereitet nicht nur der Denkmalpflege Sorgen; die Bodendenkmalpflege gräbt im Schatten der Bagger; Soziologen beklagen den Verlust von Heimat und Identifikation. So sehr es sich hier um verschiedene Einzelphänomene zu handeln scheint, geht es doch immer um die Landschaft als Ganzes.

Hilfreich bei der Entwicklung von Lösungsansätzen zur Verbesserung der Situation können die Erkenntnisse der Ökologie über Vernetzung und Regelkreise sein. In unserer Umwelt bestehen komplexe, vernetzte Systeme mit vielfältigen Abhängigkeiten und Verbindungen. Erst die Erkenntnis dieser Komplexität ermöglicht einen ganzheitlichen Ansatz zur Erklärung von Umweltphänomenen. Hier setzt auch eine Aufgabe der Kulturlandschaftspflege an, die Komplexität von Kulturlandschaft zu erläutern und nachvollziehbar zu machen. Einen sehr interessanten Beitrag zur Abhängigkeit von kultureller und ökologischer Entwicklung legte vor kurzem Ellenberg mit seinem Werk über Bauernhaus und Landschaft in ökologischer und historischer Sicht dar.

Die Kulturlandschaftspflege ist interdisziplinär angelegt. Der Versuch, dies durch e i n e Disziplin, e i n Amt oder e i n e Institution bearbeiten zu wollen, wäre zum Scheitern verurteilt. Langfristig muß erreicht werden, daß Zusammenarbeit praktiziert wird, nur so kann hinreichend deutlich gemacht werden, daß die Erhaltung und Entwicklung der Kulturlandschaft einen hohen Mitteleinsatz erfordert. Ihn zu rechtfertigen und den Nachweis der Notwendigkeit zu führen, wird insbesondere im Zuge knapper werdender Mittel großer Anstrengungen bedürfen.

Ein großes Defizit liegt in einem noch weithin fehlenden Problembewußtsein. Für den Bereich der Unteren Landschafts- und Naturschutzbehörden in der Bundesrepublik zeigte dies die Arbeit von Brink und Wöbse (1989). Der Forschungsauftrag des Bundesministeriums für Umwelt, Naturschutz und Reaktorsicherheit an das Institut für Landschaftspflege und Naturschutz der Universität Hannover, die Wirksamkeit des § 2 Abs. 1 Nr. 13 Bundesnaturschutzgesetz zu überprüfen, hat hier den aktuellen Stand beschrieben: „Historische Kulturlandschaften und -landschaftsteile von besonders charakterischer Eigenart sind zu erhalten. Dies gilt auch für die Umgebung geschützter oder schützenswerter Kultur, Bau- und Bodendenkmäler, sofern dies für die Erhaltung der Eigenart und Schönheit des Denkmals erforderlich ist". Die Notwendigkeit des Schutzes historischer Kulturlandschaften und Landschaftsteile wird, so das Gutachten, in erschreckendem Maße unterschätzt, auch bei den zuständigen Behörden. Der Verlust der historischen Kulturlandschaften und Landschaftsteile ist Zerstörung von Kultur. Entscheidend ist, daß weitere Verluste künftig vermieden werden. Als wesentliche Gründe für das vorhandene Defizit werden genannt: fehlendes Problembewußtsein und fehlende Fachinformation sowohl zu den wissenschaftlichen Grundlagen als auch zur Umsetzung, Vorrang des Biotop- und Artenschutzes in der Aufgabenbewältigung sowie mangelnde finanzielle und Personalausstattung der Behörden.

Zur Verbesserung der Situation empfiehlt das Gutachten im wesentlichen folgende Maßnahmen:

Verbesserung der gesetzlichen Grundlagen (Aufgabenstellung, Schutzmöglichkeiten) und der fachlichen Information, Schaffung von Handlungsanleitungen, wissenschaftliche Bearbeitung des Themas, Erfassung und Inventarisation mit Zusammenarbeit von Denkmalschutz und Landespflege, Öffentlichkeitsarbeit, Integration von Privat- und Vereinsinitiativen und Verbesserung der finanziellen und personellen Ausstattung der Behörden.

Diese bei den Unteren Landschafts- und Naturschutzbehörden gemachten Erfahrungen ließen sich sicherlich in anderen Bereichen wiederholen. Sie zeigen eindringlich die Notwendigkeit einer breit angelegten und zielgerichteten Arbeit. Ein wesentlicher Teil dieser Arbeit erfordert zunächst die Klärung rechtlicher und begrifflicher Probleme bei der Behandlung der historischen Kulturlandschaft.

Während Kulturlandschaft relativ gut zu erläutern ist, werden Definitionen von historischen Kulturlandschaften oder -landschaftsteilen problematisch. Zum einen ist jede Kulturlandschaft auch historische Kulturlandschaft, da jede Landschaft ihre Geschichte hat. Zum anderen kann eben nicht jede Kulturlandschaft *historische Kulturlandschaft* sein, wenn man dieses als Grundlage z.B. für Schutzausweisungen gebrauchen will. Häufig sollen große Landschaftsräume erfaßt werden, die einem dynamischen Veränderungsprozeß unterliegen. Hier kann es sicherlich nur Ziel sein, Elemente der historischen Kulturlandschaft und Strukturen, die historische Bedeutung haben, herauszuarbeiten, zu erhalten und in einen möglichst landschaftlichen Zusammenhang zu stellen. Breuer u.a. haben Beiträge zu der Beschreibung von Denkmallandschaften gebracht. Hönes (1991) schlug vor dem Hintergrund gesetzlich erforderlicher Regelungen folgende Definition vor:

„Eine historische Kulturlandschaft ist ein Landschaftsausschnitt, der insbesondere neben seiner geschichtlichen, wissenschaftlichen oder künstlerischen Bedeutung als Zeugnis vom Umgang früherer Generationen mit Natur und Landschaft oder als Beispiel früheren Lebens oder wichtiger Bestandteil für die Heimat zu erhalten und zu pflegen ist."

Hönes ordnet den Schutz historischer Kulturlandschaft eher dem Denkmalrecht zu, wobei dies bei relativ kleinen Landschaftsausschnitten eher möglich erscheint als bei großflächigen Teilen der Kulturlandschaft.

Sicherlich ist mit gleichem Recht auch die historische Kulturlandschaft im Blickwinkel des Naturschutz- und Landschaftsrechts zu sehen, denn es handelt sich um Landschaft als Teil des Naturhaushaltes. Mit Vielfalt, Eigenart und Schönheit von Natur und Landschaft sind auch viele qualitative und gestaltrelevante Kriterien wichtig.

In der Zielrichtung besteht, so sei vorausgesetzt, im wesentlichen Einigkeit, so daß es Aufgabe der

Gesetze ist, diese angestrebten Ziele juristisch praktikabel zu machen. Die Forderung nach interdisziplinärer und breit angelegter Behandlung des Themas muß wiederholt werden. Auch verschiedene gesetzliche Regelungen können überlagernd, aber abgestimmt, das Ziel eines Schutzes historischer Kulturlandschaft bieten. Aus der praktischen Diskussion seien zwei Beispiele herausgegriffen:

NATUR 2000

1990 legte der Minister für Umwelt, Raumordnung und Landwirtschaft des Landes Nordrhein-Westfalen als Entwurf *Leitlinien und Leitbilder für Natur und Landschaft im Jahr 2000, Natur 2000 in Nordrhein-Westfalen* vor. Ziel von *Natur 2000* ist die „langfristige und umfassende Erhaltung, Wiederherstellung und Neugestaltung geeigneter Lebensbedingungen für Tiere und Pflanzen auf der gesamten Landesfläche."

Als ein Unterziel wird formuliert:

„Natur 2000 bewahrt die geschichtlich gewachsenen Landschaften unseres Landes und damit die Identität des Menschen mit Heimat und Umwelt."

Die landschaftlichen Leitbilder, die der Hauptteil dieses Programmes sind, stellen auch den Menschen in den landschaftlichen Zusammenhang:

„Identifikation mit Heimat und Umwelt bedeutet also nicht das Trennen von Naturlandschaft und Mensch, sondern historische gewachsene Individualität und Unverwechselbarkeit" (Abb. 33c, Farbtafeln S. 81).

Diese Auszüge zeigen, daß auch für das Programm *Natur 2000* die Kulturlandschaft und der Mensch in der Kulturlandschaft im Zielsystem enthalten sind. Im Detail treten kulturlandschaftliche Forderungen wieder in den Hintergrund. Bei der Anhörung zu *Natur 2000* pointierte der Landschaftsverband Rheinland dieses Thema nochmals und regte die stärkere Berücksichtigung kulturlandschaftlicher Aspekte, z.B. über einen gesonderten kulturlandschaftlichen Beitrag an.

NATURPARKPLANUNG

Im Rheinland bestehen sechs Naturparke, d.h. *großräumige* Gebiete, „ die sich durch Vielfalt, Eigenart oder Schönheit von Natur und Landschaft auszeichnen und für die Erholung besonders eignen, ..." (Landschaftsgesetz NRW § 44). Die Naturparke übernehmen wichtige Erholungsfunktionen für die Ballungsräume an Rhein und Ruhr (33d, Farbtafeln S. 81). Ein Element der Naturparkarbeit für die Zukunft ist der Aufgabenbereich Information und Bildung, der sowohl die Propagierung natur- und landschaftsverträglicher Erholungsformen und die Regelung des Erholungsverkehrs zum Ziel hat, aber ebenso kulturlandschaftliche Themen behandeln sollte. Daran zeigten die Erholungsuchenden in den letzten Jahren zunehmendes Interesse. Die historisch gewachsene Kulturlandschaft mit ihren typischen Landschaftsbildern ist der Rahmen, in dem die Erholungsuchenden den Naturpark erleben. Städte oder Orte mit historischem Stadt- oder Ortsbild sind touristische Attraktionen.

In den Naturparken ist es eine vordringliche Aufgabe, die Qualitäten der Kulturlandschaft, die typischen Landschaftsbilder zu erhalten und zu pflegen, Fehlentwicklungen zu korrigieren und die künftige Entwicklung im Bewußtsein der Unverwechselbarkeit und Eigenart des Gebietes zu steuern. Eine Verstärkung kulturlandschaftlicher Informationen vor Ort ist eine Möglichkeit, diese Anliegen zu fördern. Der 1992 durchgeführte Naturpark-Wettbewerb des Bundesumweltministeriums hat ebenfalls die Erhaltung historischer Kulturlandschaften zum Gegenstand.

Dieser Abriß thematisierte nur die Bedeutung einer umfassenden und regional wirksamen Kulturlandschaftspflege. Für die künftige Entwicklung in Europa wird das Bewußtsein landschaftlicher Eigenart und Identifikation an Bedeutung gewinnen. Hieran mitzuarbeiten, sind viele aufgerufen.

Flurbereinigung und Kulturlandschaftswandel: Problemstellung und Handlungsmöglichkeiten in Nordrhein-Westfalen

ERICH WEISS

Die Verwaltung für Agrarordnung im Lande Nordrhein-Westfalen erhält durch die Konkretisierung der Aufgaben und Leitvorstellungen der Raumordnung sowie der Ziele der Landesplanung für ihre raumbedeutsamen Planungen und Maßnahmen verbindliche Neuordnungsziele. Die vielfältige Aufgliederung der Programme und Pläne des Bundes und des Landes führt dazu, daß die fachspezifischen Aufgaben und Ziele der vielgestaltigen Flurbereinigungsmaßnahmen verschiedensten Quellen zu entnehmen sind.

1. RAUMORDNUNG UND LANDESPLANUNG

1.1 Das Raumordnungsgesetz

In Ausübung der Rahmenkompetenz gemäß Artikel 75 Nr. 4 des Grundgesetzes erging am 19. Juli 1989 die Neufassung des Raumordnungsgesetzes für die BRD (ROG) (BGBl. I, 1461). Danach sind es Aufgaben und Leitvorstellungen der Raumordnung, das Bundesgebiet unter Berücksichtigung der natürlichen Gegebenheiten, der Bevölkerungsentwicklung sowie der wirtschaftlichen, infrastrukturellen, sozialen und kulturellen Erfordernisse und unter Beachtung der folgenden Leitvorstellungen so zu entwickeln, daß sie (1) der freien Entfaltung der Persönlichkeit in der Gemeinschaft am besten dient, (2) den Schutz, die Pflege und Entwicklung der natürlichen Lebensgrundlagen sichert, (3) Gestaltungsmöglichkeiten der Raumordnung langfristig offenhält und (4) gleichwertige Lebensbedingungen der Menschen in allen Teilräumen bietet oder dazu führt (§ 1 Abs. 1 ROG).

Die Ordnung der Teilräume soll sich in die Ordnung des Gesamtraumes einfügen, die Ordnung des Gesamtraumes soll die Gegebenheiten und Erfordernisse seiner Einzelräume berücksichtigen (§ 1 Abs. 4 ROG).

Im ROG wurden zu diesem Zweck allgemeine Grundsätze festgelegt, die als übergeordnete und zusammenfassende Ziele für die Landesplanung und die Fachplanung sowie die sonstigen raumbedeutsamen Maßnahmen verbindlich sind.

Aus diesen Grundsätzen ergibt sich für die Planungsaufgaben im ländlichen Raum insbesondere, (1) daß für sie eine ausreichende Bevölkerungsdichte anzustreben und die gewachsene Siedlungsstruktur möglichst zu erhalten sowie auf eine angemessene Ausstattung mit Dienstleistungs-, öffentlichen Verkehrs- und anderen Versorgungseinrichtungen auch bei rückläufigen Bevölkerungszahlen hinzuwirken ist; (2) daß eine wirtschaftliche Leistungsfähigkeit mit ausreichenden und qualifizierten Ausbildungs- und Erwerbsmöglichkeiten, auch außerhalb der Land- und Forstwirtschaft, anzustreben ist; (3) daß die Funktionen dieser Räume als Standort der land- und forstwirtschaftlichen Produktion, als Wohn- und Wirtschaftsstandort sowie als naturnahe Erholungs- und Feriengebiete gesichert und verbessert werden sollen; (4) daß für die Erhaltung und Stärkung der ökologischen Funktionen Sorge zu tragen ist (§ 2 Abs. 1 Nr. 6 ROG); (5) daß die Voraussetzungen dafür zu schaffen oder zu sichern sind, damit die land- und forstwirtschaftliche Bodennutzung durch die Landwirtschaft als bäuerlich strukturierter, leistungsfähiger Wirtschaftszweig erhalten bleibt und zusammen mit einer leistungsfähigen Forstwirtschaft dazu beiträgt, die natürlichen Lebensgrundlagen zu schützen sowie die Kulturlandschaft zu erhalten und zu gestalten; (6) daß die flächengebundene, bäuerliche Landwirtschaft in besonderem Maße zu schützen ist und Vorrang vor in anderen Formen ausgeübter Landwirtschaft hat; (7) daß für die land-und forstwirtschaftliche Nutzung gut geeignete Böden in ausreichendem Umfang zu erhalten sind und bei einer Änderung der Bodennutzung ökologisch verträgliche Nutzungen angestrebt werden sollen (§ 2 Abs. 1 Nr. 7 ROG); (8) daß für den Schutz, die Pflege und Entwicklung von Natur und Landschaft, insbesondere des Naturhaushaltes, des Klimas, der Tier- und Pflanzenwelt sowie des Waldes, für den Schutz des Bodens und des Wassers […] zu sorgen ist. Dabei sind auch die jeweiligen Wechselwirkungen zu berücksichtigen, sowie (9), daß für die sparsame und schonende Inanspruchnahme der Naturgüter, insbesondere von Wasser, Grund und Boden zu sorgen ist (§ 2 Abs. 1 Nr. 8 ROG).

Aus § 3 Abs. 1 ROG ergibt sich zugleich unmittelbar, daß alle Flurbereinigungsplanungen und -maßnahmen raumbedeutsam sind, denn (1) sie nehmen Grund und Boden in Anspruch und (2) sie beeinflussen die räumliche Entwicklung. Der Gesetzgeber hat dies in § 37 Abs. 2 des Flurbereinigungsgesetzes i. d. F. vom 16. März 1976 (FlurbG) (BGBl. I, S. 546) verdeutlicht und deshalb in einer Raumordnungsklausel bestimmt, daß in einer Flurbereinigung den Erfordernissen der Raumordnung und Landesplanung Rechnung zu tragen ist.

1.2 Landesplanungsgesetz und Landesentwicklungsprogramm

Die Landesplanung von NRW ist auf der Grundlage des Landesplanungsgesetzes i. d. F. vom 5. 10. 1989 (LPlG) (SGV. NW 230) organisiert. Allgemeine Aufgabe der Landesplanung ist danach die übergeordnete, überörtliche und zusammenfassende Planung für eine den Grundsätzen der Raumordnung entsprechende Landesplanung. Die Landesplanung soll die Landesentwicklung in der Weise beeinflussen, daß unerwünschte Entwicklungen verhindert und erwünschte Entwicklungen ermöglicht und gefördert werden (§ 1 LPlG).

Die Grundsätze und Ziele der Raumordnung und Landesplanung werden im Landesentwicklungsprogramm (LEPro), in den Landesentwicklungsplänen (LEP), in Gebietsentwicklungsplänen (GEP) sowie Braunkohlenplänen dargestellt (§ 11 LPlG).

Das LEPro i. d. F. vom 5. 10. 1989 (SGV. NW 230), das am 16. 5.1989 vom Landtag NRW als Gesetz verabschiedet wurde, enthält nach § 12 LPlG die Grundsätze und allgemeinen Ziele der Raumordnung und Landesplanung für die Gesamtentwicklung des Landes und für alle raumbedeutsamen Planungen und Maßnahmen einschließlich der raumwirksamen Investitionen.

Dieser Aufgabenstellung trägt das LEPro Rechnung:

In Abschnitt I (§ 1 bis 18) werden die Grundsätze der Raumordnung und Landesplanung festgelegt. Sie vertiefen und ergänzen die Grundsätze des § 2 Abs. 1 ROG unter Berücksichtigung der besonderen räumlichen und strukturellen Verhältnisse in Nordrhein-Westfalen. Dabei sind die Grundsätze für die Gesamtentwicklung des Landes in den § 1 bis 5, für die räumliche Struktur in den § 6 bis 10 und für die Sachbereiche in den § 11 bis 18 LEPro aufgegliedert. Gemäß § 17 LEPro sollen danach landwirtschaftliche Flächen und Wald unter Berücksichtigung der Erfordernisse des Umweltschutzes und der Landschaftspflege, der wirtschaftlichen und siedlungsstrukturellen Erfordernisse als Freiflächen erhalten bleiben; ihre Nutzung soll auch dazu beitragen, die natürlichen Lebensgrundlagen zu schützen sowie die Kulturlandschaft zu erhalten und zu gestalten.

In Abschnitt II (§ 19 bis 23) wird die räumliche Grundkonzeption für die Landesentwicklung durch allgemeine Ziele der Raumordnung und Landesplanung für die räumliche Struktur des Landes dargelegt.

Im Abschnitt III (§ 24 bis 35) werden allgemeine Ziele der Raumordnung und Landesplanung für die Sachbereiche Städtebau und Wohnungswesen (§ 24), gewerbliche Wirtschaft (§ 25), Energiewirtschaft (§ 26), Land- und Forstwirtschaft (§ 27), Verkehr (§ 28), Erholung, Fremdenverkehr und Sportanlagen (§ 29), Bildungswesen (§ 30), Gesundheitswesen, Sozialhilfe und Jugendhilfe (§ 31), Naturschutz und Landschaftspflege (§ 32), Wasserwirtschaft (§ 33), Abfallentsorgung (§ 34) sowie gebietsbezogener Immissionsschutz (§ 35) dargestellt.

Der Abschnitt IV (§ 36 bis 38) enthält die Schlußvorschriften, insbesondere zur Entfaltung des Landesentwicklungsprogrammes in Landesentwicklungsplänen und zur Rechtswirkung der Grundsätze und allgemeinen Ziele der Raumordnung und Landesplanung.

Nach § 21 Abs. 3d LEPro sind zur Verwirklichung der Grundsätze der Raumordnung und Landesplanung in den Gebieten mit überwiegend ländlicher Raumstruktur u. a. folgende Ziele anzustreben:

(1) Aufgaben- und bedarfsgerechte Entwicklung der Gemeinden entsprechend der Tragfähigkeit ihrer örtlichen Versorgungsbereiche, (2) Verbesserung der Produktions- und Betriebsstruktur der Land- und Forstwirtschaft unter Berücksichtigung ihrer Wohlfahrtswirkungen, (3) Schutz und Entwicklung der natürlichen Lebensgrundlagen unter besonderer Berücksichtigung der Erfordernisse des Boden-, Wasser-, Immissions-, Natur- und Freiraumschutzes-Flurbereinigungsmaßnahmen werden explizit genannt: Nach § 27 Abs. lb LEPro soll die ländliche Bodenordnung außer den agrar-, siedlungs- und infrastrukturellen Erfordernissen insbesondere denen des Umweltschutzes und der Landschaftspflege sowie der angestrebten Landschaftsentwicklung Rechnung tragen.

Gemäß § 37 Abs. 1 LEPro gelten die Grundsätze der Raumordnung und Landesplanung nach § 2 Abs. 1 ROG und der § 1 bis 18 LEPro für die Gemeinden und Gemeindeverbände sowie für alle Landesbehörden. Gemäß § 37 Abs. 2 LEPro müssen die allgemeinen Ziele der Raumordnung und Landesplanung nach den § 19 bis 35 LEPro bei raumbedeutsamen Planungen und Maßnahmen stets beachtet werden. Das bedeutet, daß bei widerstreitenden landesplanerischen Grundsätzen und allgemeinen Zielen die allgemeinen Ziele bei den Planungen immer ihren konkreten Niederschlag finden müssen.

1.3 Agrarstrukturelle Entwicklungsplanung

Für alle Bürger in unserem Lande gleichwertige Lebensbedingungen zu schaffen und auf Dauer zu sichern ist also das erklärte raumordnungspolitische Entwicklungsziel, das der Bund und die Länder gemeinsam erreichen wollen. Gleichwertige Lebensbedingungen heißt dabei, für alle Bürger in allen Teilräumen des Bundesgebietes ein quantitativ und qualitativ angemessenes Angebot an Erwerbsmöglichkeiten, öffentlichen Infrastruktureinrichtungen und Wohnungen in zumutbarer Entfernung zur Verfügung zu stellen und eine menschenwürdige Umwelt zu schaffen und zu sichern; in keinem dieser Bereiche soll ein bestimmtes Niveau unterschritten werden. Um die Ziele für die Entwicklung der unterschiedlich gearteten ländlichen Einzelräume konkretisieren zu können, ist es erforderlich, sie auch nach speziell agrarischen Gesichtspunkten auf ihre Leistungs- und Entwicklungsfähigkeit hin zu untersuchen und zu gliedern.

Es ist bekannt, daß die starke Unausgeglichenheit der ländlichen Gebiete im wesentlichen sowohl auf den vorgegebenen naturräumlichen Gliederungen mit ihren jeweiligen Ertragsbedingungen als auch auf den unterschiedlichen und andersartigen Gegebenheiten in der Siedlungs-, Wirtschafts- und Agrarstruktur beruht. Die Entwicklung von Strategien und Maßnahmen zur Behebung der Ungleichgewichte setzt aus diesem Grunde eine gegliederte Regionalstatistik und eine daraus abgeleitete Einteilung in Einzelräume mit jeweils unterschiedlichen Anforderungen in bezug auf eine ökonomisch und ökologisch ausgewogene Agrar-, Wirtschafts- und Sozialpolitik voraus.

Ein derartiges Planungskonzept, das einerseits regional von agrarwirtschaftlich gleichen Beurteilungsgrundlagen ausgeht und zum anderen die Berührungspunkte und Nahtstellen mit den außeragrarischen Bereichen hervorhebt und darstellt, wurde durch die „Agrarstrukturelle Entwicklungsplanung in Nordrhein-Westfalen" (RdErl. des Ministers für Ernährung, Landwirtschaft und Forsten vom 22.12.1972 [SMBl. NW. 7817]) mit ihrem flächendeckenden „Agrarstrukturellen Rahmenplan" in der z. Z. geltenden Fassung vom Dezember 1983 vom Ministerium für Ernährung, Landwirtschaft und Forsten NRW in Zusammenarbeit mit der Forschungsgesellschaft für Agrarpolitik und Agrarsoziologie e. V. in Bonn geschaffen.

2. FACHPLANUNG

2.1 Landwirtschaftsgesetz

Für die Bereiche der Ernährung, Landwirtschaft, Forsten und Umwelt ergeben sich daraus unter Würdigung des Landwirtschaftsgesetzes der BRD vom 5.9. 1955 (BGBl. I, 565) und der rechtlichen Verpflichtungen aus den EU-Verträgen folgende vier Hauptziele:

(1) Die Bevölkerung ist mit qualitativ hochwertigen Erzeugnissen der Agrarwirtschaft zu angemessenen Preisen zu versorgen. (2) Ein Beitrag zur Lösung der Weltagrar- und Ernährungsprobleme ist zu leisten. Die agrarischen Außenwirtschaftsbeziehungen sind zu verbessern. (3) In der Land- und Forstwirtschaft Tätige haben an der allgemeinen Einkommens- und Wohlstandsentwicklung in unserem Lande teilzunehmen. (4) Vielfältige Wohlfahrtswirkungen im Bereich der natürlichen Lebensgrundlagen und für den Erholungswert der Landschaft haben von der land- und forstwirtschaftlichen Bodennutzung auszugehen.

Die Zahl der landwirtschaftlichen Betriebe in Nordrhein-Westfalen hat sich in den letzten 30 Jahren etwa halbiert, d. h. pro Jahr wurden im Durchschnitt etwa 2,5 % der Betriebe aufgegeben. Der Beitrag der Landwirtschaft an der Bruttowertschöpfung beträgt in Nordrhein-Westfalen noch etwa 1 %. Der Anteil der land- und forstwirtschaftlichen Erwerbstätigen ist in diesen 30 Jahren von etwa 6,5 % auf heute knapp 2 % geschrumpft. Parallel dazu nahm die ökologische Bedeutung der Landnutzung durch die Land- und Forstwirtschaft erheblich zu (Bericht Landesregierung 1988).

2.2 Flurbereinigungsgesetz

Um die Ziele in den ländlichen Gebieten und am Rande der städtischen Verflechtungsgebiete verwirklichen zu können, haben die jeweiligen Organe der Gesetzgebung, der planenden Verwaltung und der Rechtsprechung in einer Jahrzehnte währenden Entwicklung die Flurbereinigung zu einem vielseitigen Förderungsinstrument ausgestaltet.

Flurbereinigung, d. h. heute die Neuordnung ländlichen Grundbesitzes durch Maßnahmen zur Verbesserung der Produktions- und Arbeitsbedingungen in der Land- und Forstwirtschaft sowie zur Förderung der allgemeinen Landeskultur und der Landentwicklung auf der Grundlage des Flurbereinigungsgesetz BRD i. d. F. vom 16. 3. 1976 (FlurbG) (BGBl. I, 546) (§ 1 FlurbG).

Dabei hat sich die Verbesserung der Produktions- und Arbeitsbedingungen in der Land- und Forstwirtschaft an der Wirtschaftlichkeit und Wettbewerbsfähigkeit der land- und forstwirtschaftlichen Betriebe, d. h. ihrer Produktivität zu orientieren.

Die allgemeine Landeskultur umfaßt alle Maßnahmen zur Verbesserung der Agrarstruktur und zur Landschaftspflege unter Berücksichtigung der ökologischen Ausgleichsfunktion der ländlichen Gebiete.

Landentwicklung bedeutet Planen, Vorbereiten und Verwirklichen aller Maßnahmen, die geeignet sind, die Wirtschafts-, Wohn- und Erholungsfunktion in den ländlichen Gebieten zu erhalten und zu verbessern, um damit für eine dauerhafte Verbesserung der Lebensverhältnisse außerhalb der städtischen Gebiete zu sorgen.

Daraus erwachsen die allgemeinen Aufgaben der Flurbereinigung im engeren Sinne (§ 37 Abs. 1 FlurbG): (1) Das jeweilige Flurbereinigungsgebiet ist unter Beachtung der vorhandenen Landschaftsstruktur neu zu gestalten, wie es den gegeneinander abzuwägenden Interessen der Beteiligten sowie den Interessen der allgemeinen Landeskultur und der Landentwicklung entspricht und wie es das Wohl der Allgemeinheit erfordert, (2) die Feldmark ist neu einzuteilen und zersplitterter oder unwirtschaftlich geformter Grundbesitz ist nach neuzeitlichen betriebswirtschaftlichen Gesichtspunkten zusammenzulegen und nach Lage, Form und Größe zweckmäßig zu gestalten, (3) Wege, Straßen, Gewässer und andere gemeinschaftliche Anlagen sind zu schaffen, (4) bodenverbessernde, bodenschützende und landschaftsgestaltende Maßnahmen sind vorzunehmen, (5) die rechtlichen Verhältnisse sind zu ordnen, (6) alle sonstigen Maßnahmen zur Verbesserung der Grundlagen der land- und forstwirtschaftlichen Betriebe, zur Verminderung des Arbeitsaufwandes und zur Erleichterung der Bewirtschaftung sind vorzunehmen, (7) Maßnahmen der Dorferneuerung können durchgeführt werden; dabei wird die Zuziehung von Ortslagen zur Flurbereinigung durch Bebauungspläne und ähnliche Planungen nicht ausgeschlossen.

Diese allgemeinen Aufgaben werden durch besondere Aufgaben der Flurbereinigung im engeren Sinne ergänzt:

Ein vereinfachtes Flurbereinigungsverfahren (§ 86 Abs. 1 und 3 FlurbG) kann durchgeführt werden, (1) um die durch das Anlegen, Ändern oder Beseitigen von Schienenwegen, Straßen, Wegen und Gewässern oder durch ähnliche Maßnahmen für die allgemeine Landeskultur entstehenden oder entstandenen Nachteile zu beseitigen oder (2) um die Ausführung eines Siedlungsverfahrens, von städtebaulichen Maßnahmen, notwendigen Maßnahmen des Naturschutzes und der Landschaftspflege oder der Gestaltung eines Orts- und Landschaftsbildes zu ermöglichen.Es ist auch zulässig, (3) für Weiler, für Gemeinden kleineren Umfanges, in Gebieten mit Einzelhöfen sowie in bereits flurbereinigten Gemeinden, in denen eine stärkere Zusammenlegung der Grundstücke erforderlich ist.

Eine Unternehmensflurbereinigung (§ 87 ff. FlurbG / § 190 BauGB) kann auf Antrag (1) der Enteignungsbehörde eingeleitet werden, wenn aus besonderem Anlaß eine Enteignung zulässig ist, durch die ländliche Grundstücke in großem Umfange in Anspruch genommen werden und der den Betroffenen entstehende Landverlust auf einen größeren Kreis von Eigentümern verteilt oder dabei entstehende Nachteile für die allgemeine Landeskultur, die durch das Unternehmen entstehen, vermieden werden sollen, oder (2) einer Gemeinde bei Zustimmung der höheren Verwaltungsbehörde eingeleitet werden, wenn durch städtebauliche Maßnahmen land- und forstwirtschaftliche Grundstücke in Anspruch genommen werden, damit die den Betroffenen dabei entstehenden Landverluste auf einen größeren Kreis von Eigentümern verteilt oder dabei entstehende Nachteile für die allgemeine Landeskultur vermieden werden können. Träger des Unternehmens wäre dabei die Gemeinde.

Ein beschleunigtes Zusammenlegungsverfahren (§ 91 ff. FlurbG) kann in den Gemarkungen stattfinden, in denen die Anlage eines neuen Wegenetzes und größere wasserwirtschaftliche Maßnahmen zunächst nicht erforderlich sind, (1) um die in der Flurbereinigung angestrebte Verbesserung der Produktions- und Arbeitsbedingungen in der Land- und Forstwirtschaft möglichst rasch herbeizuführen, oder (2) um notwendige Maßnahmen des Naturschutzes und der Landschaftspflege zu ermöglichen.

Ein freiwilliger Landtausch (§ 103a ff. FlurbG) kann durchgeführt werden, (1) um Grundstücke zur Verbesserung der Agrarstruktur in einem schnellen und einfachen Verfahren zusammenzulegen; (2) er kann auch aus Gründen des Naturschutzes und der Landschaftspflege durchgeführt werden.

Bei der Verwirklichung dieses umfangreichen Kataloges der Flurbereinigungsaufgaben im engeren Sinne haben die Flurbereinigungsbehörden folgende Flurbereinigungsaufgaben im weiteren Sinne zu beachten (§ 37 Abs. 2 FlurbG):

Die öffentlichen Interessen sind zu wahren, vor allem ist den Erfordernissen der Raumordnung, der Landesplanung und einer geordneten städtebaulichen Entwicklung, des Umweltschutzes, des Naturschutzes und der Landschaftspflege, des Denkmalschutzes, der Erholung, der Wasserwirtschaft einschließlich Wasserversorgung und Abwasserbeseitigung, der Fischerei, des Jagdwesens, der Energieversorgung, des öffentlichen Verkehrs, der landwirtschaftlichen Siedlung, der Kleinsiedlung, des Kleingartenwesens und der Gestaltung des Orts- und Landschaftsbildes sowie einer möglichen bergbaulichen Nutzung und der Erhaltung und Sicherung mineralischer Rohstoffvorkommen Rechnung zu tragen.

Rechnung tragen heißt dabei nach einem Urteil des OVG Münster vom 21. 11. 1968 (Recht der Landwirtschaft), je nach Lage des Einzelfalles die vorstehend genannten öffentlichen Belange dann mit zu berücksichtigen und entsprechende Planungen anderer ganz oder teilweise mit zu verwirklichen, wenn dabei gleichwohl eine im Sinne des FlurbGs gerechte Abfindung aller Beteiligten des Flurbereinigungsverfahrens möglich bleibt und wenn dadurch der Ablauf des Verfahrens nicht oder nur unwesentlich verzögert wird.

Vielfältige Beispiele sind dafür zwischenzeitlich aufzeigbar, eingeschlossen die gesamte Palette des neuzeitlichen Vertragsnaturschutzes von den großflächigen Feuchtwiesenschutzvorhaben bis zu den kleinflächigen Ackerwildkräuterschutzmaßnahmen. Sie alle müssen aus den jeweils gültigen agrar- und umweltpolitischen Rahmenbedingungen heraus beurteilt werden, sonst wird man ihnen in keiner Weise gerecht.

2.3 Gesetz über die Gemeinschaftsaufgabe „Verbesserung der Agrarstruktur und des Küstenschutzes"

Durch das Finanzreformgesetz vom 12. 5. 1969 (BGBl. I, 359) sind die Gemeinschaftsaufgaben nach Artikel 91a GG bereits der damaligen Verfassungswirklichkeit entsprechend eingeführt worden, damit der Bund in vorgegebenen Grenzen an der Wahrnehmung von Länderaufgaben beteiligt werden und sie vor allem mitfinanzieren kann.

Das entsprechende Gesetz über die Gemeinschaftsaufgabe „Verbesserung der Agrarstruktur und des Küstenschutzes" vom 3. 9. 1969 (BGBl. I, 1573) ist durch das Änderungsgesetz vom 21. 7. 1988 (BGBl. I, 1053) wesentlich umstrukturiert worden. Danach steht die Flurbereinigungsfinanzierung nicht mehr unter dem Vorbehalt, zur Verbesserung der Produktions- und Arbeitsbedingungen beizutragen, sondern wird als eigenständige Maßnahme geführt. Verbliebene Vollzugsdefizite in der Flurbereinigungspraxis können nunmehr bei landschaftsgestaltenden Maßnahmen und bei der Förderung der allgemeinen Landeskultur auch weitergehend mitfinanziert werden, um den Erfordernissen von Naturschutz und Landschaftspflege besser Rechnung tragen zu können.

Zur Darstellung von Problem- und Handlungsmöglichkeiten in der Flurbereinigung gehören viele Aspekte, die jedoch den vorgegebenen Rahmen sprengen würden. Deshalb bleibt abschließend der Hinweis, daß die geplanten und schließlich realisierten Werke auch rechtlich gesichert und erhalten werden müssen – eine Aufgabe, deren Erfüllung bisher leider nicht genügend Aufmerksamkeit gewidmet wird.

Landschaftskonzept in der archäologischen Denkmalpflege

JAN KOLEN

VOM ARCHÄOLOGISCHEN DENKMAL ZUR HISTORISCHEN LANDSCHAFT

Bisher hat man in der archäologischen Denkmalpflege wenig Interesse für ein fundamentelles Konzept „Landschaft" entwickelt. Offenbar herrscht die Auffassung vor, daß das archäologische Erbe hauptsächlich aus isolierten und deutlich erkennbaren Denkmälern besteht wie megalithischen Grabkonstruktionen aus dem Neolithikum, vorgeschichtlichen Grabhügeln, oppida der Eisenzeit und Relikten der römischen Epoche oder mittelalterlichen Gebäudegrundrissen.

Doch muß auch gesagt werden, daß diese Denkmalbetonung nicht nur ein Problem der archäologischen Mentalität ist. Die finanziellen und gesetzlichen Mittel für die archäologische Denkmalpflege sind meistens nicht ausreichend. In der Praxis muß der Archäologe eine Auswahl treffen und gut fundierte Argumente haben, um einen Schutz von archäologischen Flächen zu erzwingen. Bei dieser Auswahl bekommen die sichtbaren Landschaftselemente den Vorzug, weil sie für die Öffentlichkeit die am meisten relevanten und tastbaren Erinnerungen an vorgeschichtliche und historische Gesellschaften und Kulturen darstellen. Zudem ist die juristische Beweisführung im Unterschutzstellungsverfahren vergleichsweise einfach.

Dieser visuelle Teil des Erbes verleiht der Landschaft eine spezifische Qualität, doch birgt eine solche selektive Herangehensweise die Gefahr einer zersplitternden Beurteilung und Erhaltung des archäologischen Erbes, eine Fragmentierung unserer Kenntnisse der Vergangenheit.

Auf die Bedeutung dieses Problems ist vor kurzem einige Male hingewiesen worden – besonders durch die englischen Kollegen (English Heritage 1991) –, aber bis jetzt sind derartige Betrachtungen in der archäologischen Denkmalpflege noch immer in der Minderheit.

Dieser Beitrag ist darum ein Plädoyer für die Einführung der „Landschaft" in die archäologische Denkmalpflegepolitik, denn das untere Niederrheingebiet besitzt noch besondere archäologische Landschaften, die bis ins frühe Neolithikum zurückreichen.

Warum die Erhaltung früher kultureller Landschaftsrelikte im Sinne (zumeist größerer) Landschaftsteile, anstatt nur die Erhaltung archäologischer (Einzel-) Denkmäler? Ich beschränke mich hier auf drei Argumente:

1. Das archäologische Erbe besteht nicht nur aus Denkmälern, die deutlich an der Oberfläche sichtbar sind. Eine enorme Menge potentieller Information ist im Boden versteckt, ganz oder teilweise unsichtbar und dadurch fast immer unbemerkt von einem kontinuierlichen Zerfall bedroht. Es handelt sich hierbei hauptsächlich um geringe Verbreitungen von Siedlungsabfällen und Bodenverfärbungen, die in ihrem gegenseitigen Zusammenhang und in ihrer räumlichen Struktur eine Bedeutung besitzen. Gerade diese Daten bilden die Grundlage für Rekonstruktionen von vorgeschichtlichen und historischen Siedlungsgefügen.

Weiterhin bestehen unsere regionalen Datenbestände nicht aus „Standorten", also Punkten auf einer archäologischen Verbreitungskarte, sondern aus Landschaftsrelikten, die immer auch eine räumliche Kontinuität besitzen. Der Umfang dieser Landschaftsrelikte wird durch die Lokalisierung der mehr oder weniger gleichzeitigen Siedlungsflächen bestimmt, aber auch durch die zugehörigen Gräberfelder, alte Ackerlandkomplexe und -systeme und Relikte, die charakteristisch für die ursprüngliche, „natürliche" Landschaft sind (s. z.B. Gaitzsch 1988; Waterbolk 1984b; 1990). Dies bedeutet, daß der gesamtlandschaftliche Rahmen in der regionalen archäologischen Überprüfung eine zentrale Stellung einnimmt und nicht etwa eine Reihe von standortgebundenen Wahrnehmungen.

2. Neue Betrachtungen in der archäologischen Wissenschaft erfordern immer weniger eine lokale als zunehmend eine räumlich-landschaftliche Perspektive. Eine solche Perspektive ist notwendig, weil sich die Archäologie zunehmend mit Fragen nach Aspekten der räumlichen Organisation, mit Blick auf die wirtschaftliche, soziale und politische Rekonstruktion vergangener Gesellschaften und Kulturen beschäftigt.

In Deutschland und in den Niederlanden geht es um die sogenannte Siedlungsarchäologie, die auf eine lange Tradition in der archäologischen Erforschung des Niederrheingebietes und der angrenzenden Regionen zurückblickt. Beispiele sind die Analysen der regionalen bandkeramischen Siedlungsformen auf der Aldenhovener Platte und im südniederländischen Lößgebiet (Lüning 1982; Bakels 1978), die Forschungen zu römischen, organisch genutzten Landschaften im deutschen Rheingebiet (Gaitzsch 1988) und die Untersuchungen der frühgeschichtlichen Besiedlung in den „feuchten" Teilen der Niederlande (Brandt / van der Leeuw 1987).

Diese siedlungsarchäologischen Untersuchungen betreffen Siedlungen in ihrem räumlichen und paläographischen Kontext. Die Erhaltung des archäologischen Erbes in Form von geschlossenen Landschaften und Landschaftsrelikten ist deshalb eine wissenschaftliche Notwendigkeit, weil viele Fragen nur aus der Landschaft heraus, nicht jedoch vom Einzelfundplatz her zu beantworten sind.

3. Die niederrheinische Landschaft verändert sich schnell und großflächig. Unter diese Veränderungen fallen an erster Stelle planerische Eingriffe wie die im Rahmen von Stadterweiterungen.

Ein anderes Beispiel für die großräumige Zerstörung der Landschaft ist die Braunkohlengewinnung im deutschen Niederrheingebiet. In derartigen Fällen wird das Gleichgewicht zwischen historischen und neu gebildeten Landschaften gestört, und wir können kaum mehr von einem Wachstum der Landschaft sprechen. Ein anderer Prozeß, mit dem die archäologische Denkmalpflege zunehmend konfrontiert sein wird, ist die Zersplitterung. Archäologische Landschaftsrelikte werden, so wie wertvolle historisch-geographische Landschaftsformen, zunehmend von sich verdichtenden Infrastrukturen und Zonen mit neuer, sich ständig ausbreitender Bebauung bedroht.

Schließlich gibt es eine Reihe von anthropogenen Degradationsfaktoren wie die Entwässerung von feuchten Landschaftsteilen und die Bodenerosion als Folge der modernen Landwirtschaft, die das archäologische Bodenarchiv zunehmend bedrohen. Auch hier gilt, daß der Angriff großräumig erfolgt und ein lokaler Schutz nicht ausreicht.

FRÜHE KULTURLANDSCHAFT IM NIEDERRHEINGEBIET

Was sind nun Landschaftsrelikte, die für den Archäologen einen spezifischen Wert darstellen? In den letzten zwei Jahrzehnten erweiterte sich unsere Kenntnis der archäologischen Landschaft im Niederrheingebiet beachtlich. Dies ist besonders ein Verdienst der Siedlungsarchäologie, die sich im Gelände auf die Freilegung von großen geschlossenen Flächen konzentriert.

Von den gut dokumentierten Kulturlandschaften reichen die frühesten Beispiele bis ins Neolithikum zurück, etwa das bandkeramische Siedlungsgefüge auf der Aldenhovener Lößplatte, grob datiert in das 6./5. Jahrtausend v.Chr. (Lüning 1982; Schwellnus 1988). Innerhalb eines kleineren Ausschnittes dieses Gebietes, dem Merzbachtal, ist seit 1965 die mikroregionale Struktur der bandkeramischen Besiedlung großräumig erforscht worden. Das Ergebnis ist die detaillierte Dokumentation einer Siedlungszelle mit einer Oberfläche von ca. 2 zu 1,5 km, die in physiographischer Hinsicht mit dem Stromsystem des Merzbaches korrespondiert. Innerhalb dieser kulturlandschaftlichen Einheit treffen wir hauptsächlich vereinzelte Wohngebäude an, die sich entlang der Ränder des Merzbachtals und der angrenzenden Trockentäler befinden. Eine geschlossenere Bebauung in der Form von kleinen Dörfern kommt ebenfalls vor, eine Variation, die wahrscheinlich ein Anzeichen für die Unterschiede in der sozialen Staffelung der lokalen Gemeinschaften darstellt.

Allgemein herrscht die Auffassung vor, daß wir vor der bandkeramischen Periode nicht von Kulturlandschaften reden können. Persönlich bin ich hiermit nicht einverstanden. Ich denke, daß diese Auffassung zu stark durch die ethnozentrische Annahme gefärbt ist, daß wir erst von einer Kulturlandschaft sprechen können, wenn es bei einer seßhaften Lebensweise regelmäßige, eher ländliche oder städtische Siedlungsformen der Umgebung gibt. Während des Paläo- und Mesolithikums siedelten in der nordeuropäischen Tiefebene kleine, mobile Jäger-Sammler-Gruppen. Deren Siedlungssysteme bestanden aus verschiedenen, kurz genutzten Lagern. Momentan kennen wir im Niederrheingebiet nur ein Beispiel einer solchen flüchtigen Kulturlandschaft, die in einem breiteren Kontext erforscht worden ist: Das Ijsseltal bei Swifterband im Ostelijk Flevoland (Deckers u.a. 1980). Dieses vorgeschichtliche Landschaftsrelikt datiert zwar aus dem frühen Neolithikum (ca. 6000 v.Chr.), aber in dieser Periode besaßen die Existenzwirtschaft und die Landnutzung der in dieser Region lebenden Gemeinschaften noch ausgesprochen mesolithische Züge. Die Siedlungslandschaft bestand hier aus kleinen, kurz besiedelten Lagern auf den Uferwällen und den Flußdünen.

Bezüglich der etwas späteren vor- und frühgeschichtlichen Kulturlandschaften im Niederrheingebiet sind wir über manche Bereiche gut informiert, z.B. die bronze- und eisenzeitliche Besiedlung in den feuchten Regionen der westlichen Niederlande, das Ur IJ-Estuarium in Nordholland.

Für die römerzeitliche Archäologie im Niederrheingebiet können wir sogar von konservierten, organisch genutzten Landschaften sprechen, die durch die regionalen Gefüge der villae rusticae und die dazugehörigen Landwirtschaftsareale gebildet wurden (Gaitzsch 1988). In diesem Gebiet geht die Forschung neue Wege, doch wird sie durch die Braunkohlengewinnung eingeschränkt.

MÖGLICHKEITEN ZUR INTEGRATION DER HISTORISCHEN GEOGRAPHIE

Dieser landschaftliche Rahmen für die archäologische Denkmalpflege ist noch in einer anderen Richtung relevant: Er vergrößert die Möglichkeiten zur Integration der Archäologie und der Historischen Geographie. Der Gedanke an sich ist nicht neu, eine Zusammenarbeit zwischen beiden Disziplinen ist bereits früher von Waterbolk (1984a und b; 1990) gefordert worden. Leider haben die Initiativen von Waterbolk nur wenig Nachklang gefunden.

Zweierlei läßt sich durch eine solche Integration gewinnen. Erstens führt sie zu mehr wissenschaftlichen Erkenntnissen. Archäologische und historisch-geographische Forschung ergänzen sich sowohl diachron als auch synchron. Zusammen vergrößert sich die Chance auf ein komplettes Bild der Kulturlandschaften, die Perzeption der Umgebung und ihre langfristigen Entwicklungen. Zweitens können sich beide Disziplinen gegenseitig in ihrer Argumentation bezüglich der Verwaltungsprobleme verstärken und die politische Bewertung für historische Kulturlandschaften vergrößern (Bloemers 1990).

Den wissenschaftlichen Mehrwert möchte ich anhand eines Beispiels erläutern, das den verschiedenen Untersuchungen Waterbolks (1984a und b, 1990) entnommen ist.

Von altersher ist für die niederländische Provinz Drenthe die sogenannte drenthische Eschdörferlandschaft charakteristisch, die aus regelmäßig voneinander getrennt gelegenen Dorfgebieten besteht, den sogenannten Marken. Diese Marken haben einen vergleichbaren Aufbau und bestehen jede aus einem geschlossenen Dorf mit Höfen, um die sich blockweise Äcker gruppieren (Esche), eine waldreiche Zone und gemeinschaftliche Weiden. Die Lage der Marken zeigt weiterhin einen deutlichen territorialen Aufbau der drenthischen Landschaft, der anhand von historischen Quellen und kartographischen Daten zurückverfolgt werden kann. Die archäologische Forschung hat gezeigt, daß diese Territorialstruktur bis ca. 400 v.Chr. zurückreicht und wahrscheinlich noch älter ist. Außerdem stellte sich bei Ausgrabungen heraus, daß sich die Standorte der Eschdörfer seit dem 9. Jahrhundert nicht oder kaum verändert haben und daß sie vorher eine mehr oder weniger „mobile" Natur aufwiesen.

Die Archäologie schafft die chronologische Grundlage für eine historisch-geographische Landschaftsrekonstruktion, indem sie Daten zur frühen Kulturlandschaft beisteuert. Für die Rekonstruktion der späteren, frühgeschichtlichen und historischen Landschaftsentwicklung ist die Archäologie weiterhin relevant, weil sie die deutlich erkennbare Morphologie der Eschdörferlandschaft und die historischen und kartographischen Quellen mit Informationen über die unsichtbaren, da untertägigen Kulturlandschaftselemente ergänzt. Vergleichbare Beispiele der kombinierten Forschung sind die Studien zur nordniederländischen Wurtenlandschaft (Miedema 1982) und zur mittelalterlichen Besiedlung von Kootwijk und der Umgebung (Heidinga 1987).

Eine Kopplung der Archäologie mit der Historischen Geographie erfordert von der Archäologie deshalb mehr Anpassung als nur die der räumlichen Perspektive. Eine *Landschaftsarchäologie* ist etwas anderes als nur eine landschaftliche Perspektive in der archäologischen Forschung. Im letzten Fall kann der Landschaftsrahmen als Instrument fungieren, um vor allem Informationen zu sammeln oder „in situ" die Interpretation der wirtschaftlichen, sozialen und politischen Organisation vergangener Gesellschaften zu bewahren. Eine Landschaftsperspektive kann etwa zu einer Rekonstruktion von Siedlungsgefügen der Trichterbecherkultur führen und kann in Kombination mit anderen Daten Einsichten zu politisch-sozialen Strukturen der Trichterbechergemeinschaften geben.

In einer *Landschaftsarchäologie* steht die Landschaft selbst und ihre Kontinuität oder Veränderung im Mittelpunkt. Für die Historische Geographie ist diese Erkenntnis trivial, aber für die Archäologie unüblich. Die voneinander abweichenden Definitionen in den Grundkonzeptionen besagen in diesem Zusammenhang viel. So bezieht sich der Begriff gaafheid (Erhaltungszustand) in der Historischen Geographie auf die Gebiete, in denen die Kulturlandschaft sichtbare Informationen zu ihrer historischen Entwicklung enthält (Haartsen u.a. 1990), während für den Archäologen dieser Begriff nur auf der Ebene der einzelnen Siedlung oder des einzelnen Landschaftsreliktes eine Bedeutung besitzt.

Von erneuernden Entwicklungen in dieser Richtung ist seit einiger Zeit in England die Rede, wo die sogenannte landscape-archaeology einen gemeinschaftlichen Nenner für die verschiedenen Betrachtungsmöglichkeiten der historischen Landschaft bildet. Darunter fallen u.a. die Verbindung mit der Sozialgeographie des Grundbesitzes und der Einrichtung der ländlichen Landschaften, weiterhin Landschaftsveränderungen der von der Kultur bestimmten Perzeption der Umgebung und die Neudefinition der kulturellen Landschaftselemente über die Zeiten hinweg.

PROSPEKTIVE ARCHÄOLOGIE UND GEOGRAPHISCHE INFORMATIONSSYSTEME

Bisher habe ich einige mögliche interaktive Verbindungen zwischen der archäologischen Denkmalpflege im Sinne ihres Schutzauftrages, der Siedlungs- und Landschaftsarchäologie und der Historischen Geographie angesprochen. Jetzt stellt sich die Frage, inwieweit in diesem Rahmen die prospektive Archäologie greift. Mit der prospektiven Archäologie wird eine nicht destruktive Untersuchungsmethode angesprochen, mit Blick auf die Pflege und nicht so sehr die archäologischen Ausgrabungen oder wissenschaftliche, regionale Forschungsprojekte. Es spricht für sich, daß die nichtdestruktiven Vorgehensweisen für die archäologische Pflege nutzbar und auch auf einer räumlichen Ebene oberhalb der archäologischen Siedlungsschichten, des Standortes und des Denkmals anwendbar sind. Dies gilt gleichfalls für viele traditionelle Untersuchungen in dieser Richtung, die auf die wissenschaftlichen und regionalen Fragestellungen sowie besonders auf die großräumigen Landschaftszerstörungen abgestimmt sind. Übrigens zeigt sich, daß auf diesem Gebiet rasche Veränderungen eintreten. So haben sich die zur Verfügung stehenden Forschungsmethoden erweitert, die sich gut für Inventararbeiten der vorgeschichtlichen und historischen Landschaftsrelikte eignen: Infrarot-Luftbildfotografie, Korrelation von Luftbilddaten mit den Ergebnissen der geophysischen Forschung, die detaillierte Kartierung der archäologischen Flächenverbreitungen mit modernem Vermessungsgerät und die großräumige Musterung der untertägigen archäologischen Schichten.

Eine neue Methode, die sich für die archäologischen Landschaftsüberprüfungen gebrauchen läßt, sind sogenannte Geographische Informationssysteme (GIS). GIS ist ein System für das Aufbewahren und Verwalten von großen, geographischen, geologischen, hydrologischen, bodenkundlichen etc. Datenbeständen, die „up to date" gehalten werden und schnell und übersichtlich auf Karten präsentiert werden können. Der spezifische Wert des GIS liegt in der Ausarbeitung der zu erwartenden archäologischen Erkenntnisse. Diese spezifische Qualität basiert auf dem Prinzip, daß neue „data layers" aus bereits vorhandenen erzeugt und entnommen werden können. Auf diese Weise lassen sich die zu erwartenden archäologischen Erkenntnisse aus einer Variation der Landschafts-merkmale wie Bodentyp, Bodenfeuchtigkeit, Entfernung zum Wasser, Hanggradient und -exposition, die in einem Raster-GIS für die gewählten Untersuchungsgebiete bereits kodiert sind, ableiten. Voraussetzung hierfür ist, daß Korrelationen zwischen diesen Landschaftsmerkmalen und archäologischen Verbreitungsmustern auf der Grundlage der in anderen Gebieten durchgeführten Untersuchungen wahrscheinlich gemacht werden können. Als Abschluß derartiger Analysen entstehen sogenannte archäologische „Potentialkarten".

Die Anwendung des GIS ist besonders für die Überprüfung der regionallandschaftlichen Einheiten von Interesse, die in einem hohen Tempo den umfangreichen planerischen Eingriffen zum Opfer fallen, aber von denen die kulturhistorische Bedeutung nicht oder kaum bekannt ist. Das archäologische Potential derartiger Regionen und das Maß der Erosion der dortigen archäologischen Flächen können manchmal nur durch deduktive Methoden abgeleitet werden. An dieser Stelle sind einige Randbemerkungen zur Anwendung des GIS sinnvoll:

1. Es geht bei archäologischen „Potentialkarten" nicht um echte Voraussagen. Das Ergebnis ist vielmehr eine Erwartung bzw. eine Reihe von Wahrscheinlichkeitsaussagen. Eine „Potentialkarte" soll es ermöglichen, einen möglichst großen Anteil der archäologischen Relikte innerhalb einer Fläche zu lokalisieren.

2. Es ist nicht in einer GIS-Analyse vorgesehen, auf gesetzmäßige Weise Gefüge einer Landnutzung zu rekonstruieren, die im hohen Maße für die Vergangenheit repräsentativ sind. Siedlungswahl und Landnutzung sind immer das Ergebnis der spezifischen, kulturgebundenen Perzeptionen des Raumes und der Umgebung. Allerdings wird die Zuverlässigkeit der GIS-Analysen vergrößert, wenn sie für kürzere Zeitabschnitte durchgeführt werden, die möglichst begrenzt definiert sind und mit den kulturellen Traditionen der Landnutzung und Besiedlung korrespondieren. So wird eine GIS-Analyse für die bandkeramische Besied-

lung der Aldenhovener Platte im allgemeinen sinnvoller sein als eine Analyse der vorgeschichtlichen Besiedlung im gleichen Gebiet.

3. Ein GIS definiert nur statische Korrelationen zwischen Siedlungsflächen oder eventuell vorhandenen Landschaftsrelikten einerseits und physiographischen Merkmalen andererseits. Es erzeugt keine wissenschaftliche Interpretation der Landnutzung, sondern ist ein pragmatisches Instrument für die archäologische Landschaftspflege. Diese Kenntnis über GIS kann viele Mißverständnisse über seine Möglichkeiten vermeiden.

GIS ist eine der methodischen Antworten auf die Frage nach einem räumlichen Arbeitsrahmen für die prospektive Archäologie und die archäologische Denkmalpflege. Trotz der hier skizzierten Randbemerkungen, wurde das GIS in den Niederlanden bereits erfolgreich angewendet (Brandt u.a. im Druck; Ankum/Groenewoud 1990; Soonius/Ankum 1991).

Ich danke meinen Kollegen des Regionaal Archeologisch Archiverings Project (RAAP) (Universität von Amsterdam) für die anregenden Diskussionen, besonders Jop Andrea, Roel Brandt, Olav Odé, Jan Roymans und Peter Vleugels. Die hier angeschnittene Problematik steht in den verschiedenen Gelände- und Forschungsprojekten des RAAP im Mittelpunkt.

III: Angewandte Beiträge zur Erforschung der Kulturlandschaft in Deutschland und im Beneluxraum

Untersuchungen zur Kulturlandschaftsentwicklung im östlichen Deutschland

EIKE GRINGMUTH-DALLMER

Die Diskussionen über den Weg der archäologischen Forschung im östlichen Deutschland in den letzten Jahrzehnten, angeregt vor allem durch einen Vortrag von Bernhard Hänsel auf dem Archäologen-Kongreß 1991 in Berlin (Hänsel 1991), haben eines deutlich gemacht: Für eine sachgemäße Einschätzung des in der DDR Geleisteten, Versäumten und auch Verbogenen ist ein Mindestmaß an Informationen über das Gesamtsystem von Staatsphilosophie und Wissenschaftspolitik notwendig, das im Westen zum großen Teil nicht existiert. Da die Kulturlandschaftsforschungen zumeist an der (Ost)Berliner Akademie der Wissenschaften entstanden und einen völlig anderen Ausgangspunkt hatten als das, was in der Regel auf diesem Gebiet getan wird, sei zunächst versucht, diese Zusammenhänge in ihren Grundzügen darzulegen, wenn es auch unmöglich ist, die Vorgänge in ihrer ganzen – objektiven und subjektiven – Differenziertheit hier darzustellen. Gerade das wäre zu einem wirklichen Verständnis notwendig, was eine Voraussetzung für ein Zusammenwachsen der Wissenschaft in Ost und West ist.

Die Staatsphilosophie war bekanntlich der Marxismus-Leninismus, ein Gedankenbild, das, diese Aussage erscheint berechtigt, mit Marx herzlich wenig zu tun hatte. Der für die Geschichtswissenschaft entscheidende Gesichtspunkt bestand darin, daß die Menschheit seit ihrer Entstehung eine ständige Höherentwicklung durchgemacht hat, die von der klassenlosen Urgesellschaft über verschiedene Stufen einer Klassengesellschaft wiederum zu einer klassenlosen kommunistischen Gesellschaft führen sollte.

Diesen als objektiv aufgefaßten Entwicklungsgang sollte die Geschichtswissenschaft und damit auch die Archäologie beweisen. Die Archäologen haben sich diesem Auftrag weitgehend entzogen. Am schwersten hatte es dabei, sieht man von den Universitäten ab, die Akademie, wo sich die Institutsleitung den beschriebenen Auftrag zueigen gemacht hatte. Allerdings verlangte sie, und das ist entscheidend, nicht von jedem einzelnen Mitarbeiter eine aktive Mitwirkung in diesem Sinne.

Es gab jedoch zwei Voraussetzungen, denen die meisten unterworfen waren: Die erste war die Konzentration der Forschung auf das frühe Mittelalter, dem als Entstehungsperiode des Feudalismus eine besondere Bedeutung beigemessen wurde. Die zweite Voraussetzung war die Forderung nach großräumigen Untersuchungen. Sie resultierte aus der Unmöglichkeit, kleinräumig allgemeingültige Entwicklungen nachzuweisen. Innerhalb dieses Rahmens gab es praktisch keine Einschränkungen der wissenschaftlichen Arbeit. So war es auch bei einer kritischen Haltung zum Gesamtsystem möglich, die beiden Prämissen zu akzeptieren. Dabei zeigte sich, daß gerade die großräumige Betrachtung zu außerordentlich wichtigen Ergebnissen führen kann. Diese Aussage wird zum Schluß zu belegen sein.

Es sei noch darauf hingewiesen, daß die Kulturlandschaft etwa in den letzten zwei Jahrzehnten nicht mehr Gegenstand der geographischen Forschung in der DDR gewesen ist. Damit entfiel die Bearbeitung der gesamten Neuzeit; für das Mittelalter, vor allem das frühe, ist von archäologischer und botanischer Seite versucht worden, die Lücke auszufüllen. Wie auch andernorts ergab sich das methodische Problem der Abgrenzung zwischen allgemeiner archäologischer und historischer Siedlungsforschung bzw. der Vegetationsgeschichte einerseits und der Kulturlandschaftsforschung andererseits, behandelt doch jede Siedlungs- und Vegetationsgeschichte Teilbereiche der Kulturlandschaft. Sind sie also einfach zu subsummieren oder bekommen sie erst durch eine speziell geographische Fragestellung einen neuen Charakter? Diese wichtige Frage kann hier nicht beantwortet werden, sollte aber gegenwärtig bleiben.

Für die im östlichen Deutschland betriebene Kulturlandschaftsforschung lassen sich vier wichtige Problemkreise aufzeigen (Gringmuth-Dallmer 1983):
1. Die Verteilung von Siedlungsgebieten (Gefilden) und Wald und deren Entwicklung. Sie betrifft im behandelten Zeitraum vor allem den Landesausbau, während Wüstungsvorgänge zurücktreten.
2. Die naturräumliche Ausstattung der Siedlungsgebiete als Voraussetzung für die Produktions- und Siedlungstätigkeit des Menschen, d.h. die Wechselbeziehungen zwischen Natur und Gesellschaft.
3. Die Physiognomie und Struktur der Siedlungsgebiete, also ihre Ausfüllung mit Siedlungen, Wirtschaftsflächen, Verkehrswegen sowie Stätten der nichtagrarischen Produktion, der Herrschafts- und Religionsausübung und die Beziehungen dieser Elemente zueinander sowie funktionale Differenzierungen.
4. Das Verhältnis von historischer Entwicklung und Gestaltung der Kulturlandschaft, d.h. vor allem die wirtschaftlichen, sozialen und machtpolitischen Voraussetzungen und Folgen ihrer Entstehung und Entwicklung.

Das Beispiel Thüringen verdeutlicht das methodische Vorgehen und einige der erzielten Ergebnisse. Die Rekonstruktion der Verteilung von Wald und Siedlungsgebieten (Gringmuth-Dallmer 1983) geht davon aus, daß unter mitteleuropäischen Klimaverhältnissen unbesiedelte Gebiete bewaldet waren. Das heißt, daß eine Kartierung sämtlicher Siedlungsnachweise eine Unterscheidung von Wäldern und Offenländern gestattet, wobei letztere immer noch einen im einzelnen nicht greifbaren Waldanteil enthielten. Voraussetzung ist eine repräsentative Quellenüberlieferung. Sie ist, was die Gesamtverbreitung betrifft, für die Merowingerzeit mit den Gräberfeldern und für die Karolingerzeit durch die reiche Traditionsüberlieferung der Klöster Fulda und Hersfeld gegeben.

Hingegen ist m. E. bei den Ortsnamen größte Vorsicht geboten, lediglich die auf -leben sind in ihrer Gesamtheit in die Merowingerzeit zu setzen. Alle anderen häufig auftretenden Grundwörter, insbesondere -stedt, -ingen und -dorf sind lange produktiv gewesen und damit nicht heranzuziehen.

In der Merowingerzeit (Abb. 34, S. 105) herrschen relativ kleinflächige Gefilde vor. Sie schließen sich im Zuge des Landesausbaus im 8./9. Jahrhundert zu einem einzigen großen Siedlungsraum zusammen, der sich etwa von der Saale im Osten bis zum Eichsfeld im Westen erstreckt und nur noch durch eine Reihe das Gebiet in nordwest-südöstlicher bzw. west-östlicher Richtung durchziehenden, weiterhin bewaldeten Gebirge und Höhenzüge unterbrochen wird.

Hinsichtlich der naturräumlichen Ausstattung erlaubte die geringe Besiedlung des 5. – 7. Jahr-

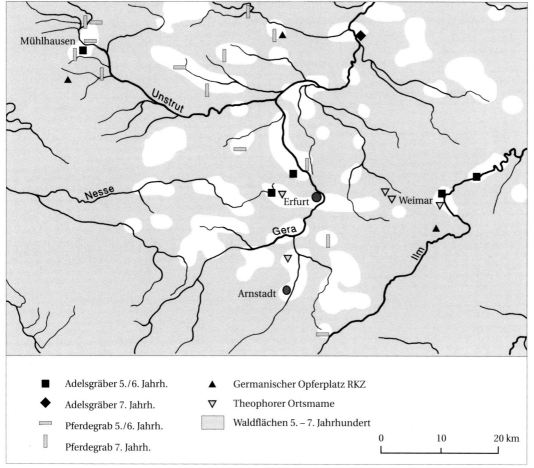

Abb. 34: Wald, Offenland und herausgehobene Bestattungen im Thüringer Becken im 5.-7. Jahrh. (nach Gringmuth-Dallmer 1985).

hunderts zunächst eine Beschränkung auf die am besten geeigneten Räume. Die 400 m Höhenlinie wurde nicht überschritten, bei den Böden deutlich der Löß bevorzugt. Der Landesausbau in der Karolingerzeit erforderte das Aufsuchen von der Natur her weniger begünstigter Landschaften. Die Besiedlung stieg in größere Höhen hinauf, was zu Standorten geringerer Temperatur und höherer Niederschlagsmengen führte. Gleichzeitig wurden Gebiete ohne Oberflächenwasser aufgesucht, was zu der allerdings bisher nicht zu beweisenden Annahme führte, daß sich im Brunnenbau Verbesserungen vollzogen haben könnten.

Pedologisch ist vor allem eine Zunahme der Besiedlung der Böden auf verwittertem Gesteinsmaterial bemerkenswert (Gringmuth-Dallmer 1983), die vorwiegend in den Gebirgen mit ihrer stärkeren Reliefenergie verbreitet sind. Etwa zur

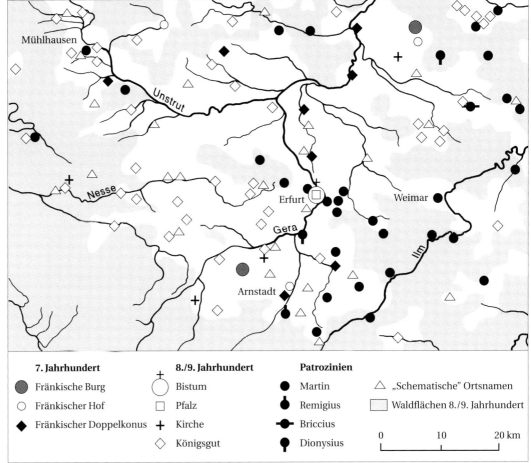

Abb. 35: Wald, Offenland und Hinweise auf fränkischen Einfluß im Thüringer Becken im 8./9. Jahrh. (nach Gringmuth-Dallmer/Lange 1988).

gleichen Zeit, und damit wird ein Beitrag der großräumigen botanischen Untersuchungen angeführt, setzte sich in Mitteleuropa der Roggen als Hauptgetreide durch (Lange 1971). Er stellt zwar geringe natürliche Ansprüche, erfordert jedoch eine gute Bodenbearbeitung.

Berücksichtigt man, daß sich im gleichen Zeitraum der Wendepflug auch außerhalb der Küstengebiete durchzusetzen scheint (Gringmuth-Dallmer 1983a), so ist etwa der Rahmen für ein komplexes Geflecht von Ursachen und Wirkungen abgesteckt, das im einzelnen Gegenstand weiterer Forschungen sein muß.

Schwierig zu klären sind Physiognomie und Struktur der Siedlungsgebiete. Die geringen Entfernungen zwischen gleichaltrigen Gräberfeldern lassen für die Merowingerzeit auf weilerartige Kleinsiedlungen schließen (Gringmuth-Dallmer

1985), desgleichen die Unregelmäßigkeit der heute vorherrschenden, vielfach in ihrer Wurzel in dieser Zeit entstandenen Haufendörfer (Emmerich 1968). Daneben gab es an einzelnen Zentren wie Weimar, Erfurt und Mühlhausen bereits größere Ansiedlungen, wie die Anzahl der hier Bestatteten ausweist. Wichtig ist die Tatsache, daß diese Zentren an Kult-, Herrschafts- und Gewerbeschwerpunkte der römischen Kaiserzeit anschlossen, wenn auch ohne direkte örtliche Konstanz. Hier ist von einer funktionalen Kontinuität zu sprechen.

Im 8./9. Jahrhundert bestanden die genannten Kernlandschaften fort. Darüber hinaus belegt die schriftliche Überlieferung, daß der Verdorfungsprozeß in vollem Gange war. Gleichzeitig entstand die kirchliche Organisation, ablesbar neben einigen schriftlich überlieferten Gotteshäusern vor allem an der Verbreitung alter Patrozinien (Abb. 35, S. 106). Sie stellen Orte mit zentralen Funktionen auf niedrigster Ebene dar.

Besondere Bedeutung kam in physiognomischer wie in struktureller Hinsicht den Burgen zu. Sie sind besonders gut im Hassegau zwischen mittlerer Saale und Unterharz zu fassen, wo das Hersfelder Zehntverzeichnis aus dem Ende des 8. Jahrhunderts eine Liste von 18 Burgbezirksmittelpunkten enthält, die neben der militärischen auch administrative Aufgaben in Form von Abgabenerhebungen zu erfüllen hatten. Einer Burg waren in der Regel etwa 10, in Einzelfällen weit über 20 Siedlungen zugeordnet (Gringmuth-Dallmer 1983).

Von den Altstraßen sind keinerlei in diesen Zeitraum datierbare Reste übriggeblieben, und die intensive agrarische Nutzung des Raumes läßt solche auch künftig nicht erwarten. Deshalb sind lediglich die Verkehrsleitlinien herauszuarbeiten, indem die historisch oder archäologisch erschlossenen Zentren miteinander verbunden werden (Gringmuth-Dallmer 1983).

Für den letzten Problemkreis, das Verhältnis von historischer Entwicklung und Gestaltung der Kulturlandschaft, sei der Nordteil des Thüringer Beckens genannt (Gringmuth-Dallmer/Lange 1988). Hier treten zusammengehörige Gruppen von Orten gleichen Namens auf, die durch Zusätze voneinander unterschieden werden. Die größte von ihnen liegt südlich von Schlotheim und umfaßt die jetzigen Orte Bothen-, Issers-, Neuen- und Kirchheilingen sowie die Wüstungen Alten-, Otten-, Wolfs-, Wünschen- und Appenheilingen (Abb. 36, S. 108). Legt man die Gemarkungsgrenzen zugrunde, so zeigt sich ein räumlich geschlossener Komplex, dessen Einheitlichkeit noch verstärkt wird, wenn im Südwesten Groß- und Kleinwelsbach einbezogen werden und im Südosten Sundhausen, dessen Name nur als jüngere Bildung in bezug auf die Heilingen-Dörfer zu verstehen ist. Archäologische, historische und namenkundliche Beobachtungen lassen folgendes Bild erschließen: Im 6./7. Jahrhundert entstanden die Orte Kirch-, Alten- und Issersheilingen. Einen vorsichtigen Hinweis auf die Anwesenheit einer herausgehobenen Bevölkerungsschicht bietet der Fund eines Sporens in einem Grab von Kirchheilingen. Die Entstehung der ältesten Orte dürfte aber noch nicht mit der Bildung des Gesamtkomplexes verbunden gewesen sein. Vielmehr erfolgte die „Abmarkung" durch die Franken, deren Anwesenheit im Unstrutgebiet seit dem 7. Jahrhundert archäologisch bezeugt ist, und in Zusammenhang mit einer gezielten Raumerschließung zu sehen ist, hinter der wohl nur der fränkische Staat stehen konnte – ob der häufig genutzte Begriff der Staatskolonisation angebracht ist, sei dahingestellt.

Schließlich sei, weil ganz anders geartet, für die folgenden Jahrhunderte kurz die Aufsiedlung des Mittel- und Unterharzes beleuchtet. Im 10. Jahrhundert schuf das Königtum mit seinen Jagdhöfen in Bodfeld, Siptenfelde und Hasselfelde die herrschaftliche Voraussetzung für die Erschließung des Gebirges. Gleichzeitig und sicherlich hiermit in Zusammenhang stehend wurde das Gebiet großräumig bergmännisch genutzt. Unklar ist allerdings noch, ob die ausgedehnten Schlackenfundplätze zunächst lediglich von der Verhüttung stammen oder ob auch die Erzförderung bereits

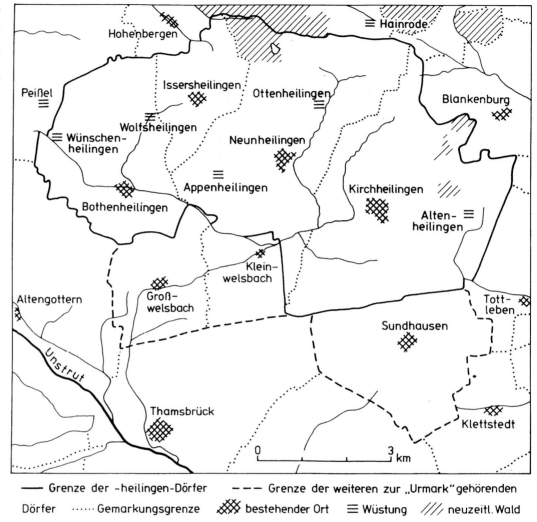

Abb. 36: Die „Urmark" Heilingen im nördlichen Thüringer Becken (nach Gringmuth-Dallmer/Lange 1988).

eingesetzt hatte, wie es im Oberharz im 10., im Mittel- und Unterharz aber erst im 13. Jahrhundert schriftlich bezeugt ist.

Mit der Entwicklung der Metallurgie ging die des Burgenbaus einher. Zunächst in königlicher Hand, gelangten die Burgen bis ins 13. Jahrhundert zunehmend in die Verfügungsgewalt gräflicher und kleinadliger Geschlechter. Damit war eine wesentliche Voraussetzung für die spätere territoriale Zersplitterung des Gebietes gegeben. Sie hatte u.a. zur Folge, daß im Harz weder auf der städtischen noch auf der kirchlichen Ebene herausgehobene Zentren entstanden. Solche lagen durchweg am Rande des Gebirges.

Welche Berechtigung haben nun Untersuchungen, die, großräumig angelegt und damit notgedrungen viele Einzelheiten vernachlässigend, weitgehend auf indirekte Schlüsse und Hypothesen angewiesen sind?

1. Großräumige Untersuchungen sind notwendig, um zu entscheiden, ob die Ergebnisse einer Regionalanalyse zu verallgemeinern sind oder ob lediglich regionale Sonderformen der Kulturlandschaftsentwicklung erfaßt wurden.

2. Daraus folgt, daß großräumige Untersuchungen Aussagen darüber gestatten, auf welche Räume die Ergebnisse von Regionalanalysen übertragen werden können. Dieser Gesichtspunkt kann z.B. für die Erarbeitung von Atlanten wichtig sein, für die nur Teilgebiete intensiv untersucht werden können.

3. Großräumige Untersuchungen sind naturgemäß vergleichende Untersuchungen und damit besser als Regionalanalysen in der Lage, Typen und Modelle von Siedlungsvorgängen zu erarbeiten. Solche Typen und Modelle sind wichtig für die Auswahl der Landschaften, in denen intensivere Forschungsprojekte in Angriff genommen werden sollen.

4. Es gibt Probleme, die regional nicht zu lösen sind. Geht man z. B. davon aus, daß der Beetpflug vermutlich ein wesentlicher Faktor für die Durchsetzung der Langstreifenflur gewesen ist, so wird sich der Zeitpunkt seiner Einführung vielfach in kleineren Gebieten nicht nachweisen lassen.

5. Großräumige Untersuchungen sind notwendig, um allgemeine historische Aussagen zu erzielen. Die deutsche Ostsiedlung z.B. ist als ganzes mehr als die Summe der in ihrem Verlauf erfolgten landschaftlichen Einzelaktivitäten. Deshalb muß die Gesamtbetrachtung neben die Einzelbearbeitung treten.

In jedem Fall basiert die großräumige Sicht auf der regionalen Einzelanalyse. Wenn die historisch-geographische Geländearbeit im östlichen Deutschland in den letzten Jahrzehnten zu kurz gekommen ist, so ist das bekanntlich nicht nur auf subjektive Versäumnisse der beteiligten Forscher zurückzuführen. Es ist zu hoffen, daß der Aufbau neuer Strukturen in der Wissenschaft der ehemaligen DDR die Möglichkeit eröffnet, neben einer Weiterführung großräumig angelegter Arbeiten verstärkt in die Landschaft zu gehen, um mit einer Zusammenführung der unterschiedlichen Gesichtspunkte und Verfahrensweisen die Kulturlandschaftsforschung auf ein neues Niveau zu heben.

Archäologische und historisch-geographische Aspekte der mittelalterlichen Kulturlandschaftsgenese westfälischer Lößbörden und des Hochsauerlandes

RUDOLF BERGMANN

Im folgenden soll die mittelalterliche Kulturlandschaftsentwicklung in der Geseker Niederbörde, dem sich im Süden an die Niederbörde anschließenden Karstgebiet der Haarabdachung sowie in der Warburger Börde und im östlichen Hochsauerland skizziert werden. Abschließend wird hinterfragt, wie und in welchem Ausmaß mittelalterliche Kulturlandschaftselemente das Erscheinungsbild der modernen Agrarlandschaft prägen.

Die hier zu behandelnden Landschaftsräume (Abb. 37, Farbtafeln S. 82) weisen eine verschiedenartige physisch-geographische Ausstattung auf: Die Geseker Niederbörde bildet den östlichen Abschnitt der den Mittelgebirgssaum begleitenden Hellweg-Lößbörden. Mit dem Hellweg als ungefährer südlicher und der Lippeniederungszone als nördlicher Begrenzung erstreckt sich zwischen Erwitte im Westen und Salzkotten im Osten eine ausgedehnte Lößlehmzone, die durch teilweise vermoorte Feuchtphysiotopenbereiche in einzelne Lößlehmplatten untergliedert ist. Diese Feuchtzonen setzen am Hellweg-Quellhorizont ein, wo das im Karstgebiet südlich der Niederbörde versickernde Wasser in Karstquellen austritt. Der sich im Süden an die Geseker Niederbörde anschließende Bereich der Haarabdachung ist als Karstgebiet zu charakterisieren. Vom Hellweg steigt das Gelände nach Süden bis zur Haarhöhe auf 390 m ü.NN an und setzt sich mit einer von Plänerkalken der Oberkreide gebildeten Doppelschichtstufe vom Sauerland ab. Landschaftsprägende Elemente sind tief in die Abdachungsfläche eingeschnittene Täler mit episodischer Wasserführung. Auf den flachgründigen, mit Kalkscherben durchsetzten Verwitterungsböden haben sich Braunerden entwickelt. Für die Besiedlung sind hier inselhafte, periglazial überformte Lokalmoränen mit hohem Lößanteil bedeutsam.

Die Warburger Börde ist ein Becken im oberen Weserbergland. Sein Kern liegt bei Lütgeneder in rund 180 m ü.NN. Am Rand des Beckens werden 240 – 270 m ü.NN erreicht. Die Börde ist durch zahlreiche Fluß- und Bachläufe in flache Wellen zerlegt. Der die Schichten des mittleren und unteren Keupers überlagernde, postglazial angewehte Löß und seine Umlagerungsprodukte erreichen Mächtigkeiten von 2 – 4 m.

Das im äußersten Süden Westfalens gelegene, den östlichen Abschluß des Rothaargebirges bildende Astengebirge umfaßt die rund 650 bis 700 m ü.NN hohe Winterberger Hochfläche und die von dieser sternförmig ausgehenden, oberen Taleinschnitte von Ruhr, Lenne und von zur Diemel und Eder entwässernden Gebirgsbächen. Die Böden dieses regenreichen Gebietes, dessen höchste Erhebung der Langenberg mit 843 m ü.NN bildet, sind flachgründige, steinige, kalkarme Schieferverwitterungsböden.

Im östlichen Hellwegraum erstreckt sich die merowingerzeitliche Besiedlung – die Frage einer völkerwanderungszeitlichen Siedlungskontinuität steht außerhalb dieser Betrachtung – ausschließlich auf den Bereich des Dauerquellhorizontes, an dem die Orte weitgehend linear aufgereiht sind. Die merowingerzeitlichen Siedlungen nehmen am Südrand der Niederbörde topographische Lagen ein, die durch die besondere hydrographische Situation sowie die in der näheren Umgebung verfügbaren tiefgründigen, flächig verbreiteten Löß-Braunerden als Siedlungsstandorte erster Wahl gekennzeichnet sind. Am Ende des 7. und zu Beginn des 8. Jahrhunderts kommt es zu einer von dem angelsächsischen Geschichtsschreiber Beda überlieferten Südausbreitung der Sachsen. Dieser Vorstoß führt südlich der Lippe und beiderseits der Diemel in ein Gebiet, das politisch und kulturell spätestens seit der Mitte des 6. Jahrhunderts dem Frankenreich unterstanden haben muß. Im Verlauf der sächsischen Expansion verändert sich das Siedlungsgefüge am Quellhorizont nur geringfügig durch Neugründungen; hier ist von einer weitgehenden Kontinuität der Siedlungsstandorte auszugehen. Darüberhinaus werden in sächsisch-vorkarolingischer Zeit die Ränder der Lößlehmplatten wie auch der die Börde im Norden säumende Sandlößstreifen punktuell mit Siedlungen besetzt. Toponymisch treten in dieser Phase bei den wenigen neugegründeten Orten Ortsnamensbildungen des Typs -*inghusen* und -*husen* auf. Die Konsequenz der sächsischen Expansion sind fränkische Gegenangriffe, die sich in den Kriegszügen der Jahre 738, 752 und 758 niederschlagen. Der Höhepunkt dieser Auseinandersetzungen beginnt im Jahre 772 mit den Sachsenkriegen Karls des Großen und endet mit der Eingliederung Sachsens in das Frankenreich, in deren Verlauf sächsische Bevölkerungsteile deportiert werden. An den strategisch wichtigen Verkehrswegen werden Königshöfe angelegt, in deren Umgebung königsfreie Franken angesiedelt werden. Dieser Vorgang findet im östlichen Hellwegraum – aber nicht nur dort – seinen Niederschlag in den Ortsnamen auf -*hem*. Zu nennen sind in der Umgebung des Königshofes in Erwitte Glashem, Hocelhem und Osthem, die nach Ausweis archäologischer Funde aber bereits in der Merowingerzeit besiedelt waren. Neben diesen Orten, bei denen eine vorherige Besiedlung zweifelsfrei nachzuweisen ist, werden im Verlauf der karolingischen Herrschaftsorganisation in geringerem Umfang -*hem* Orte, so Withem bei Störmede und Stochem bei Geseke als Neugründungen angelegt. Erst in karolingisch-ottonischer Zeit kommt es in der Niederbörde zu einer erheblichen Siedlungsverdichtung und auf der verkarsteten Haarabdachung zu einer umfangreichen, mit der Neugründung von Orten verbundenen Rodungstätigkeit, so daß um die Jahrtausendwende das Siedlungsnetz des Geseker Hellweggebietes nahezu vollständig ausgeprägt ist.

Auffällig ist, daß die Masse der -*inghusen* Orte erst im 9./10. Jahrhundert entsteht. Sie gehören überwiegend nicht einer Schicht von Orten an, die im Zuge der engrischen „Expansion" des späten 7./8. Jahrhunderts entstanden ist. Für die -*husen* Orte mit genitivischem Personennamen und -*husen* Orte, die u. a. in einer eng umreißbaren Zone auf der Haarhöhe auftreten, ist eine vorkarolingisch-sächsische Entstehung ebensowenig wahrscheinlich. Gleichzeitig mit diesen massiven Siedlungsneugründungen findet in den bereits seit vorkarolingischer Zeit bestehenden Orten eine räumliche Siedlungserweiterung statt, die archäologisch nachvollziehbar ist. Die Neugründungen des 9./10. Jahrhunderts stoßen in der Niederbörde in Bereiche vor, in denen aufgrund stärker durchfeuchteter Lößlehmböden pedologisch deutlich schlechtere Bedingungen angetroffen wurden als am Hellweg-Dauerquellhorizont. Die auf der Haarabdachung neu angelegten Agrarsiedlungen sind durch ihre relative Wasserferne überwiegend als Siedlungsstandorte zweiter Wahl einzustufen. Der Kleinweiler Elsinchusen, dessen Wasserversorgung von einem grundwasserstauenden, glazialen Moränenrest abhängig war, entstand im 9.(?)/ 10. Jahrhundert nahe eines kleinräumigen Areals weitgehend steinfreier Braunerden. Dieses primäre Ackerland der Siedlung weist noch zur Zeit der Urkatasteraufnahme eine langstreifige Parzellierung auf. Als geschlossenes Rodungsgebiet des 10. Jahrhunderts tritt der durch seine Wasserferne charakterisierte untere Abschnitt der Haarabdachung südlich von Erwitte entgegen.

111

Kennzeichnend für diesen Landschaftsbereich ist die starke lehnsherrschaftliche Position der Grafen von Arnsberg. Aus den spätmittelalterlichen Verhältnissen ist auf eine maßgebliche Beteiligung der Grafen von Arnsberg bzw. ihrer Vorläufer, der Grafen von Werl, bei der Besiedlung dieses Raumes zu schließen. Eine auffällige Erscheinung in diesem Bereich ist die Wüstung Ardey, bei der die lineare, über eine Länge von 800 m zu verfolgende Aufreihung von Hofstellen eine geplante Siedlungsanlage erkennen läßt (Abb. 38, S. 113). Die ursprünglich regelhafte Flureinteilung von Ardey ist noch im Urkataster an N-S-gerichteten Ackerparzellen erkennbar, die annähernd rechtwinklig zu der W-O-gerichteten Siedlungsachse stehen.

Die Besiedlung der Warburger Börde und ihrer Randlandschaften verläuft in ihren Grundzügen ähnlich wie im Hellwegraum. Allerdings ist die merowingerzeitliche Besiedlungsphase weniger gut durch Siedlungsfunde als durch Grabfunde belegbar. Zudem scheint es im Verlauf der sächsischen Expansion zu einem Nebeneinander engrischer und hessischer Bevölkerungsgruppen gekommen zu sein. In den höher gelegenen Randlandschaften der Börde setzt die Besiedlung, bisherigen archäologischen Funden zufolge, erst in karolingisch-ottonischer Zeit ein.

Im östlichen Hochsauerland ist durch archäologische Funde ein zögerndes Einsetzen der Besiedlung in karolingisch-ottonischer Zeit erkennbar. Von dem ehemaligen Kirchort Neghere liegen Grabungsfunde vor, die auf einen Siedlungsbeginn vor 1000 schließen lassen. Für einen vielfach postulierten frühmittelalterlichen Siedlungsbeginn der zahlreichen -inghusen Orte dieses Raumes liegen bei derzeitigem Forschungsstand kaum archäologische Nachweise vor. Vielmehr scheint es sich um Siedlungen zu handeln, die, Oberflächenfunden zufolge, zumeist erst seit dem 11. Jahrhundert entstanden sind. Unter dem Druck der sich gegen Ende des Hochmittelalters einstellenden Landnot erschloß man sogar marginale Siedlungsstandorte auf den Hochflächen des Sauerlandes. So entstand um 1200 in einer letzten Phase des inneren Landesausbaus im Bereich einer 760 m ü.NN gelegenen Quellmulde unterhalb der Hochfläche des Neuenhagen der gleichnamige Weiler.

Der folgenden Darstellung liegt der Versuch zugrunde, das Strukturgefüge der spätmittelalterlichen Kulturlandschaft zu skizzieren. Da das Geseker Hellweggebiet besser erforscht ist als die Warburger Börde und das Astengebiet, werde ich mich weitgehend auf das erstgenannte Gebiet beschränken: Zwischen den mittelalterlichen Orten des Geseker Hellwegraumes bestehen ausgeprägte Größenunterschiede. Es überwiegen Kleinstsiedlungen mit weniger als fünf Höfen. „Dörfer" im mittelalterlichen Sinne konzentrieren sich am Hellweg. Weiterhin sind sowohl für die Haarabdachung als auch für die Niederbörde in geringer Anzahl Einzelhöfe nachgewiesen. Bei der räumlichen Verbreitung der Ortsgrößen fällt auf, daß auf der Haarabdachung kleinere Siedlungen tendenziell häufiger auftreten. Im agraren Wirtschaftssystem dominieren im 13./14. Jahrhundert mittelgroße bäuerliche Besitzeinheiten im Umfang von ca. 30 Morgen Ackerland; diese Höfe verfügen in der Regel über einen als *echtwort* bezeichneten ideellen Nutzungsanteil in der gemeinen Mark. Die Restwälder sind durch Brennholzentnahme sowie Vieheintrieb devastiert. Der desolate Zustand der Wälder wird in einer Quelle aus der ersten Hälfte des 14. Jahrhunderts unter anderem auf widerrechtliches Abholzen zurückgeführt. Für eine intensive Viehhaltung läßt sich das Einkünfteverzeichnis des Cyriakusstiftes in Geseke als Quelle heranziehen. Ihm ist die Haltung von Mastschweinen und -schafen zu entnehmen. Das Villikationssystem älterer Form ist im Geseker Hellwegraum des 14. Jahrhunderts bis auf geringe Relikte verschwunden. Die ursprünglich in Fronhofsverbänden zusammengefaßten bäuerlichen Betriebe haben sich verselbständigt und sind in das System einer Rentengrundherrschaft eingebunden. Die Abgaben werden überwiegend in Naturalien und in geringem Umfang als Geldzinsen entrichtet. In den Stadtfeldmarken werden im

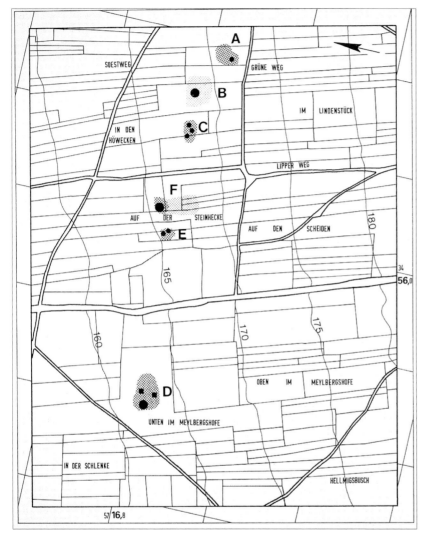

Abb. 38: Wüstung Ardey (Gem. Erwitter-Berge, Kr. Soest). Im Anschluß an die archäologisch nachgewiesene Reihensiedlung treten zur Zeit der Urkatasteraufnahme N-S gerichtete Parzellen auf.

Spätmittelalter grundherrschaftliche Höfe nicht mehr unbefristet vergeben, sondern unter Festlegung der Kondition für die Dauer von 8 bis maximal 24 Jahren als *waregod* verpachtet. Die Ackerflächen sind im Spätmittelalter in starkem Umfang parzelliert (Abb. 39, S. 114). Soweit von den Abgaben an die Grundherrschaft Rückschlüsse auf Anbauverhältnisse möglich sind, überwog der Anbau von Winter- und Sommergerste, gefolgt von Roggen an zweiter und Hafer an dritter Stelle. Oftmals erfolgt die Rentenabgabe als *triplicis annone*. Winter- und Sommergetreide stehen bei

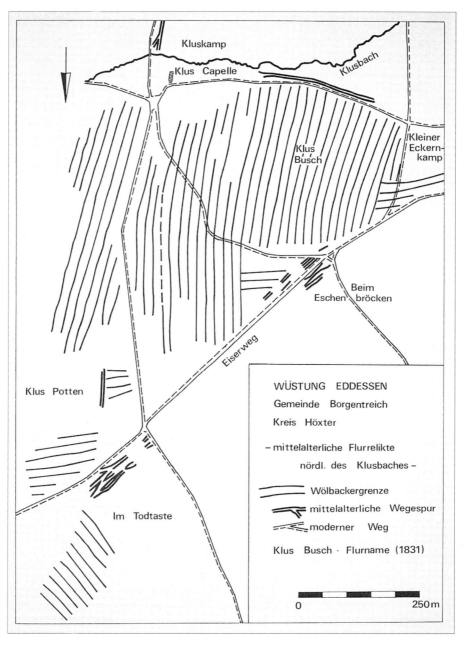

Abb. 39: Mittelalterliche Wölbäckerfluren bei der Wüstung Eddessen (Borgentreich-Borgholz / Bühne, Kr. Höxter).

den Abgaben in einem Verhältnis von annähernd 1 : 1 zueinander, was als Indiz für das Bestehen einer Dreifelderwirtschaft aufzufassen wäre, für die jedoch direkte schriftliche Belege weitgehend fehlen. Überliefert ist, daß bei dem Rotationssystem zwischen den Getreidefruchtfolgen eine Brachzeit (*brack, vacacione*) eingefügt war. Interessant ist in diesem Zusammenhang eine urkundliche Quelle (StaBüren, Urk. 371) zur Wüstung Diderikeshusen aus dem Pestjahr 1349: Das Ackerland eines Hofes ist hier zu annähernd gleichen Flächenanteilen von je 9 bis 9,5 Morgen auf fünf Gewannfluren aufgeteilt. Somit ist für das auf der Haarabdachung gelegene, ehemalige Dorf Diderikeshusen im Spätmittelalter eine geregelte Mehrfelderwirtschaft wahrscheinlich.

Es ist der spätmittelalterliche Wüstungsprozeß, der im 13./14. Jahrhundert zu einer entscheidenden Umgestaltung der Kulturlandschaft führt und dessen Auswirkungen bis heute erkennbar geblieben sind. Das Ausmaß, in dem der Wüstungsvorgang den Kulturraum verändert und damit die Grundlagen für die neuzeitliche Siedlungsentwicklung schafft, ist regional verschieden. Im Astengebiet fallen im Umkreis der Städte Winterberg, Hallenberg und Medebach nahezu alle ländlichen Orte, oft mitsamt zugehöriger Flur, wüst. Auch in den resistenten ländlichen Orten finden Wüstungsprozesse statt, die mit einer erheblichen Zurücknahme des Kulturlandes verbunden sind. Der frühneuzeitliche Landschaftszustand des Hochsauerlandes ist in einer Karte aus dem Jahre 1572 dokumentiert (Staatsarch.Münster, Kartensammlg. A 566). Erst im Verlauf des 16. und 17. Jahrhunderts werden einige der Totalwüstungen erneut aufgesiedelt. Im Kernbereich der dichtbesiedelten Warburger Börde werden im Spätmittelalter zahlreiche Dörfer und Weiler aufgegeben, deren Ackerflächen in der Regel unter Extensivierungserscheinungen von Bewohnern der resistenten Orte weiterbewirtschaftet werden. So bleiben, abgesehen vom Verschwinden zahlreicher Siedlungen, die kulturlandschaftlichen Auswirkungen des Wüstungsprozesses gering. Anders in den höhergelegenen Randbereichen der Börde: Die im 14. Jahrhundert entstandenen Totalwüstungen verwaldeten und wurden in der Neuzeit extensiv als Waldhuden und später als Forsten genutzt. Im Geseker Hellwegraum setzte der Wüstungsprozeß bereits im 13. Jahrhundert ein. Er ist als unmittelbare Reaktion auf die ständig wiederkehrende Bedrohung oder Zerstörung der Basis bäuerlichen Wirtschaftens aufzufassen, resultiert aus einem gesteigerten Schutzbedürfnis und vollzieht sich unter dem Druck unsicherer Rechtszustände, u. a. den im 13. Jahrhundert eskalierenden territorialen Gegensätzen zwischen dem Erzbistum Köln und dem Bistum Paderborn. Auch für das 14. Jahrhundert sind mehrere Fehden lokaler Grundherren tradiert. So ist es nicht erstaunlich, daß eine Quelle von 1323 Raub, Brandstiftung und Abweiden der Getreideflächen als eine der Ursachen für agrare Krisenzustände und Wüstungserscheinungen im ländlichen Bereich anführt (J.S. Seibertz, Urkundenbuch zur Landes- und Rechtsgesch. des Herzogtums Westfalen 1 – 3 [1839 – 1854] 2 Nr. 602). Grabungsbefunde aus der Wüstung Elsinghusen dokumentieren deutlich, daß bereits im frühen 13. Jahrhundert Kleinsiedlungen nach erfolgter Zerstörung aufgelassen wurden. Die Hypothese eines seitens des Stadtherrn erzwungenen, spätestens um die Mitte des 13. Jahrhunderts abgeschlossenen Prozesses der Siedlungskonzentration ließ sich für die Stadtumfelder von Salzkotten und Geseke nicht bestätigen: Der Wüstungsprozeß setzt im 13. Jahrhundert ein und erstreckt sich bis in das 14. Jahrhundert.

Abschließend stellt sich die Frage, in welcher Form und in welchem Ausmaß sich mittelalterliche Relikte in den verschiedenen Landschaftsräumen erhalten haben, darüber hinaus, ob es sich um dominante, d. h. das heutige Landschaftsbild prägende Merkmale handelt. In den Offenlandschaften der Geseker Niederbörde, der Haarabdachung und der Warburger Börde haben insbesondere die in der zweiten Hälfte des 19. Jahrhunderts durchgeführten Flurbereinigungsverfahren wesentliche Gestaltungselemente der historischen Kulturlandschaft beseitigt. In der Niederbörde entspricht die heutige Ausdehnung des Ackerlandes, die stark durch physisch-geographische Faktoren bedingt ist, dem Zustand, der in Karten seit dem späten 16. Jahrhundert dokumentiert ist. Als resistent gegenüber den Vorgängen der Wüstungsbildung haben sich in der Niederbörde zahlreiche Mühlenstandorte erwiesen. Sie überliefern oftmals die Lage ehemaliger mittelalterlicher Orte. Der Hellweg, im Mittelalter einer der bedeutendsten Fernhandelswege Westfalens, wurde in der ersten Hälfte des 19. Jahrhunderts durch eine geradlinig verlaufende Chaussee, die heutige Bundesstraße 1, ersetzt. Sein ehemaliger Verlauf ist mehrfach an Parzellengrenzen und Buschreihen erkennbar. Die heute auf der Haarabdachung anzutreffenden Restwälder stimmen in ihrer Ausdehnung – gelegentlich sogar parzellenscharf – mit Hudewäldern überein, die noch zu Beginn des 19. Jahrhunderts das Bild dieses Raumes prägten. Sie gehen in ihrem Kern auf Markenwaldungen zurück, die mehrfach für das Spätmittelalter tradiert sind. Die aufgrund der historischen Grenzsituation des Raumes einstmals zahlreichen Landwehren haben sich nur in Resten als obertägiges Bodendenkmal erhalten. Ihr ehemaliger Verlauf dokumentiert sich häufig in modernen Wirtschaftswegen.

Die Warburger Börde erfuhr durch Flurbereinigungsverfahren des 19. Jahrhunderts eine ähnlich tiefgreifende Umgestaltung wie der Hellwegraum. Daß sich zur Zeit der Urkatasteraufnahme in der ersten Hälfte des vorigen Jahrhunderts Parzellenstrukturen des Mittelalters erhalten hatten, verdeutlichen die sich an die Ortsstelle der Wüstung Holtrup anschließenden Langstreifenfluren mit leicht S-förmig geschwungenen Ackerbeeten. In Form des Kirchenstumpfes der St. Marien- und Martinkapelle der Wüstung Emmerke und der Überreste eines Donjons in der Wüstung Aslan haben sich bauliche Relikte erhalten, die als weithin sichtbare Landmarken das Landschaftsbild prägen (Abb. 40, Farbtafeln S. 83). Anders als der Kernbereich der Börde, ist deren Randbereich als ausgesprochenes Reliktgebiet zu bezeichnen, in dem sich in Wäldern mittelalterliche Wölbäckerfluren über mehrere Quadratkilometer erhalten haben. Sie lassen sich u. a. dem im 10. Jahrhundert gegründeten Ort Eddessen, der im Verlauf des 14. Jahrhunderts wüstgefallen ist, zuordnen. Bei der am Osthang des Eggegebirges lokalisierten Wüstung Rozedehusen haben sich Gebäuderelikte, Wegespuren, Reste eines Teichdammes und, auf einem langgestreckten Wohnpodium, Fundamentreste eines rechteckigen Gebäudes erhalten (Abb. 41, Farbtafeln S. 83). Die Mehrzahl der Relikte von Rozedehusen dürfte der Zeit entstammen, in der Laienbrüder des nahegelegenen Zisterzienserklosters Hardehausen in dem Dorf nach dem Legen der Bauern eine *grangia* errichteten. In ähnlicher Weise stellt sich das östliche Hochsauerland als ausgesprochenes Reliktgebiet dar, in dem neben mehreren Terrassenackersystemen des Mittelalters zahlreiche Siedlungsrelikte anzutreffen sind. Anzuführen ist die Kapellenruine in der Wüstung Wernsdorf, die umwehrte Kirchenstelle von Neghere und die unmittelbar unterhalb der Hochfläche des heutigen Naturschutzgebietes „Hochheide Neuenhagen" lokalisierte gleichnamige Ortswüstung. Im ehemaligen Ortsbereich, der offensichtlich eine weilerartig lockere Bebauung aufwies, treten kleine, umwallte Anlagen auf, die möglicherweise als Viehpferche zu interpretieren sind.

Es ist festzuhalten, daß sich in den Offenlandschaften Westfalens in geringem Umfang landschaftsprägende Elemente des Mittelalters erhalten haben. Bei der Mehrzahl der Relikte handelt es sich um unscheinbare Formen, die sich erst nach einer intensiven Beschäftigung als historisch nicht bedeutungsloses Objekt zu erkennen geben. In den bewaldeten Mittelgebirgsregionen haben sich weitaus häufiger prägnante Überreste der mittelalterlichen Kulturlandschaft erhalten. Sie sind überwiegend nicht als optisch dominante Bestandteile des Landschaftsbildes anzusehen.

Angewandte historisch-geographische Untersuchungen in den Niederlanden

JOHANNES RENES

EINLEITUNG

In den sechziger und siebziger Jahren entstand in den Niederlanden das Bewußtsein, daß die historischen Kulturlandschaften bedroht waren, vor allem aufgrund einer schnellen Verstädterung und der Entwicklungen in der Landwirtschaft. Dadurch wandte die Raumplanung den historischen Werten größere Aufmerksamkeit zu. Die Suche nach den erforderlichen Daten führte zur Entwicklung einer neuen Forschungsdisziplin, der Angewandten Historischen Geographie. Dieser Zweig der Historischen Geographie hat sich inzwischen in den Niederlanden eine bedeutende Stellung erobert.

Zunächst sollen die verschiedenen Aspekte einer angewandten historisch-geographischen Untersuchung an Hand meiner Untersuchungen im Regionalplangebiet Nord- und Mittel-Limburg erörtert werden. Aus einer schematischen Darstellung (Abb. 42, S. 118) geht hervor, wie die Ergebnisse dieser Untersuchung verwertet wurden und welche Konsequenzen dies für den Abschlußbericht und die Karten hatte.

Die Untersuchungen in Nord- und Mittel-Limburg wurden von der Provinz in Auftrag gegeben, die zur Zeit für dieses Gebiet einen neuen Regionalplan vorbereitet. Solche Regionalpläne (*streekplannen*) sind einerseits Ausarbeitungen der nationalen Raumordnungspolitik, müssen aber andererseits wieder in gemeindlichen Plänen und Flurbereinigungsplänen konkretisiert werden. Die Regionalpläne stellen also die Hauptlinien und Grenzen für diese Lokal- und Flurbereinigungspläne fest.

Da die primäre Aufgabe der Provinz die Kontrolle von Flurbereinigungsplänen und kommunalen Flächennutzungsplänen ist, braucht eine Untersuchung für die Provinz weniger detailliert zu sein. In der Praxis erweist sich dennoch eine relativ große Detaillierung als erforderlich, weil insbesondere die Gemeinden oft nicht über historisch-geographische Daten verfügen.

Ein besonderer Aspekt der angewandten Untersuchungen ist der große Zeitdruck. Insbesondere bei Kartierungen von großen Gebieten ist eine flächendeckende Gelände- oder Archivarbeit nicht möglich. Die wichtigsten Quellen sind alte und neue topographische Karten, Karten der naturräumlichen Gliederung (Geomorphologie, Boden und Hydrologie) und Sekundärliteratur.

Eine neue Entwicklung in der Angewandten Historischen Geographie ist mit der Nutzung der elektronischen Datenverarbeitung eingetreten. Immer mehr Planer ersuchen um Anlieferung der Daten als Geographisches Informationssystem (Vervloet 1991). Die Untersuchung in Nord- und Mittel-Limburg ist die erste, bei der die Daten digitalisiert wurden.

I. DAS GEBIET

Das Untersuchungsgebiet (Abb. 43, S. 119) umfaßt mit 165.000 ha zwei Drittel der Provinz Limburg. Es ist größtenteils ein Sandgebiet. Die Nordgrenze des Plangebietes wird von der Linie gebildet, auf der die Maas von einem einschneidenden in einen sedimentierenden Fluß übergeht. Die Südgrenze fällt fast genau mit der Grenze zwischen dem Sandgebiet und dem südlimburgischen Lößgebiet zusammen. Die Nord- und Südgrenze verlaufen also in kulturlandschaftlicher Hinsicht günstig. Fast alle anderen Grenzen verlaufen durch junge Kulturlandschaften, durch Gebiete, die noch im 19. Jahrhundert Heide- oder Moorgebiete waren.

Abb. 42: Schematische Darstellung der Nutzungsmöglichkeiten historisch-geographischer Untersuchungen innerhalb der Regionalplanung.

Berichtsteile	Benutzung			
	Einteilung der Gebiete in Planungszonen	Anweisen einzelner Elemente (für Schutz)	Entwurf (Landschaftsarchitektur)	Beurteilung der Auswirkungen für zukünftige Entwicklungen
Reliktkarte		X	X	X
Typologiekarte	(X)		X	(X)
Text		(X)	X	
Bewertung der Elemente (Tb.)		X		X
Bewertung der Gebiete	X			
Verletzbarkeit (Tabelle)			(X)	X

Die Achse bildet ein breiter Streifen Kulturland an beiden Seiten der Maas. Das Maastal ist ein sehr interessantes Gebiet mit einer langen Siedlungsgeschichte. Es gibt insbesondere toponymische Argumente für die Siedlungskontinuität von der Römerzeit bis heute. Diese Kulturlandzone wird an beiden Seiten von einem Flugsandgebiet und von ehemaligen Hochmooren und Heidegebieten begrenzt. Westlich der Maas gab es weiterhin einige mittelalterliche Siedlungen mit Kulturland, insbesondere dort, wo ein Bachlauf eine gute Entwässerung ermöglichte (Abb. 44, S. 121). Westlich dieser Zone lag noch im 19. Jahrhundert das große Hochmoorgebiet der Peel. Seit dem Ende des 19. Jahrhunderts wird das Moor systematisch abgetragen. Die Heide wurde teilweise im 19. Jahrhundert bewaldet. Erst im 20. Jahrhundert wurden die Gebiete urbar gemacht.

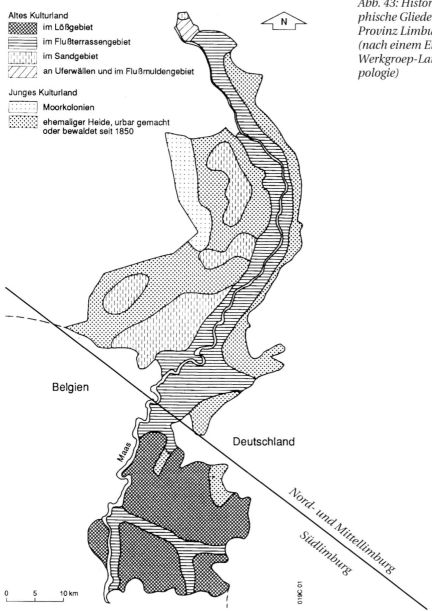

Abb. 43: Historisch-Geographische Gliederung der Provinz Limburg (nach einem Entwurf der Werkgroep-Landschapstypologie)

II. ANWENDUNG DER HISTORISCH-GEOGRAPHISCHEN INFORMATION BEI DER PLANUNG

Die historisch-geographische Information dient der Einteilung in Gebiete (im Regionalplan), dem Schutz der einzelnen Elemente in der Lokalplanung und dem Landschaftsentwurf, insbesondere bei Flurbereinigungsverfahren und Umweltverträglichkeitsprüfungen. Dafür sind jeweils andere Daten erforderlich.

III. EINTEILUNG DER GEBIETE IN PLANUNGSZONEN

Das erste Ziel eines Regionalplans ist die Einteilung in Gebiete mit verschiedenen Funktionen. Der Regionalplan wird von der Provinz erstellt und zeigt z.B. Gebiete für die Verstädterung, Gebiete, die primär der Agrarwirtschaft dienen, Gebiete, in denen die Natur neue Chancen bekommen wird und Mischgebiete, in denen die agrarwirtschaftlichen Möglichkeiten zugunsten der Enthaltung von Natur- und Kulturlandschaftsrelikten eingeschränkt werden. Deshalb benötigt man eine Bewertung der Gebiete. Die historischen Hintergründe und die Kennzeichen der Gebiete spielen eine untergeordnete Rolle. Auf diesem Planungsniveau geht es nur selten um einzelne Relikte.

IV. SCHUTZ EINZELNER RELIKTE (HISTORISCHE ELEMENTE)

Hierfür benötigt man eine Inventarisierung und eine Bewertung der einzelnen historischen Elemente. Die historischen Hintergründe werden meistens erst dann wichtig, wenn bereits beschlossen wurde, daß das Element erhalten bleibt. Diese Entscheidung muß, z.B. gegenüber dem Grundbesitzer, mit Argumenten unterlegt werden. Auch benötigt man die Daten zur Feststellung der zukünftigen Nutzungsformen.

Die einzelnen Relikte werden selten in die Regionalpläne aufgenommen, sondern erst bei der weiteren Ausarbeitung, in den Lokal- und Flurbereinigungsplänen berücksichtigt. Trotzdem ist es wichtig, daß die Provinz diese Elemente inventarisieren läßt, da die meisten lokalen Behörden nicht über diese Daten verfügen. Nur der Landeinrichtungsdienst – es handelt sich hierbei um den Staatsdienst, der die Flurbereinigungen vorbereitet und durchführt – läßt detaillierte historisch-geographische Inventarisierungen ausführen. In den letzten Jahren wurde in ungefähr der Hälfte aller neu vorgenommenen Flurbereinigungsverfahren eine historisch-geographische Inventarisierung durchgeführt. Auch wenn die Lokalplanungsbehörden über detaillierte Daten verfügen, sind die von der Provinz vorgenommenen Inventarisierungen für die Zukunft wichtig. Nur Daten über größere Gebiete können einen Einblick in die Seltenheit und Eigenart der Elemente gewähren.

V. ENTWURF (LANDSCHAFTSARCHITEKTUR)

Die Landschaftsarchitektur ist ein fester Bestandteil eines Flurbereinigungsprozesses. Der Landschaftsarchitekt benötigt erstens Einsicht in die Kennzeichen der Landschaft, zweitens eine Inventarisierung der Elemente und ihrer Verletzbarkeit und drittens historische Informationen. Es hängt stark von der Kenntnis und dem Interesse eines Landschaftsarchitekten ab, wie die historisch-geographischen Informationen verwendet werden.

VI. BEURTEILUNG DER AUSWIRKUNGEN FÜR ZUKÜNFTIGE ENTWICKLUNGEN

In den letzten Jahren wird immer mehr Information über die Auswirkungen beabsichtigter Eingriffe, unter anderen im Rahmen der Umweltverträglichkeitsprüfung, verlangt. Wenn es z.B. zwei Möglichkeiten für den Bau einer neuen Autobahn gibt, erhebt sich die Frage, welche Trasse der historischen Landschaft den geringsten Schaden zufügt. Hierfür benötigt man eine Inventarisierung und eine Bewertung der verschiedenen Relikte und

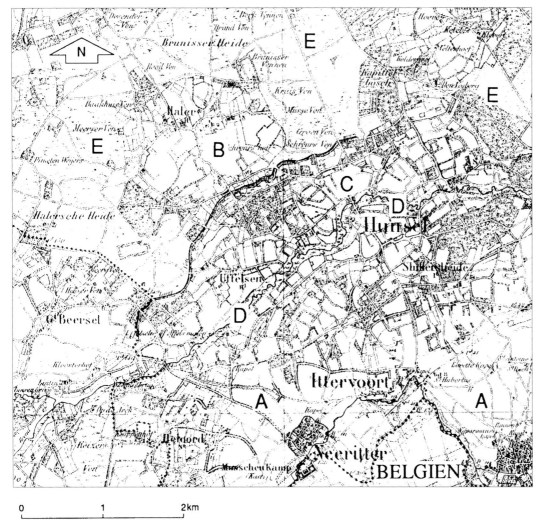

Abb. 44: Die Kulturlandschaft in Nord- und Mittellimburg kennt eine große Variation. Diese Abbildung zeigt beispielsweise einen Teil des Gebietes auf einer alten topographischen Karte (der „Topograpische en Militaire Kaart van het Koningrijk der Nederlanden"; 1850). Die wichtigsten Typen sind:
A) „Esch" mit Haufendorf
B) „Esch" mit Ringdrubbel; der Esch ist entwickelt aus dem ursprünglichen „Kampen"
C) „Kampen" mit Streusiedlung
D) Weide (Grasland)
E) Heide und Wald (Allmende).

Diese Unterschiede müssen in der Typologie zum Ausdruck kommen.

gewinnt damit Kenntnis über Eingriffsmöglichkeiten („Verletzbarkeit"). Auch sollte ein Einblick in die Landschaftsstruktur vielleicht eine Rolle spielen. Dies ist jedoch in der Praxis kaum der Fall.

VII. BESTANDTEILE DES BERICHTS

Die einzelnen Bestandteile der Untersuchung, wie sie in Abb. 42, S. 118 wiedergegeben werden, gehören mit Ausnahme des Aspekts der Verletzbarkeit, zu der Methode, die Anfang der achtziger Jahre am Staring Zentrum in Wageningen entwickelt wurde. Das zentrale Element ist die Reliktkarte, die eine Übersicht über die historischen Landschaftselemente bietet. Die zweite Karte, die Typologiekarte, gibt die Struktur der Kulturlandschaft wieder und informiert abhängig vom Gebiet über die Flurtypen, die Entwicklungsgeschichte oder die naturräumliche Landschaftsstruktur. Diese Karte zeigt den ehemaligen landschaftlichen Kontext der heutigen Relikte. Der Text beschreibt die historische Entwicklung der Landschaft und die einzelnen Elemente. Die Bewertung und Verletzbarkeit werden meistens in Tabellen wiedergegeben.

VIII. KARTE MIT HISTORISCHEN ELEMENTEN

Die Reliktkarte ist der zentrale Teil einer historisch-geographischen Inventarisierung (Abb. 45, S. 123). Ein Problem der meisten Reliktkarten ist, daß sie zu viel Information bieten. Oft gibt die Karte eine fast unüberschaubare Menge von Einzelelementen wieder, die einen Planer mehr verwirren als informieren. Die einzelnen Relikte müssen geordnet werden, etwa nach Alter oder nach Funktion. Meistens entscheidet man sich für die letztere Möglichkeit, weil sie einen besseren Einblick in den Zusammenhang der verschiedenen Elemente gibt. Auch in der limburgischen Untersuchung wurden die Relikte nach ihrer Funktion geordnet: Relikte der Agrarwirtschaft, Relikte der Industrie und des Bergbaus, Relikte des Verkehrs usw.

Aber auch dann geht es immer noch um Einzelelemente. Dies ist jedoch problematisch, weil viele Elemente ohne die Einbeziehung der anderen Elemente nicht zu verstehen sind. Der Wassergraben einer Mühle verliert an Wert, wenn die Mühle abgerissen wird. Ein Landsitz und der dazugehörige Landschaftsgarten sind miteinander eng verbunden. Ebenso kann man die Straßen einer Plansiedlung nicht als Einzelobjekte, sondern nur in ihrem Siedlungszusammenhang behandeln. Es ist leider bis heute noch nicht optimal gelungen, diese Zusammenhänge in der Kulturlandschaft auch kartographisch entsprechend darzustellen.

Vor kurzem hat der Historisch-Geographische Verein Utrecht eine Karte herausgegeben, die zum ersten Mal diesen Zusammenhängen eine zentrale Stelle einräumt (Harten u.a. 1992). Es handelt sich um ein Gebiet östlich der Stadt Utrecht, insofern ein besonderes Gebiet, da verschiedene Entwicklungen übereinander liegen, die alle noch erkennbar sind. Die Legende dieser Karte unterscheidet Relikte der (mittelalterlichen) Agrarlandschaft, der Landsitze und der Gartenlandschaften (17. bis 19. Jahrhundert), der Militärlandschaft (die Verteidigungsbauten aus dem 17. bis 20. Jahrhundert) und einige Elemente, die nicht in einer der genannten Strukturen untergebracht werden konnten. Die meisten Gebiete sind jedoch nicht so deutlich strukturiert. Die Elemente verschiedener Herkunft liegen nicht geordnet neben- einander und der Zusammenhang zwischen den Elementen einer Kategorie ist weniger deutlich erkennbar. Doch ist diese Kartierung vielleicht für die Zukunft richtungsweisend.

Ein anderer Aspekt ist, daß die Reliktkarte die Basis für die Bewertung bildet. Wenn möglich, müssen deshalb Elemente desselben Typs genauer unterschieden werden, z.B. nach Alter, Unbeschädigtheit oder dem Zusammenhang mit anderen Elementen. Somit kann man bei der Bewertung zunächst vermeiden, daß zu viele Elemente derselben Gruppe zugeordnet werden. Inventarisiert man Straßenanlagen, die größte Gruppe der Relikte, ohne genauere Unterscheidung, so wird jede die Bewertung „wertvoll" erhalten. Soll jedoch im Zuge einer Flurbereinigung die Hälfte der Straßen beseitigt werden, muß man nach Gründen suchen, die eine richtige Entscheidung ermöglichen. In

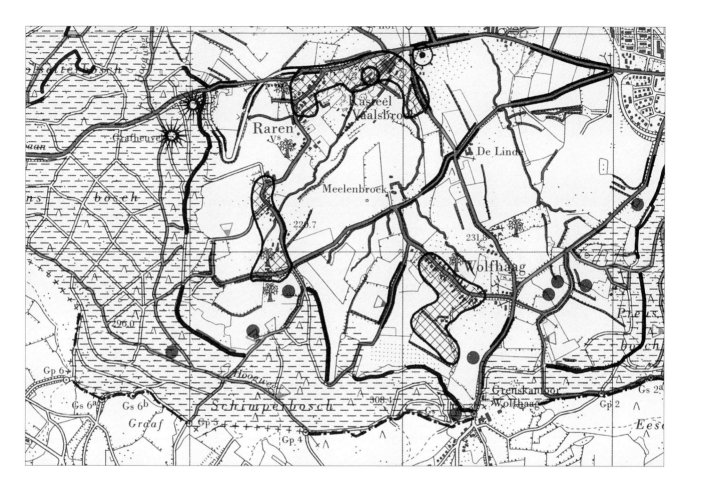

*Abb. 45: Reliktkarte für Südlimburg.
Eine derartige Karte wird jetzt auch für
Nord- und Mittellimburg vorbereitet.*

Nord- und Mittel-Limburg werden die Wege deshalb nach Alter, Funktion und landschaftlicher Lage gegliedert.

IX. KARTE MIT LANDSCHAFTSKENNZEICHEN (TYPOLOGIE)

Die zweite Karte muß die wichtigsten Kennzeichen der Kulturlandschaft wiedergeben. Welche Kennzeichen das sind, hängt jeweils vom Gebiet ab. Im westniederländischen Niedermoorgebiet sind z.B. die Kolonisationseinheiten und Flureinheiten (Parzellenverbände) von großer Bedeutung. In Nord- und Mittel-Limburg wird von den Bodennutzungsflächen aus dem 19. Jahrhundert ausgegangen. Sie bilden zusammen mit den bodenkundlichen und geomorphologischen Unterschieden eine deutliche Struktur. Die Abb. 45 zeigt die wichtigsten Unterschiede bei den Siedlungsformen, Flurformen und Hecken. Einen Einblick in die Entwicklungen, die im Laufe der Zeit stattfanden, erhält man aufgrund des Unterschiedes zwischen alten Kulturlandschaftsteilen, die schon vor 1800 urbar gemacht wurden, und den jüngeren Kulturlandschaftsteilen (19./20. Jahrhundert). Eine weitergehende Einteilung in drei Perioden (mittelalterlich, neuzeitlich und modern) ist für kleine, detailliert untersuchte Gebiete möglich, ist aber nicht für ein ganzes Gebiet zu realisieren.

Die Provinz hat inzwischen mit der Digitalisierung dieser Ergebnisse begonnen und hofft, diese historisch-geographischen Daten mit Hilfe der EDV mit bodenkundlichen, geomorphologischen und ökologischen Daten verbinden zu können.

X. HISTORISCHE BESCHREIBUNG (TEXT)

Die Gliederung des Textes ist in der Historischen Geographie immer wieder ein Problem, da die Informationen sowohl historischer als auch geographischer Art sind. Eine geographische Gliederung bringt die Gefahr mit sich, daß die Kulturlandschaft „unhistorisch" wird. Eine rein historische Übersicht über die Genese hingegen macht jedoch zu wenig deutlich, wie die Relikte in ihren landschaftlichen Kontext passen. In Nord- und Mittellimburg versuche ich deshalb, den Text in zwei Teile zu gliedern: in eine geographische Übersicht und in die historische Entwicklung. Der geographische Teil schließt bei der Typologiekarte an, während die Reliktekarte einer historischen Übersicht viel näher steht.

Ein wissenschaftlich gegliederter Text ist noch nicht unbedingt ein Text, den auch ein Planer versteht. In der Angewandten Historischen Geographie schreibt man nicht für Fachleute, sondern für Leute, die oft wenig von der Landschaft wissen, so durch einen einfachen und deutlichen Stil und eine Zusammenfassung, einen Index und ein Glossar. Die Präsentation ist ein wichtiger Aspekt in der Angewandten Historischen Geographie. Dabei muß man noch berücksichtigen, daß jede Zielgruppe (Benutzer) eigene Interessen hat. So möchten Naturschützer in zunehmendem Maße über alte Nutzungsformen informiert werden. Will man ein halbnatürliches Ökosystem erhalten, so genügt es nicht, das Gebiet mit Stacheldraht zu umgeben. Vielmehr muß man die alte Nutzungsform fortsetzen. Für die Denkmalpflege sind die historischen Hintergründe einzelner Elemente wichtig. Landschaftsarchitekten wünschen Informationen über die kennzeichnende Landschaftsstruktur, aber auch über Prozesse. Für diese Gruppe ist eine stark visualisierte Präsentation zu empfehlen.

XI. BEWERTUNG DER ELEMENTE

Die Bewertungen werden meistens in Tabellenform durchgeführt. Für jedes Relikt werden einige oder alle der folgenden Aspekte erfaßt: Alter, Unbeschädigtheit, Seltenheit, Aussagekraft und Zusammenhang mit der naturräumlichen Gliederung und mit anderen Elementen (Abb. 46, S. 125). Die Bewertungsmethode ist einfach. Eine Bewertung muß m. E. einfach und nachvollziehbar sein. Man kann diese Tabelle differenzieren und mit statistischen Methoden bearbeiten, trägt damit aber nicht zur Verdeutlichung bei, und die Subjektivität bleibt erhalten.

Ein theoretisches Problem ist, daß die einzelnen Kriterien nicht unabhängig voneinander sind. Als Beispiel können die Begriffe Aussagekraft und Seltenheit angeführt werden: Oft sind Elemente kennzeichnend, die im untersuchten Gebiet häufig auftreten, außerhalb dieses Gebietes jedoch selten sind.

XII. BEWERTUNG DER GEBIETE

Die Bewertung der Gebiete müßte aufgrund derselben Kriterien erfolgen wie die Bewertung der Elemente. In der Praxis jedoch wird meistens eine viel einfachere Methode angewendet. In Nord- und Mittel-Limburg wird diese Gebietsbewertung auf zwei Kategorien beschränkt: Gebiete, in denen die historische Entwicklung in der heutigen Landschaft noch gut erkennbar ist, und Gebiete, in denen dies nicht mehr der Fall ist.

In letzteren Gebieten ist ein großer Teil der alten Straßenstruktur und Flurformen durch Stadterweiterungen, Flurbereinigungen usw. verschwunden. Diese Kategorie ist übrigens in Nord- und Mittellimburg vorherrschend. In großen Teilen des Gebietes ist die historische Kulturlandschaft nahezu verschwunden, am meisten aufgrund der Agrarentwicklung. Flurbereinigungen haben hier, so scheint es, noch weniger als in anderen Teilen der Niederlande Landschaftswerte einbezogen. Die Landwirtschaft ist, insbesondere im nordwestlichen Teil des Gebietes, außerordentlich intensiv. Daher ist in diesem Gebiet der Gülleüberschuß ein großes Problem. Auch scheint es, daß die landwirtschaftlichen Organisationen und die lokalen Verwalter, in der Praxis dieselben Personen, in diesem Gebiet wohl ein sehr enges, auf die Landwirtschaft beschränktes Blickfeld haben.

Mit den wenigen Gebieten, die aus verschiedenen Gründen bis jetzt noch eine wertvolle Kulturlandschaft bieten, müssen wir vorsichtig umgehen. Hinzu kommt, daß Teile dieser Gebiete auch in anderer Hinsicht wichtig sind. Die Flußterrassenlandschaft kommt in anderen Gebieten der Niederlande nicht vor und selbst die relativ jungen Moorkolonien haben, im Vergleich mit den Moorkolonien im Nordosten des Landes, einen eigenen Charakter. Da diese wertvollen Gebiete jetzt auch flurbereinigt werden sollen, versucht die Provinz sich in den letzten Jahren größeren Einfluß zu verschaffen, um Natur und Landschaft

Kriterien	Beispiele	
	Römerstraße	Hollweg
Alter	X	?
Erkennbarkeit (Unbeschädigtheit)	X	X
Seltenheit im Untersuchungsgebiet	X	
Seltenheit in den Niederlanden	X	X
Aussagekraft		X
Zusammenhang mit naturräumlicher Gliederung		X
Zusammenhang mit anderen Relikten	X	

Abb. 46: Kriterien zur Bewertung von Kulturlandschaftsrelikten.

einen größeren Stellenwert zu geben. Übrigens ist auch die Flurbereinigung heute nicht mehr mit der Praxis der sechziger und siebziger Jahre vergleichbar.

XIII. VERLETZBARKEIT

Die Verletzbarkeit ist ein relativ neuer Aspekt in den Untersuchungen. Renes (1991b) veröffentlichte erstmals eine Probe in Form einer Tabelle, auf der einerseits die wichtigsten Eingriffe, wie sie häufig im ländlichen Raum stattfinden und andererseits der Einfluß dieser Eingriffe auf die unterschiedlichen Relikte und Landschaftstypen eingetragen sind.

XIV. SCHLUSSBEMERKUNGEN

So wichtig es auch ist, daß sich die Angewandte Historische Geographie in der Raumplanung einen Platz erobert hat, es bleiben noch viele Fragen und Probleme offen. So läßt z.B. das Verhältnis zur Planung noch zu wünschen übrig. Teilweise liegt das an den Planungsbehörden, die noch immer über wenig historisch-geographische Informationen verfügen. Teilweise liegt es auch an unseren Untersuchungen und Berichten, die mehr Elemente als Strukturen und mehr Strukturen als Prozesse enthalten und vielleicht noch nicht optimal präsentiert wurden.

Ein weiteres Problem ist, daß die historischen Geographen, ungeachtet ihrer Kenntnis der Kulturlandschaften, ebensowenig wie alle anderen wissen, wie diese Kulturlandschaften erhalten werden müssen. Die Erhaltung von Einzelelementen ist relativ einfach, aber wie soll man bei größeren Gebieten vorgehen?

Die Landwirte erhalten im Augenblick für die Erhaltung der Hecken und anderer Kulturlandschaftselemente vom Staat finanzielle Unterstützung, aber ist dies eine Perspektive auf lange Sicht? Es ist durchaus möglich, kleine, sehr wertvolle Gebiete unter Naturschutz zu stellen oder einer Naturschutzorganisation zu verkaufen, die Frage nach den Pflegemöglichkeiten bleibt jedoch unbeantwortet.

Die Kosten der Landschaftspflege werden heutzutage auch für Naturschutzorganisationen immer höher. Dies ist eine der Ursachen für eine wichtige Entwicklung im Naturschutz. Der Naturschutz, der von jeher ein Verbündeter der Kulturlandschaftserhaltung war, ist in den letzten Jahren immer weniger an der Erhaltung halbnatürlicher Ökosysteme interessiert und verlegt seine Aktivitäten auf die Schaffung neuer Naturgebiete, von denen erwartet wird, daß ihr Unterhalt weniger kostenintensiv sein wird.

Die Agrarwirtschaft ist sehr dynamisch. In einigen Gebieten wie z.B. Teilen der europäischen Mittelgebirge, zeigt sie eine rückläufige Tendenz. In den Niederlanden ist jedoch, von einigen Getreidegebieten im Norden des Landes abgesehen, von Extensivierung noch wenig zu bemerken. Der Druck auf die Kulturlandschaft bleibt daher groß. Agrarland ist beinahe noch nie so teuer gewesen wie heute. Es ist weiterhin in der heutigen Situation fast auszuschließen, daß eine Extensivierung der Landwirtschaft die Erhaltung der Kulturlandschaft in größeren Gebieten ermöglicht.

Diese Erhaltung sollte in den meisten Gebieten durch die Planung ermöglicht werden. Als Historische Geographen wissen wir, daß die Landschaft von jeher dynamisch gewesen ist. Es geht nicht um die Konservierung der Landschaft als Gesamtheit, sondern es kommt darauf an, die Kennzeichen und die typischen Strukturen der verschiedenen Kulturlandschaften zu erhalten. Das ist das Ziel der Kartierungs- und Bewertungsmethoden.

Deutlich ist jedoch, daß, sobald die Kartierung abgeschlossen ist, die Diskussion über die Zukunft und der Kampf um die Erhaltung der Kulturlandschaft erst beginnen.

Die Landschaft im Scheldetal stromaufwärts von Gent

GUNTER STOOPS und HANS KERRINCKX

Eine kulturhistorische Betrachtung

1989 ergriff die Provinzverwaltung Ostflandern die Initiative, die Landschaft des Scheldetals stromaufwärts von Gent sowohl ökologisch als auch kulturhistorisch neu zu bewerten. An erster Stelle war ein Inventar der Natur- und Kulturwerte vorgesehen. In einer späteren Phase sollten an Hand eines Entwicklungsplanes die Gebiete festgelegt werden, die im Rahmen des Natur- und Landschaftsschutzes eine besondere Bestimmung, Einrichtung und Pflege verdienen. Durch die Nähe der Stadt Gent ist eine Erholungsnutzung nicht auszuschließen.

Für die wissenschaftliche Begründung des kulturhistorischen Teils wurde das „Laboratorium voor Regionale Geografie en Landschapskunde" der Universität Gent (Dir. Prof. Dr. L. Daels) beauftragt. Dort wurde dieses Forschungsprojekt unter der Leitung von Dr. A. Verhoeve mit einer Dauer von einem Jahr am 15.2.1990 begonnen.

Gleichzeitig begann der biologisch-ökologische Teil des Projektes, er verlief jedoch völlig getrennt von der kulturhistorischen Untersuchung. Vorgesehen ist, die Ergebnisse der beiden Teiluntersuchungen vor der Planungsphase einander gegenüberzustellen. Das Ziel dieses Beitrags ist, das Inventar und die Kartierung der kulturhistorischen Aspekte der Landschaft zu erläutern.

Das Projektgebiet umfaßt das Scheldetal zwischen Gent und der Provinzgrenze mit Hennegau und Westflandern. Außer dieser alluvialen Fläche ist auch das pleistozäne Tal der Schelde in die Untersuchung aufgenommen worden. Die Grenze dieses Tals wird an der Ostseite durch einen Steilrand markiert, der bis zum Mündungsgebiet der Zwalm dem Rand des alluvialen Tals folgt.

Weiter südwärts befindet sich zwischen dem holozänen Alluvium und dem pleistozänen Talrand ein Auffüllungsgebiet mit einer Breite von 1 bis 2 km, das die Niederterrasse der Schelde bildet und unter fluvioperiglazialen Bedingungen gebildet wurde. An der Westseite geht das Alluvialtal der Schelde allmählich in ein Decksandgebiet von Nordflandern über. Dieser Übergang ist in der Landschaft ohne deutliche Grenze markiert. Erst in der Umgebung von Zingem verändert sich die Situation. Die oberste Schicht der Auffüllungsfläche des pleistozänen Tals besteht aus Löß (hauptsächlich sandigem Lehm), und ein Gebiet mit schwach wellendem Relief mit einer durchschnittlichen Höhe von 20 bis 25m trennt das alluviale Tal von dem westlich gelegenen Talrand.

I. ARBEITSWEISE

Für die Projektbearbeitung wurde das Forschungsteam interdisziplinär von einem Archäologen, einem Historiker und einem Geographen gebildet. Nach dem Literaturstudium, der Analyse des vorhandenen Kartenmaterials und der Betrachtung des aktuellen Zustandes anhand von Luftbildern und Geländebegehungen wurden die gesammelten Informationen kartiert. Hierbei wählte man einen Maßstab von 1:10.000, um einen Anschluß mit einer späteren Planungsphase im Zusammenhang mit der Einrichtung und der Pflege der Landschaft im Scheldetal zu erleichtern. In Anlehnung an die niederländischen Methoden auf dem Gebiet der kulturhistorischen Landschaftsforschung (vgl. S. 117 ff.) werden folgende Karten erstellt: eine vereinfachte Bodenkarte, mit dem Ziel, eine Einsicht in das natürliche Substrat des Projektgebiets zu ermöglichen, eine historisch-landschaftliche Karte, die es als chronologischer Querschnitt erlaubt, die Kulturlandschaft in der zweiten Hälfte des 18. Jahrhunderts zu erläutern und eine Reliktkarte, die angibt, welche Landschaftsmerkmale als historisch relevant für die heutige Landschaft betrachtet werden müssen.

II. ERLÄUTERUNG DER KARTEN

1. Die vereinfachte Bodenkarte

Diese Karte ist aus der Bodenkarte von Belgien abgeleitet (Abb. 47a, Farbtafeln S. 84). Bei der Aufstellung der Legende wurden an erster Stelle die natürlichen Dränierungsklassen der Böden berücksichtigt. Hierdurch profilieren sich die höheren trockeneren und eher sandigen Gebiete, die in der Besiedlungsgeschichte eine Rolle gespielt haben, deutlich gegenüber dem Flußalluvium mit seinen Bachtälern und feuchten Niederungen. So treffen wir an beiden Seiten des Schelde-Alluviums südlich von Oudenaarde ziemlich sandige Mikro-Rücken an, die mit alten Ackerböden in Verbindung zu bringen sind.

Im Alluvium der Schelde wurden die für die Ziegelherstellung abgegrabenen Böden als eigenständiger Bodentyp klassifiziert. Sie bilden das vor der gewerblichen Ziegelherstellung kultivierte Areal. Durch ihre niedrigere Lage ist die Entwässerung dieser Böden schlechter. Ein großer Teil wurde mit Pappeln aufgeforstet.

Das Alluvium der Schelde datiert größtenteils aus dem Mittelalter und spiegelt somit in seinem Aufbau die verschiedenen Phasen des mittelalterlichen Kultivierungsprozesses wider. Es ist ein Bodenarchiv, das nur sporadisch erschlossen worden ist, u.a. anläßlich der Baggerarbeiten für den Bau der Erholungsweiher zu Oudenaarde. Böden der oberflächennahen tertiären Ablagerungen (Komplexe von Klei und Sand) fallen mit den Rändern des pleistozänen Tals zusammen. Hier gibt es Quellenebenen und, wenn die Hänge steil sind, sind sie bewaldet.

2. Die historisch-landschaftliche Karte

Die historisch-landschaftliche Karte ist eine Rekonstruktion der Landschaft der zweiten Hälfte des 18. Jahrhunderts (Abb. 47b, Farbtafeln S. 84). Dieser Zeitquerschnitt basiert auf der Ferrariskarte (um 1775); ergänzende Informationen ergaben sich aus anderen kartographischen und archivalischen Quellen.

Die alluviale Ebene der Schelde präsentiert sich über ihre Gesamtlänge als ein landschaftlich offenes Grünlandareal. Genauer betrachtet, geht es um Meersen, d.h. Grasland für die Heugewinnung. Weil nach dem Heuschnitt meistens Beweidung möglich und die Beweidung ein gemeinschaftliches Nutzungsrecht war, erhielten diese Meersen ihren offenen Charakter, d.h. die Parzellen wurden nicht vom Parzellenrandbewuchs umzäunt.

Die Bedeutung der Schelde als alter Verbindungsweg wird durch die ursprüngliche Lage der Pfarrkirchen sichtbar. So befand sich ursprünglich eine Anzahl von Kirchen in der Nähe des Scheldeufers. Ihre Verlegung von der Schelde ins Landesinnere ist ein Phänomen des 19. Jahrhunderts und wurde durch die Anziehungskraft des Wegenetzes verursacht.

Die Randzone des Scheldealluviums war außerdem für das Entstehen der typischen agrarischen Reihensiedlungen von Bedeutung. Hierbei war die Kontaktzone zwischen dem Alluvium (für Heuland) und die dort anschließenden langgereihten Mikro-Rücken (gut dränierte, leicht lehmhaltige Böden für den Ackerbau) ausschlaggebend. Ihre Entstehung datiert wahrscheinlich in das Spätmittelalter, obwohl ergänzende Untersuchungen erforderlich sind, um sie genauer zu datieren.

Schließlich soll auf das Mosaik der landschaftlich offenen und geschlossenen Gebiete hingewiesen werden, die für die frühere Kulturlandschaft in großen Teilen von Flandern typisch waren. Es spiegelt die Gliederung der Landschaft unter dem Einfluß zweier verschiedener Landwirtschaftssysteme wider, die sich an die Bodenbeschaffenheit angepaßt hatten. Einerseits fällt die offene Landschaft (oft mit *kouter*-Namen) mit den gut dränierten Böden zusammen, die teilweise im 12. – 13. Jahrhundert im Rahmen der Dreifelderwirtschaft bewirtschaftet wurden. Andererseits war die geschlossene Landschaft mit den tiefer gelegenen und somit weniger gut dränierten Böden verbunden, die seit dem 11. Jahrhundert kultiviert wurden; sie wurden im Rahmen des sogenannten Feld-Gras-Systems bewirtschaftet, das durch die Abwechslung von Acker- und Grasland gekennzeichnet ist.

Parzellenrandbewuchs in Form von Stockbäumen oder Holzwällen war notwendig, um während der Graslandjahre das Vieh einzufrieden.

3. Die Reliktkarte

Mit dem Blick auf eine Politik, die Interesse für die Landschaft aufweist, wird versucht, die historisch gewachsenen Züge aufzuspüren, die noch in der heutigen Landschaft wahrzunehmen sind (Abb. 47c, Farbtafeln S. 85). Der Begriff Relikt ist benutzt worden, um dasjenige anzudeuten, was in der Landschaft als historisch relevant betrachtet wird, ohne damit automatisch eine Bewertung zu verbinden. Solche Relikte haben zuerst eine Signalbedeutung für alle diejenigen, die sich mit Eingriffen in der Landschaft beschäftigen (müssen). Ob sie mehr oder weniger wertvoll sind, ist von sekundärer Bedeutung und außerdem abhängig von den Prioritäten, die die Gesellschaft bezüglich der Bestimmung, Einrichtung und Verwaltung der Landschaft stellt.

Was die Scheldemeersen betrifft, ist die Reliktbedeutung für den nördlichen Teil offenkundig (gelegen zwischen Zwijnaarde-Merelbeke und dem Mündungsgebiet der Zwalm). Der landschaftlich geschlossene Charakter datiert aus der ersten Hälfte dieses Jahrhunderts und ist die Folge der Pappelaufforstung auf den für die Ziegelherstellung abgegrabenen Böden sowie die Einführung der Parzellenrandbewachsung (Stockweiden) im Übergangsbereich vom Heuland zum Ackerland, das beweidet wird. Durch die Nutzung von Grünland für den Maisanbau – ein Prozeß der letzten Jahre – droht die Identität dieser Meersenlandschaft verloren zu gehen.

Durch die Durchführung eines großmaßstäblichen Erholungsprojektes südlich von Oudenaarde, durch den Bau eines Golfplatzes bei Petegem und durch den Bau eines Pumpwerkes in den Scheldemeersen bei Melden, hat sich die Reliktbedeutung der Landschaft von der alluvialen Ebene zur Randzone hin verschoben, die mit der Niederterrasse der Schelde zusammenfällt und durch steile Hänge von dem pleistozänen Tal begrenzt wird. Hier finden wir westlich der Schelde die am meisten präsentativen kouter (Äcker), die sich wegen der Lößschicht gegen die Hänge des pleistozänen Talrandes erheben. Östlich der Schelde erstreckt sich bis Berchem ein Gebiet, das seine historisch gewachsenen Landschaftsmerkmale noch innehat (eine Reihensiedlung am alluvialen Rand, die offene Landschaft ist mit einem gut entwickelten Mikro-Rücken und mit umwallten Höfen am Rande der nassen, muldenförmigen Niederungen assoziiert). Das Ganze wird durch die bewaldeten Hänge mit an die Oberfläche tretenden tertiären Ablagerungen begrenzt, die mit der Grenze des pleistozänen Scheldetales zusammenfallen.

Wir möchten die Reliktkarte nicht anwenden, um eine Museumslandschaft einzurichten, in der jede Entwicklung untersagt wird, sondern betrachten sie vielmehr als ein Instrument, um sorgfältig mit der Landschaft umzugehen, so daß die Vergangenheit auch zukünftig erkennbar bleibt.

IV. Beiträge zu Denkmalpflege und Landschaftsschutz

Die Angewandte Historische Geographie: integrierendes Bindeglied zwischen kulturhistorischer Denkmal- und ökologischer Landschaftspflege

KLAUS FEHN

Das 1980 geschaffene Denkmalschutzgesetz NW erweiterte die Aufgaben der Denkmalpflege in zeitlicher, sachlicher und maßstäblicher Hinsicht. Seitdem gilt es nicht mehr, nur die Vor- und Frühzeit zu betreuen, für die es keine oder nur sehr lückenhafte schriftliche Dokumente gibt, sondern auch das gesamte Mittelalter und darüber hinaus die Neuzeit bis zur Gegenwart. Im Mittelpunkt des Denkmalbegriffs steht nicht mehr der künstlerische Wert, sondern die geschichtliche Bedeutung, die prinzipiell Relikten aus allen Lebensbereichen der Vergangenheit zugesprochen werden kann. Schließlich wurde mit den sogenannten Denkmalbereichen eine Möglichkeit geschaffen, unter bestimmten Voraussetzungen auch größere Gebiete unter Denkmalschutz zu stellen. Im Bereich des Naturschutzes ist ebenfalls im vergangenen Jahrzehnt ein grundsätzliches Überdenken der Grundpositionen in Gang gekommen. Das wichtigste Ergebnis war ein Abrücken von der Vorstellung, daß in Mitteleuropa Naturschutz ohne Berücksichtigung der jahrtausendelangen Umformung durch den Menschen möglich sei. Nachträglich wurde auch der Begriff der *Kulturlandschaft* in das Bundesnaturschutzgesetz aufgenommen und ihr Schutz als Aufgabe formuliert.

In dieser Situation ist die Historische Geographie als historische Raumwissenschaft besonders gefordert. Sie ist nach ihrer wissenschaftlichen Tradition und ihrem Selbstverständnis besonders gut geeignet, Grundlagenuntersuchungen, anwendungsorientierte Spezialbeiträge und Fachgutachten zur Kulturlandschaftspflege zu liefern. Die Historische Geographie ist eine historische Raumwissenschaft, die sich mit den raumrelevanten Prozessen, den raumprägenden Strukturen und der Umgestaltung der Naturlandschaft durch das Wirken des Menschen von Beginn der menschlichen Geschichte bis in die Gegenwart beschäftigt. Neben der allgemeinen Historischen Geographie war die Kulturlandschaftsgeschichte immer ein wesentlicher Bestandteil des Faches, ohne daß in früheren Zeiten der Praxisbezug im Vordergrund stand. Dies veränderte sich im Laufe der letzten 10 bis 15 Jahre grundlegend. Es entwickelte sich die Angewandte Historische Geographie, die sich als Anwalt der historisch gewachsenen Kulturlandschaft versteht, die in weiten Gebieten gänzlich verschwunden und in anderen erheblich bedroht ist. Der Angewandten Historischen Geographie stehen effiziente Methoden zur Verfügung, um die wichtigen Relikte aus frühen Phasen der Kulturlandschaftsentwicklung zu kartieren und zu inventarisieren, diese historisch-geographisch zu bewerten und dadurch schwerwiegende Argumente für ihre Erhaltung zu liefern. Entscheidend ist die Einordnung der Relikte in die Kulturlandschaftsgeschichte; erst durch ihre Verbindung mit früheren Prozessen und Strukturen erhalten die heutigen historisch übernommenen Kulturlandschaftselemente ihren Stellenwert.

Mit dem Begriff *Kulturlandschaft* umschließt die Historische Geographie grundsätzlich die gesamte heutige Kulturlandschaft; sie beschränkt ihn also weder auf die ländlichen Gebiete noch auf die naturnahen, aber auch nicht auf die noch stark historisch geprägten Landschaften. Da es in Mitteleuropa keine großflächigen Überreste der Naturlandschaft mehr gibt, sondern nur anthropogene Landschaften, ist für die Historische Geographie die Kulturlandschaft ein Kontinuum, das ganz unterschiedlich geprägt sein kann. Eine historische Kulturlandschaft ist einerseits eine Landschaft, die in frühen Zeiten bestand und andererseits ein Ausschnitt aus der heutigen Kulturlandschaft, der in besonderem Maße noch historische Elemente aufweist. Im Fach wird in diesem Zusammenhang mit dem Begriff der Persistenz operiert. Persistente Elemente sind in historischen Epochen gebildet, heute noch in wesentlichen Teilen erhaltene und damit auch weiter zu pflegende und zu gestaltende Teile der aktuellen Kulturlandschaften im Gegensatz zu den aktuellen Elementen, die jederzeit wieder neu geschaffen werden können.

In der so definierten Kulturlandschaft sind in unterschiedlichen Prozentsätzen natürliche und anthropogene Elemente verbunden. Ihre umfassende Untersuchung ist deshalb nur möglich, wenn neben den kulturgeschichtlichen auch die historisch-ökologischen Aspekte berücksichtigt werden. Die Historische Geographie versteht sich als Teil der Gesamtgeographie, die bei ihren landeskundlichen Forschungen kultur- und naturgeographische Aspekte gleichermaßen beachten muß. Die Angewandte Historische Geographie vermag so betrachtet ein integrierendes Bindeglied darzustellen zwischen einer kulturhistorischen objektorientierten Denkmalpflege und einer naturwissenschaftlich-ökologischen Landschaftspflege.

Dabei geht sie davon aus, daß Kulturlandschaften nicht nur als Umgebung eines Denkmals von Bedeutung sind und nicht nur nach ihrer Naturnähe beurteilt werden dürfen.

Es ist also eine eigene Betrachtungsweise nötig, die sich in umfassender Weise mit der Kulturlandschaft beschäftigt. Die vom Menschen gestaltete Umwelt muß ebenso systematisch untersucht werden wie die natürliche Umwelt. Sie muß in bestimmten wichtigen Teilen geschützt, ansonsten schonend und bestanderhaltend fortentwickelt werden. Zur ökologischen Betrachtungsweise muß noch eine historisch- kulturlandschaftliche kommen, die grundsätzlich bei allen landschaftsvernichtenden und landschaftszerstörenden Maßnahmen anzuwenden ist.

Die Historische Geographie betrachtet also die Kulturlandschaft als ein historisch gewachsenes Gesamtsystem, das sich kontinuierlich weiterentwickelt. Dementsprechend untersucht sie ganzheitlich und flächendeckend die raumzeitlichen Zusammenhänge, um die Bedeutung der auf uns überkommen persistenten Elemente beurteilen zu können. Diese Elemente sind ohne den kulturlandschaftsgeschichtlichen Gesamtzusammenhang nur Buchstaben ohne Sinn oder einzelne Mosaiksteinchen eines nicht bekannten Gesamtmosaiks. Wenn im Bereich der Ökologie von einem vernetzten System gesprochen wird, so kann man dies für die Kulturlandschaft mit leichten Einschränkungen auch tun.

Im Bereich der Historischen Geographie hat es sich eingebürgert, die historischen Kulturlandschaftselemente nach ihrer Ausdehnung als Punkt-, Linien- oder Flächenelemente zu kennzeichnen. Weiterhin werden sie nach ihren Funktionen unterschieden, wobei die Gliederungen nicht in allen Punkten einheitlich sind. Folgende Bereiche tauchen normalerweise auf: Siedlung, Landwirtschaft, Gewerbe, Verkehr, Freizeit, Gemeinschaftsleben. Im Rahmen der historisch-geographischen Landesaufnahme wird die gesamte Kulturlandschaft gesichtet und die historischen Elemente vom Bauwerk bis zur unscheinbaren Bodenerhebung kartiert und inventarisiert. Die Feldforschung wird durch die Interpretation von Altkarten sowie die geländebezogene Auswertung von Archivalien und anderen Quellen unterstützt.

Besonderes Augenmerk wird auf das Erkennen von Systemen und die Rekonstruktion von flächigen Zusammenhängen gelegt. Aus arbeitsökonomischen Gründen konzentrieren sich die Aktivitäten der Historischen Geographie besonders auf die unscheinbaren flächigen anthropogenen Elemente der ländlichen Kulturlandschaft, die von der Denkmalpflege vernachlässigt wurden. Es werden also gelegentlich anderweitig erarbeitete Daten übernommen, ohne aber die Orientierung auf den gesamten bebauten und unbebauten Raum aufzugeben. Zu diesen Daten gehören auch Daten aus dem Bereich der Ökologie, die grundlegende Auskünfte zu naturnahen Elementen geben können, im Normalfall aber auch nicht direkt von der Historischen Geographie zusammengestellt werden.

Die systematische Erfassung der Kulturlandschaftsrelikte und ihre Einordnung in die Kulturlandschaftsgeschichte sind die Basis für die Bewertung der einzelnen Elemente und die Überlegung zum Schutz, zur Pflege und zur Weiterentwicklung. Es gilt einen spezifischen historisch-geographischen Wert herauszuarbeiten, der nicht mit dem kunstgeschichtlichen und auch nicht mit dem ökologischen Wert identisch ist. Es handelt sich dabei um den Dokumentationswert für frühere entscheidende Phasen der Kulturlandschaft, die wiederum die zentrale Quelle für die Jahrtausende andauernde Umgestaltung der Naturlandschaft durch den Menschen ist. In jeder Phase kamen neue Elemente hinzu und alte wurden vernichtet oder umgestaltet. Der heutige Zustand ist in jedem Fall das Ergebnis einer langen Entwicklung, ohne daß es in allen Gebieten gleichermaßen möglich ist, diese Entwicklung direkt abzulesen und an einzelnen Relikten aufzuzeigen. Aber auch für anscheinend geschichtslose Landschaften ist es wichtig, genaue Kenntnisse von der Kulturlandschaftsentwicklung zu haben, um besser auf die Bedeutung noch vorhandener, oft unscheinbarer Relikte hinweisen zu können.

Eine fruchtbare Zusammenarbeit zwischen der Bodendenkmalpflege und der Historischen Geographie bietet sich vor allem im Bereich der Inventarisation an. Die Bodendenkmalpflege ist per Gesetz gehalten, die einschlägigen Denkmäler zu erkennen, zu erfassen und zu schützen. Die Erkenntnisse durch die zentrale Methode der Archäologie, die Ausgrabung, spielen in diesem Zusammenhang nicht die entscheidende Rolle. Die Bodendenkmalpflege steht in einem Dilemma. Einerseits ist sie an wissenschaftlichen Fortschritten interessiert, andererseits weiß sie, daß diese meist nur durch zeitaufwendige und substanzzerstörende Aktivitäten möglich sind. Die umfassende flächendeckende historisch-geographische Landesaufnahme ist der beste Weg, um die nötigen Daten für die Unterschutzstellung von Einzelelementen und Kulturlandschaftsteilen zu bekommen. Diese Inventarisation bekommt die nötige historische Tiefe durch eine möglichst intensive Erforschung der Kulturlandschaftsentwicklung, die eine Zuordnung der einzelnen Relikte zu früheren Kulturlandschaftsphasen erlaubt. Vor diesem Hintergrund ist die Arbeit der Bodendenkmalpflege noch wesentlich effektiver durchzuführen, als dies bisher möglich war. Die vorhandenen knappen Ressourcen können gezielt eingesetzt werden; aufwendige Suchschnitte mit zwangsläufig damit verbundenen Zerstörungen an Originalsubstanz sind nur noch von Fall zu Fall nötig. Für die historisch-geographische Landesaufnahme spielen die Zuständigkeitsgrenzen der einzelnen Bereiche (Bodendenkmalpflege, Baudenkmalpflege, Landespflege) keine Rolle; sie orientiert sich ausschließlich an den persistenten Elementen in der heutigen Kulturlandschaft, unabhängig davon, in welchem Zustand sie sich befinden. Theoretisch ist die Aufgabe sehr weit, praktisch greift der Historische Geograph oft auf vorhandene, durch Aufnahmen gewonnene Materialien zurück (Denkmälerinventare, Listen von archäologischen Fundplätzen etc.) und konzentriert sich auf Elemente, die bei den klassischen Inventarisationen normalerweise nicht berücksichtigt werden, wie vor allem die anthropogenen Geländerelikte.

Die gemeinsame Untersuchung der Kulturlandschaftsgenese am Niederrhein durch die Bodendenkmalpflege und die Historische Geographie, wozu in diesem Zusammenhang auch die historisch-bodenkundlichen Beiträge zu rechnen sind, stellt ein Pilotprojekt dar, das ein Modell für zukünftige Untersuchungen sein könnte. Einige zusätzliche Möglichkeiten, um die Zusammenarbeit noch weiter zu vertiefen, zeigten die Symposionsbeiträge aus anderen Teilen Deutschlands und dem Beneluxraum. Einen weiteren Diskussionspunkt bildete der Übergangsbereich zur ökologischen Landschaftspflege, die sich zunehmend auch um *Kulturlandschaften* kümmert. Hier gibt es noch manche offene Fragen, die nicht zuletzt das Symposion zum Thema „Kulturlandschaftspflege im Rheinland" 1990 in Krefeld-Linn zeigte.

Der immer rascher sich vollziehende Verlust an Kulturlandschaftssubstanz erfordert eine Konzentration aller Kräfte und eine durchdachte Strategie der Schützer und Bewahrer. Die Zukunft gehört der interdisziplinären und internationalen Zusammenarbeit über die Grenzen von Institutionen hinweg. Darüberhinaus kommt es darauf an, daß die beiden wichtigsten auf Substanzerhaltung zielenden Kräfte der Gegenwart, der Denkmalschutz und der Umweltschutz, nicht nebeneinander oder schlimmstenfalls sogar gegeneinander agieren, sondern unter einem übergeordneten Aspekt verbunden werden. Hierzu eignet sich am besten ein weitgefaßter Kulturlandschaftsbegriff. Die etablierten Bereiche der Bodendenkmalpflege, der Baudenkmalpflege und der Landespflege werden ihren Aufgabenbereich ohne Zweifel auch in Zukunft behalten; die Bewältigung dieser Aufgaben wird aber nur möglich, wenn das Spektrum der beteiligten Wissenschaften erweitert wird, an vorderster Stelle durch die Historische Geographie.

Kulturlandschaften und Ihr Erhalt durch Denkmal- und Landschaftsschutz – Erfahrungen aus der Sicht der Bodendenkmalpflege

JÜRGEN KUNOW

Als wesentliche, vielleicht sogar wichtigste Erkenntnis steht am Ende des Symposions die Einsicht, daß unsere Bemühungen um einen Schutz nicht nur das Einzeldenkmal – in diesem Beitrag als Bodendenkmal verstanden –, sondern mehr noch die Landschaft insgesamt und damit den räumlichen Aspekt berücksichtigen müssen. Auch wenn dieser raumbezogene Gedanke der archäologischen Forschung nicht neu ist, ihr heutiges Wissenschaftsverständnis beinhaltet ihn, so muß er doch im Sinne eines denkmalpflegerischen Auftrages als innovativ angesehen werden.

Auch die Bodendenkmalpflege wird aufgerufen, nicht nur das einzelne Objekt als schützenswert zu verstehen und für dessen Sicherung vor Zerstörung Sorge zu tragen. Mehr noch gilt es, geschlossene Räume mit ihren untertägigen wie obertägig sichtbaren historischen Zeugnissen umfassend zu erhalten, wobei Erhalt nicht mit Fossilierung einer Landschaft gleichgesetzt werden darf. *Kulturlandschaften* sind dynamische Systeme, d. h. sie verändern sich ständig, und wesentliche Etappen ihrer Genese und Entwicklung sind durch noch vorhandene Relikte unterschiedlichster Ausprägung und Zeitstellung im Gelände ablesbar. An diesem Prozeß der Veränderung beteiligte und beteiligt sich jede Generation mit den ihr probat erscheinenden Mitteln. Wenn auch die im Grunde ahistorische Forderung nach „Fossilierung" nicht die Arbeit der Bodendenkmalpflege diktieren darf, so kann sie auf der anderen Seite nicht einem großflächigen Raubbau, hier gleichgesetzt mit Devastierung, gleichsam als Hinweis auf eine neue Etappe der Kulturlandschaftsentwicklung zustimmen. Dies gilt insbesondere auch für den unteren Niederrhein. Auf konkrete Gefährdungen etwa durch umfangreiche Kiesgewinnung hat Wolfgang Wegener in seinem Beitrag (S. 25 ff.) hingewiesen. Bei allen Entwicklungszielen muß man sich immer wieder vergegenwärtigen, daß Denkmäler streng genommen keine „Ausgleichsmaßnahmen" kennen: Was weg ist, ist weg!

Es gilt also, die Entwicklung von Kulturlandschaften im Sinne einer pfleglichen Behandlung mitzusteuern und die vorhandenen gesetzlichen Möglichkeiten auszuschöpfen. Welche Instrumente hat der Gesetzgeber bereitgestellt? Vorweg sei geäußert, daß es *das* Gesetz zum Schutz historischer Kulturlandschaften im ländlichen und städtischen Raum nicht gibt. Eine gezielte und vor allem kombinierte Anwendung vornehmlich des Denkmal- und des Landschaftsschutzes vermag jedoch einiges. Nebenbei sei angemerkt, daß intakte historische Kulturlandschaften auch für den Artenschutz häufig wichtige Regionen darstellen, da besonders einschneidende rezente Eingriffe durch den Menschen unterblieben sind.

SICHERUNG DURCH DENKMALSCHUTZ

Bei dem Denkmalschutzgesetz handelt es sich um das Objekt „Denkmal", das in seiner Ausdehnung erheblich eingegrenzter ist als der Begriff „Landschaft" in einem Landschaftsgesetz. Aber nicht nur durch den Umfang des zu regelnden Gegenstandes unterscheiden sich die beiden Gesetze. Denkmalschutzgesetze werden wegen der Kulturhoheit von den Ländern erlassen, sie fallen daher entsprechend verschieden aus. Anders verhält es sich bei den Landschaftsgesetzen der Länder, die sich an den Rahmenvorschriften des Bundesnaturschutzgesetzes (BNatSchG) orientieren und deshalb in den Zielen und Grundsätzen des Naturschutzes und der Landschaftspflege gleichen.

Auf dem wissenschaftlichen Kolloquium „Was ist ein Bodendenkmal? – Archäologie und Recht", das am 31. 10. 1989 in Münster stattfand, analysierte Janbernd Oebbecke den *Rechtsbegriff des Bodendenkmals*. Er zeigt in einer Synopse, daß das Bodendenkmal im Ländervergleich begrifflich unterschiedliches meint und damit auch schützt. Uns sollen vor allem die Verhältnisse in Nordrhein-Westfalen interessieren. Das DSchG NW kennt keine zeitliche Begrenzung für Denkmäler, das bedeutet, daß auch Zeugnisse aus der jüngsten Vergangenheit Bodendenkmäler sind oder doch sein können. Voraussetzung nach § 2 DSchG NW ist, daß sie bedeutend (für die Geschichte des Menschen, für Städte und Siedlungen oder für die Entwicklung der Arbeits- und Produktionsverhältnisse) sind und für die Erhaltung und Nutzung besondere (nämlich künstlerische, wissenschaftliche, volkskundliche oder städtebauliche) Gründe vorliegen müssen.

In der Regel bringt es nur wenig Schwierigkeiten mit sich, die gesetzlich geforderte Bedeutung eines Objektes zu erläutern, zumal nach Klarstellung durch die Gerichte „bedeutend" keinesfalls mit „einmalig" gleichzusetzen ist. Allein die Darstellung der geschichtlichen Bedeutung für eine Region begründet eine Unterschutzstellung ausreichend. Komplizierter kann es hingegen sein, den Nachweis für die Erhaltung und Nutzung zu führen. Denn hier ist der gesetzlich vorgegebene Kriterienkatalog recht eng und für Bodendenkmäler treffen zumeist nur wissenschaftliche oder – schon eingeschränkt – volkskundliche Gründe zu. Eine Vielzahl „kleiner" Denkmäler, wie etwa ein auf das Mittelalter zurückgehendes Wall-Hecken-System mit der hierdurch umfaßten Innenfläche, ist jedoch zumeist eher Anschauungs- als echtes wissenschaftliches Forschungsobjekt. Allerdings – und das ist beruhigend – hat in diesem Punkt die Rechtsprechung ausgeführt, daß Erhaltungs- und Nutzungsgründe, die geschichtliche Bedeutung vorausgesetzt, bereits in der bloßen Anschauung vorliegen können. Hier wünschte man sich dennoch zur Absicherung in unserem Bundesland eine Regelung wie in Rheinland-Pfalz (§ 3 RPDSchPflG), die in ihrer Zielsetzung die Öffentlichkeit umfassender einbezieht. Für Bodendenkmäler dort zutreffende Voraussetzungen wie „Förderung des geschichtlichen Bewußtseins", „Heimatverbundenheit" oder „Belebung und Werterhöhung der Umwelt" wirken im Grunde sachgemäßer und auch „demokratischer".

Trotz dieser Einschränkungen können viele obertägige oder untertägige Zeugnisse einer Kulturlandschaft nach dem DSchG NW Bodendenkmäler sein. Einen Überblick zu typischen Denkmälergattungen gibt die o.g. Schrift. Gemeinsam ist allen Denkmalschutzgesetzen, so unterschiedlich sie auch im Einzelnen ausfallen mögen, daß man eben nur einen räumlich relativ begrenzten Objektschutz bewirken kann. Daran ändert auch nichts die Tatsache, daß ein Bodendenkmal als Punkt-, Linien- oder Flächenelement auch einen gewissen räumlichen Umfang einnehmen kann. Es bleibt abzuwarten, wie der Begriff des „archäologischen Flächendenkmals", den das neue Denkmalschutzgesetz des Landes Sachsen-Anhalt (§ 2 Abs.2 DSchG) kennt und der eine Mehrheit archäologischer Einzelkulturdenkmale umfaßt, inhaltlich zu füllen ist. Vielleicht entsteht hier ein Ansatz, der zum Schutz von geschlossenen Bodendenkmallandschaften führt.

SICHERUNG DURCH LANDSCHAFTSSCHUTZ

„Historische Kulturlandschaften und -landschaftsteile von besonders charakteristischer Eigenart sind zu erhalten. Dies gilt auch für die Umgebung geschützter oder schützenswerter Kultur-, Bau- und Bodendenkmäler, sofern dies für die Erhaltung der Eigenart oder Schönheit des Denkmals erforderlich ist". Mit dieser Formulierung im

135

Bundesnaturschutzgesetz (§ 2 Abs. 1 Satz 13 BNatSchG) hat der Gesetzgeber seit 1980 nicht nur naturwirksame, sondern auch kulturwirksame Belange unmittelbar angesprochen. Diese Formulierung müssen die Landschaftsgesetze der einzelnen Bundesländer aufnehmen. Wenn es auch, wie E.-R. Hönes (1991, 87ff.) feststellt, eine eigene Schutzkategorie „historische Kulturlandschaft" im eigentlichen Sinne (noch?) nicht gibt, so wird doch deutlich, daß auch dieser Aspekt beim Landschaftsschutz Berücksichtigung finden und mit den Schutzkategorien der Landschaftsgesetze wie „Naturschutzgebiete", „Landschaftsschutzgebiete", „Naturdenkmale" und „geschützte Landschaftsbestandteile" (z.B. § 20 – 23 LG NW) abgedeckt werden soll. Diese Möglichkeiten, die in einem Landschaftsplan, aber auch durch Einzelverordnung festgeschrieben werden können, bedeuten einen effektiven Schutz historischer Zeugnisse, sind allerdings im Kreise der Bodendenkmalpfleger zumeist nur wenig bekannt.

Bedeutet dies ggf. nicht auch, daß hiermit ein Denkmalschutz auf der Grundlage eines Denkmalschutzgesetzes überhaupt entbehrlich wird? Diese Frage wird man aus unterschiedlichen Gründen verneinen müssen. Zum einen liegt die Verantwortung für die zu schützenden Objekte nicht mehr beim Denkmalamt, sondern wird auf Landschaftsbehörden übertragen. Etwaige Veränderungen an diesen Objekten bedürfen also nicht der Genehmigung eines Denkmalamtes bzw. einer -behörde. Weiterhin muß man berücksichtigen, daß der Landschaftsschutz im Grunde auf sichtbare Relikte abzielt, wenn auch sicherlich eine rechtliche Überprüfung lohnt, ob die mehrfach genannten wissenschaftlichen und landeskundlichen Gründe (z.B. § 20 LG NW) auch eine Einbeziehung untertägiger Substanz gestatten. Auf der Grundlage eines Denkmalschutzgesetzes sind diese Denkmäler in jedem Fall rechtssicher zu schützen. Trotz dieser Einschränkungen kann durch einen Landschaftsschutz viel für kulturhistorisch wertvolle Elemente vor allem im ländlichen Raum bewirkt werden. Besonders hervorzuheben ist die Möglichkeit eines großflächigen Schutzes, der über den (begrenzten) Objektschutz eines Denkmals weit hinausgehen und etwa zur Optimierung des Erscheinungsbildes nutzvoll eingesetzt werden kann. Es gibt jedoch noch einen weiteren Vorteil. So können bei der Schutzkategorie „Naturschutzgebiet" Festsetzungen getroffen werden, die der Herstellung oder Wiederherstellung eines Gebietes dienen (§ 20 LG NW).

Gerade der letztgenannte Aspekt ist für den Bodendenkmalpfleger in aller Regel neu, beinhaltet jedoch große Chancen, seine Vorstellungen vom zukünftigen Aussehen einer Kulturlandschaft einzubringen. Es nimmt ihm auch etwas das negative Image des ständigen „Nein-Sagers", das ihm allzu oft vorausgeht. Er beteiligt sich agierend und nicht nur reagierend an der Planung und Gestaltung; denn man darf sich keinen falschen Vorstellungen hingeben, die beabsichtigte Entwicklung läuft ansonsten ohne und ggf. sogar gegen ihn.

Erste Erfahrungen in dieser Hinsicht werden derzeit bei einem Landschaftsplan im Kreis Viersen gesammelt. Es handelt sich um die Bockerter Heide, die in vielen Gegebenheiten mit Landwehren, durch Wall-Hecken begrenzte kleinteilige Parzellenstrukturen, typischem Baumbestand für die Eichel- und Bucheckermast sowie Viehtriften noch die Grundzüge einer mittelalterlich/frühneuzeitlichen Landschaft bewahrt hat. Durch gezielte Festsetzungen sollen hier jüngere und jüngste Überprägungen beseitigt und ein früher vorhandenes Landschaftsbild „rückgebaut" werden. Es sind dies erste Schritte in einem neuen Betätigungsfeld, die im einzelnen diskutabel sein mögen, das aber neben Vertretern anderer Fachdisziplinen wie etwa der Historischen Geographie und der Landeskunde auch von der Bodendenkmalpflege im Rahmen der Beteiligung als Träger öffentlicher Belange mitgestaltet werden sollte. Die Erfahrungen müssen dann in eine umfassende Theorie eingebettet werden.

Der Landschaftsplan schafft also auch für die Bodendenkmalpfleger – mit der Betonung auf Pfleger – ein gutes Umfeld für seine tägliche Aufgabe. Noch nutzbringender wäre es, wenn die zur Vorbereitung eines Landschaftsplanes zu erstellenden Fachgutachten (§ 27 Abs. 2 LG NW) den Aspekt der historischen Kulturlandschaft noch stärker aufnehmen würden, als das bislang der Fall ist. Die Erfassung und Bewertung der in einem Plangebiet gelegenen historischen Landschaftselemente kann im Rahmen des sogenannten ökologischen Fachbeitrages, besser vielleicht als eigener Fachbeitrag erfolgen. Die letztgenannte Form, die in der Konsequenz wohl auf eine Novellierung von § 27 LG NW hinauslaufen würde, wird bei Raumplanungen in den benachbarten Niederlanden gewählt (vgl. S. 117 ff.). Auch als Anstoß in diese Richtung ist das Projekt „Kulturlandschaftsgenese am unteren Niederrhein" zu verstehen. Entwicklungsziele für eine Landschaft sind ohne oder mit unzureichender Kenntnis der vorhandenen historischen Landschaftselemente nicht guten Gewissens zu formulieren.

In Verbindung mit der Landschaftsordnung sind auch die Flurbereinigungsverfahren, deren gesetzliche Grundlage das Flurbereinigungsgesetz (FlurbG NW) bildet, zu sehen (vgl. S. 91ff.). Erste gute Erfahrungen wurden bei einem Flurbereinigungsverfahren in der Nordeifel gesammelt. Im Rahmen derartiger Umlegungsverfahren besteht die Möglichkeit, historische Landschaftselemente, wenn die Bereitschaft der Flurbereinigungsbehörde besteht, auch untertägige Bodendenkmäler zu parzellieren und durch Ankauf oder Flächentausch in öffentliches Eigentum zu überführen. Gerade die durch Tiefpflügen und intensiven Düngereinsatz höchst gefährdeten Bodendenkmäler im ländlichen Bereich sind so langfristig zu sichern. Allerdings besteht auch hier aus Sicht der Bodendenkmalpflege Verbesserungsbedarf. Der von der Flurbereinigungsbehörde bewirtschaftete Finanztitel „Landschaftspflege" erlaubt einen Flächenankauf mit einem vorhandenen untertägigen Bodendenkmal zunächst nicht. Dieses ist nur möglich, wenn auch andere Ziele der Landschaftspflege hiermit realisiert werden können. Wünschenswert wäre es daher, den Kriterienkatalog zum Ankauf um das untertägige Bodendenkmal zu erweitern. Schon heute können jedoch sichtbare Bodendenkmäler, wenn sie gleichzeitig etwa „geschützte Landschaftsbestandteile" (§ 23 LG NW) sind, aus diesem Titel erworben werden.

Zum Schutz, zur Pflege und zur Entwicklung historischer Kulturlandschaften sind die vorhandenen gesetzlichen Möglichkeiten nur durch optimales Zusammenwirken aller in der Denkmal- und Landschaftspflege Tätigen in vollem Umfang zu nutzen. Notwendig sind jedoch die genaue Erfassung und Bewertung der Landschaft im Vorfeld, wie das hier vorgestellte Projekt vorführt.

Literatur

IN AUSWAHL:

C. ABS, Goch-Nierswalde. Entwicklungsskizze der landwirtschaftlichen Siedlerstellen in einer Siedlung der Nachkriegszeit. Arb. rhein. Landeskde 46, 1980, 137 – 143.

Anonym, Schultze und Müller am Rhein. Humoristische Reisebilder von Cöln bis Mainz (Berlin, ²1852).

L. A. ANKUM/B.J.GROENEWOUDT, De situering van archeologische vindplaatsen: analyse en voorspelling. RAAP-rapport 42 (Amsterdam 1990).

G. AYMANS, Die handschriftliche Karte als Quelle geographischer Studien. In: K. Schmitz (Hrsg.), Landkarten als Geschichtsquellen. Archivberatungsstelle Rheinl. Archivh. 16 (Köln 1985) 21 – 46.

G. AYMANS, Die preussische Katasteraufnahme im Herzogtum Kleve der Jahre 173 –138. Erdkde 40, 1986, 14 – 28.

G. AYMANS, Historische Karten und Kartenwerke aus der Sicht eines Geographen. In: Auswertung und Erschließung historischer Landkarten. Archivberatungsstelle Rheinl. Archivh. 18 (Köln 1988) 203 – 221.

G. AYMANS/P. BURGGRAAFF/W. JANSSEN, De regio Gennep aan de ketting. Gennep, Heijen, Milsbeek, Oeffelt, Ottersum, VenZelderheide in kadasterkaarten (1731 – 1732) (Venlo 1988).

C. C. BAKELS, Four Linearbandkeramik Settlements and their Environment, a Palaeoecological Study of Sittard. Prehistorica leidensia 11 (Stein, Elsloo and Hienheim 1978).

M. BALZER, Grundzüge der Siedlungsgeschichte (800 – 1800). In: W. Kohl (Hrsg.), Westfälische Geschichte 1: Von den Anfängen bis zum Ende des Alten Reiches (Düsseldorf 1983) 231 – 273.

N. BECKER, Das Land am Unteren Niederrhein. Untersuchungen zur Verfassungs-, Wirtschafts- und Sozialgeschichte des ländlichen Raumes vom hohen Mittelalter bis zur frühen Neuzeit (1100 – 1600). Rhein. Archiv 128 (Bonn 1992).

M.W. BERESFORD / J.K.S.ST JOSEPH, Medieval England: an aerial survey (Cambridge ²1979).

R. BERGMANN, Die Wüstungen des Geseker Hellwegraumes. Studien zur mittelalterlichen Siedlungsgenese einer westfälischen Getreidebaulandschaft. Bodenaltertümer Westfalens 23 (Münster 1989).

R. BERGMANN, Die mittelalterliche Besiedlung des oberen Einzugsgebietes der Nuhne im Rothaargebirge. In: W. Peis, Kunde und Urkunde eines sauerländischen Dorfes. 750 Jahre Züschen (Züschen o.J. [1992]) 30 – 34.

R. BERGMANN, Einblicke in das mittelalterliche Landleben: Der Grenzraum zwischen dem Kölnischen Westfalen und dem Bistum Paderborn. Schr.r. Vereins Heimatkde Geseke 8 (Geseke 1992).

G. BINDING/W. JANSSEN/F. K. JUNG-KLAAß, Burg und Stift Elten am Niederrhein. Rhein. Ausgrab. 8 (Köln 1970).

G. BINDING, Bericht über Ausgrabungen in niederrheinischen Kirchen II. In: Rhein. Ausgrab. 9 (Köln 1971) 1 – 87.

J. E. BOGAERS/C. B. RÜGER, Der Niedergermanische Limes. Materialien zu seiner Geschichte (Köln 1974).

J. H. F. BLOEMERS, Naar een nationaal archeologisch beleidsplan voor en landschap met een verleden in 2015 ? In: J.H.F.Bloemers/C.W. van Pelt/ F.Perk (Red.), Cultuurhistorie en Milieu in 2012. Stichting RAAP (Amsterdam 1990) 68 – 72.

R. W. BRANDT/S.E. van der LEEUW, The Assendelver Polders of the Netherlands and a wet Perspective on the European Iron Age. In: J. Coles/A. Lawson (Hrsg.), European wetlands in prehistory (Oxford 1987) 203 – 225.

R. W. BRANDT/B. J. GROENWOUDT/K. L. KVAMME, An Experiment in Archaeological Site Location Modelling in the Netherland using GIS-Techniques. World Archaeology (im Druck).

T. BREUER, Denkmallandschaft, Ein Grenzbegriff und seine Grenzen. Österr. Ztschr. Kunst Denkmalpfl. 37, 1983, 75 – 92.

H. BRICHZIN, Augenschein-, Bild- und Streitkarten. In: F. Bönisch u.a., Kursächsische Kartographie I (Berlin 1990) 112 – 206.

A. BRINK/H. H. WÖBSE, Die Erhaltung historischer Kulturlandschaften in der Bundesrepublik Deutschland, Untersuchung im Auftrag des BMU (Hannover 1989).

P. VAN DEN BRINK, Die flußkartographischen Arbeiten von Carl Friedrich v. Wiebeking – einem deutschen Kartographen unter niederländischem Einfluß. In: W.Scharfe u.a.(Hrsg.), 4. Kartographiehistorisches Colloquium Karlsruhe 1988. Vortr. u. Ber. (Berlin 1990) 85 – 92.

K. BRUNNACKER, Der Niederrhein im Holozän. Fortschritte Geol. von Rheinl. u. Westfalen 28, 1978, 399 – 440.

K. BUCHWALD, Die Kulturlandschaft, ihre Anfänge und ihre Entwicklung. In: Univ.-Gesamthochschule Paderborn. Studiengang Landespflege (Hrsg.), Kulturland-Landkultur (Höxter 1990).

P. BURGGRAAFF, Die historische Geographie in den Niederlanden seit 1945. Geospektive 3, 1987, 10 – 13.

P. BURGGRAAFF, Die Bedeutung alter Karten im Tätigkeitsbereich der Angewandten Historischen Geographie. In: Auswertung und Erschließung historischer Landkarten. Archivberatungsstelle

Rheinl. Archivh. 18 (Köln 1988) 17 – 202.

P. BURGGRAAFF/H.-R. EGLI, Eine neue historisch-geographische Landesaufnahme der Niederlande. Siedlungsforsch., Arch.- Gesch. -Geogr. 2, 1984, 283 – 293.

P. BURGGRAAFF/W. WEGENER [Mitarb.], Genese einer Kulturlandschaft am Unteren Niederrhein zwischen Rees und Kleve. Ein interdisziplinäres Forschungsprojekt des Rheinischen Amtes für Bodendenkmalpflege und des Kreises Kleve. Kalender Klever Land 1991 (1990) 167 – 173.

U. BUSCH/ W. FAUST/W. WEGENER, Das Ortsarchiv im Rheinischen Amt für Bodendenkmalpflege. Bonner Jahrb. 191, 1991, 347 – 372.

P. CLEMEN, Die Kunstdenkmäler der Rheinprovinz. 1. Band, IV: Die Kunstdenkmäler des Kreises Kleve (Düsseldorf 1892). 2. Band, I: Die Kunstdenkmäler des Kreises Rees (Düsseldorf 1892).

P. H. DECKERS/J. P. de ROEVER/J. D. van de WAALS, Jagers, vissers en boeren in een prehistorich getijdengebied bij Swifterband. Zwojaarboek 1980, 111 – 145.

H. DITTMAIER, Rheinische Flurnamen (Bonn 1963).

H. DITTMAIER, Die linksrheinischen Ortsnamen auf -dorf und -heim. Rhein. Arch. 108 (Bonn 1979).

E. DÖSSELER/F. W. OEDIGER, Die Lehnsregister des Herzogtums Kleve. Das HSTAD u. seine Bestände 8 (Siegburg 1974).

A. DOMS, Jäger, Bauern, Bürger. Von der Vorgeschichte zum Hochmittelalter im Stadtgebiet Warburg. In: F. Mürmann (Hrsg.), Die Stadt Warburg. Beitr. Gesch. einer Stadt 1 (Warburg 1986) 35 – 87.

J. DÜFFEL, Zur Geschichte der Stadt Emmerich (1955).

H. ELLENBERG, Bauernhaus und Landschaft (Stuttgart 1990).

W. EMMERICH, Die siedlungsgeschichtlichen Grundlagen. In: H. Patze/W. Schlesinger (Hrsg.), Geschichte Thüringens 1 (1968).

W. FABRICIUS, Erläuterungen zum geschichtlichen Atlas der Rheinprovinz. 2 Bde. (Bonn 1909).

L. FELDMANN, Jungquartäre Gletscher- und Flußgeschichte im Bereich der Münchener Schotterebene. Inaug. Diss. Univ. (Düsseldorf 1990).

H. FERBER, Geschichte der Familie Schenk von Nydeggen (Köln u. Neuss 1860).

K. FLINK, Kleve im 17. Jahrhundert. Studien und Quellen. 2. Teil (1640 – 1666); 3. Teil (1667 – 1688). Klever Arch. 1/2 (Kleve 1979 – 80).

K. FLINK, Rees, Xanten, Geldern. Formen der städtischen und territorialen Entwicklung am Niederrhein I. Schr. Kreis Kleve 2 (Kleve 1981).

K. FLINK, Köln, das Reich und die Stadtentwicklung im nördlichen Rheinland (1100 – 1250). Bl. dt. Landesgesch. 120, 1984, 155 – 193.

K. FLINK, Die niederrheinische Stadt des Spätmittelalters als Forschungsaufgabe (Kleve 1987).

K. FLINK/W. JANSSEN (Hrsg.), Grundherrschaft und Stadtentstehung am Niederrhein. Klever Archiv 9 (Kleve 1989).

K. FREMANTLE, A Visit to the United Provinces and Cleves in the Time of William III Described in Edward Southwell's Journal. Nederlands Kunsthist. Jaarboek 21, 1970, 39 – 68.

W. GAITZSCH, Geländeprospektion und Flächenstruktur römischer Siedlungen im Hambacher Forst, Kreis Düren. Arch. Korrbl. 18, 1988, 373 – 387.

R. GERLACH, Flußdynamik des Mains unter dem Einfluß des Menschen seit dem Spätmittelalter. Forsch. dt. Landeskde 234 (Trier 1990).

F. GOEBEL, Alte Wasserburgen im Reeser und Emmericher Gebiet. In: Beiträge zur Geschichte der Stadt Emmerich 3 (1986) 17 – 28.

F. GORISSEN, Grieth, das 700jährige Schifferstädtchen am Niederrhein. (Kleve 1950).

F. GORISSEN, Niederrheinischer Städteatlas Klevische Städte. 1. Kleve; 2. Kalkar. Publ. Ges. rhein. Gesch.kde 51 (Kleve 1952 – 3).

F. GORISSEN, Kellen. Siedlung und Gemeinde in ihrer geschichtlichen Entwicklung (Kellen 1954).

F. GORISSEN, Griethausen. Die Geschichte einer Stadtgründung oder Aufstieg und Niedergang eines Rheinhafens (Bonn 1974).

F. GORISSEN, Die Düffel: Zur Geschichte einer Kulturlandschaft. In: De Duffelt. Lustrumsbundel uitgave Heemkundekring „De Duffelt". Nijmegen 1975, 97 – 165.

F. GORISSEN, Geschichte der Stadt Kleve von der Residenz zur Bürgerstadt von der Aufklärung zur Inflation (Kleve 1977).

F. GORISSEN, Frühe Auwaldrodung, Entwässerung und Bedeichung am Niederrhein. In: Villa-Curtis-Grangia. Landwirtschaft zwischen Loire und Rhein von der Römerzeit zum Hochmittelalter (München 1983) 270 – 281.

F. GORISSEN, Rindern (Harenatium-Rinharen). Römisches Limeskastell, angloschottisches Coenobium Willibrords, feudale Grundherrschaft und

Herrlichkeit, Deichschau. Band 1. Von den Anfängen der Besiedlung bis zum Ende der Herrlichkeit – Darstellung und Quellen (Kleve 1985).

E. GRINGMUTH-DALLMER, Frühgeschichtliche Pflugspuren in Mitteleuropa. Ztschr. Arch. 17, 1983, 205 – 221.

E. GRINGMUTH-DALLMER, Die Entwicklung der frühgeschichtlichen Kulturlandschaft auf dem Territorium der DDR unter besonderer Berücksichtigung der Siedlungsgebiete. Schr. z. Ur- u. Frühgesch. 35 (Berlin 1983a).

E. GRINGMUTH-DALLMER, Zur Siedlungsgeschichte Thüringens im frühen Mittelalter. Ztschr. Arch. 19, 1985, 225 – 232.

E. GRINGMUTH-DALLMER/E. LANGE, Untersuchungen zur frühgeschichtlichen Siedlungs- und Wirtschaftsentwicklung im nördlichen Thüringer Becken. Ztschr. Arch. 22, 1988, 83 – 101.

E. GRINGMUTH-DALLMER, Berlin und die prähistorische Archäologie – Bemerkungen aus der Sicht eines Beteiligten. Mitt. Berliner Ges. f. Anthr., Ethn. u. Urgesch. 12, 1991, 19f.

E. GRINGMUTH-DALLMER, Die mittelalterliche Besiedlung des Mittel- und Unterharzes. Siedlungsforsch., Arch.-Gesch.-Geogr. Im Druck.

T. GUNZELMANN, Die Erhaltung der historischen Kulturlandschaft. Angewandte Historische Geographie des ländlichen Raumes mit Beispielen aus Franken. Bamberger Wirtschaftsgeograph. Arb. 4 (Bamberg 1987).

A. J. HAARTSEN/A. P. de KLERK/A. J. VERVLOET, Levend verleden. Ecn verkenning van de cultuurhistorische betekenis van het Nederlandse landschap. Achtergrondreeks Natuurbeleidsplan 3 (Den Haag 1990).

B. HÄNSEL, Berlin und die prähistorische Archäologie. Mitt. Berliner Ges. f. Anthr., Ethn. u. Urgesch. 12, 1991, 9 – 17.

H.HAHN/W.ZORN (Hrsg.), unter Mitarbeit von H.Jansen u. W. Krings, Historische Wirtschaftskarte der Rheinlande um 1820. Arb. Rhein.Landkde. 37/ Rhein. Arch. 87 (Bonn 1973).

D. H. HARTEN/J. RENES/R. SMOUTER/K. E. van der WIELEN, De tuin van Utrecht: Geschiedenis van waarden van het landschap in het landinrichtingsgebied Groenraven-Oost (Utrecht 1992).

H. A. HEIDINGA, Medieval Settlement and Economy North of the Lower rhine. Archaeologgy and History of Kootwijk and the Veluwe (the Netherland)(Assen 1987).

K. HEINE/H. SIEBERTZ, Abriß der paläographischen Entwicklung des unteren Niederrheingebietes. Arb. Rhein. Landeskde 46, 1980, 1 – 14.

P. A. HENDERIKX, Die mittelalterliche Kultivierung der Moore im Rhein-Maas-Delta (10. – 13. Jahrhundert). Siedlungsforsch., Arch.-Gesch.-Geogr. 7, 1989, 67 – 87.

G. HENKEL, Die Wüstungen des Sintfeldes. Eine historisch-geographische Untersuchung zur Genese einer alten westfälischen Kulturlandschaft. Stud. u. Quellen z. westf. Gesch. 14 (Paderborn 1973).

H. HESMER, Wald und Forstwirtschaft in Nordrhein-Westfalen. Bedingtheiten-Geschichte-Zustand (Hannover 1958).

F.-J. HEYEN/W. JANSSEN (Red.), Zeugnisse rheinischer Geschichte. Urkunden, Akten und Bilder aus der Geschichte der Rheinlande. Eine Festschrift zum 150. Jahrestag der Einrichtung der staatlichen Archive in Düsseldorf und Koblenz (Neuss 1982).

H. P. HILGER, Die Denkmäler des Rheinlandes. Kreis Kleve. 5 Bde. (Düsseldorf 1964 – 70).

H. P. HILGER, Das Grabmonument des Fürsten Johann Moritz in Bergendael bei Kleve. In: G. de Werd a.a.O., 205 – 212.

H. HINZ, Neue Funde und Ausgrabungen am linken Niederrhein. Niederrhein. Jahrb. 5, 1961, 29 – 39.

E.-R. HÖNES, Zur Schutzkategorie ‚historische Kulturlandschaft'. Natur und Landschaft 66, 1991 H.2 , 87ff.

E.-R. HÖNES, Der neue Grundsatz des § 2 Abs. 1 Nr. 13 Bundesnaturschutzgesetz. Natur u. Landschaft, 57, 1982 H. 6.

E.-R. HÖNES, Kulturlandschaftspflege als Aufgabe für Heimatpflege, Denkmalpflege, Landschaftspflege und Naturschutz. Beitr. Landesentwickl. 46 (Köln 1991).

H. HÖPPNER/A. STEEGER, Das Naturschutzgebiet Wisseler Dünen am unteren Niederrhein. Rhein. Heimatpfl. 9, 1937, 1 – 9.

G. HÖVELMANN, Westfränkischer Klosterbesitz am unteren Niederrhein. Rhein. Vierteljahrsbl. 27, 1962, 18 – 36.

G. HÖVELMANN, Neues über die „Antiquarische Charte" des Michael Buyx. Geldrischer Heimatkal. 1981, 1980, 113 – 119.

C. HOPPE, Die großen Flußverlagerungen des Niederrheins in den letzten zweitausend Jahren und ihre Auswirkungen auf Lage und Entwicklung der Siedlungen. Forsch. dt. Landeskde 189 (Bonn-Bad Godesberg 1970).

H.G. HORN (Hrsg.), Die Römer in Nordrhein-Westfalen (Stuttgart 1987).

H. G. HORN/H. KIER/J. KUNOW/B. TRIER (Hrsg.), Archäologie und Recht – Was ist ein Bodendenkmal ? Schr. Bodendenkmalpflege Nordrhein-Westfalen 2 (Mainz 1991).

T. ILGEN, Zum Siedlungswesen im Klevischen. Westdt. Zeitschr. Gesch. Kunst 29, 1910, 1 – 83.

T. ILGEN, Quellen zur inneren Geschichte der rheinischen Territorien: Herzogtum Kleve I – II. Publ. Ges. rhein. Gesch.kde 38 (Köln 1921 – 25).

J. IMIG, 150 Jahre Louisendorf. Schr.r. Pfälzerbundes Niederrhein 3 (Kleve o.J.).

F. IRSIGLER, Die Gestaltung der Kulturlandschaft am Niederrhein unter dem Einfluß städtischer Wirtschaft. In: H. Kellenbenz, H. (Hrsg.), Wirtschaftsentwicklung und Umweltbeeinflussung (14. – 20. Jahrhundert) (Wiesbaden 1983) 173 – 195.

H. JÄGER, Entwicklungsprobleme europäischer Kulturlandschaften. Eine Einführung (Darmstadt 1987).

J. JÖRISSEN, Chronik der Gemeinde Bedburg-Hau (Kleve 1990).

D. KASTNER, Die Gocher Landrolle: ein Landerschließungsprojekt des 14. Jahrhunderts. Schr.r. Kreises Kleve 6 (Kleve 1988).

K. KETTER, Appeldorn. Eine Anregung zur Siedlungsgeschichte des Niederrheins. Rhein. Heimatbl. 6, 1929, 416 – 420.

K. KETTER, Der Versuch einer Katasterreform in Cleve. Rhein. Archiv 9 (Bonn 1929 a).

E. KEYSER, Rheinisches Städtebuch. Dt. Städtebuch 3 (Stuttgart 1956).

J. KLOSTERMANN, Rheinstromverlagerungen bei Xanten während der letzten 10.000 Jahre. Natur am Niederrhein 1, 1986, 5 – 16.

J. KLOSTERMANN, Das Quartär der Niederrheinischen Bucht (Krefeld 1992).

H. KOSCHIK, Geschichte der Forschung. In: K. Spindler [Bearb.], Landkreis Weißenburg-Gunzenhausen. Archäologie und Geschichte. Führer zu arch. Denkmälern in Deutschl. 14 (Stuttgart 1987) 15 – 50.

W. KRINGS, Wertung und Umwertung von Allmenden im Rhein-Maas-Gebiet vom Spätmittelalter bis zur Mitte des 19. Jahrhunderts. Eine historisch-sozialgeographische Studie. Maaslandse Monografieen 20 (Assen/Amsterdam 1976).

W. KRINGS, J.N.Schwerz und die Agrarenquete von 1816/18 in den preußischen Rheinprovinzen. Rhein. Vierteljahrsbl. 42, 1978, 258 – 297.

W. KRINGS, Persistente Muster in der Agrarlandschaft des Baaler Bruchs, Gemeinde Weeze. Arb. rhein. Landeskde 46, 1980, 101 – 116.

W. KRINGS, Late-Medieval Dutch Settlements in the Lower Rhineland. In: B.K.Roberts/R.E. Glasscock (Hrsg.), Villages, Fields and Frontiers. Studies in European Rural Settlement in the Medieval and Early Modern Periods. (BAR Int. Ser. 185) (Oxford 1983) 185 – 202.

E. LANGE, Botanische Beiträge zur mitteleuropäischen Siedlungsgeschichte (Berlin 1971).

F.-G. LANGE, Die Geschichte einer Stromschlinge des Rheins zwischen Rees und Emmerich. Fortschritte in der Geologie von Rheinl. u. Westfalen 28, 1978, 457 – 475.

J. LÜNING, Research into Bandkeramik Settlement of the Aldenhovener Platte in the Rhineland. Analecta Prehist. Leidensia 15, 1982, 1 – 29.

W. LUYKEN, Über Burgen und burgenkundliche Anlagen im Kreise Rees. Hist. Kalender Kreises Rees 1967, 79 – 97.

M. MIEDEMA, Vijfentwintig eeuwen bewoning in het terpenlandschap ten noordwesten van Groningen (Diss. Amsterdam 1982).

A. MITSCHERLICH, Die Unwirtlichkeit unserer Städte, Anstiftung zum Unfrieden (Frankfurt a. M., ^{9}1970).

M. MÜLLER-WILLE, Mittelalterliche Burghügel im nördlichen Rheinland. Beih. Bonner Jahrb. 16 (Köln/Graz 1966).

Natur 2000 in Nordrhein-Westfalen. Leitlinien und Leitbilder für Natur und Landschaft im Jahr 2000 (Düsseldorf 1990).

H. P. NEUHEUSER (Red.), Kostbarkeiten aus rheinischen Archiven. Archivberatungsstelle Rheinl. 12 (Köln 1979).

J. NIESSEN (Bearb.), Geschichtlicher Handatlas der deutschen Länder am Rhein. Mittel- und Niederrhein (Köln u. Lörrach 1950).

W. OEDIGER (Hrsg.), Der Liber Valoris. Die Erzdiözese Köln um 1300. Publ. Ges. Rhein. Gesch.kde 12 (Bonn 1967).

F.W. OEDIGER, Das Erzbistum Köln von den Anfängen bis zum Ende des 13. Jahrhunderts (Köln ^{2}1972).

W. PAAS, Das Nierstal, ein altes Rheinbett. Geldrischer Heimatkalender 1982, (1981) 45 – 50.

W. PAAS/D. THEUNISSEN, Die geologische Geschichte der Düffel, eine linksniederrheinische Flußaue zwischen Kleve und Nimwegen. Fortschritte in der Geol. von Rheinl. u. Westfalen 28, 1978, 361 – 398.

K. PAFFEN, Die natürliche Landschaft und ihre räumliche Gliederung. Eine methodische Untersuchung am Beispiel der Mittel- und Niederrheinlande. Forsch. dt. Landeskde 68 (Remagen 1953).

F. PETRI, Die Holländersiedlungen am klevischen Niederrhein und ihr Platz in der Geschichte der niederländisch-niederrheinischen Kulturbeziehungen. In: Festschrift Matthias Zender. Studien zu Volkskultur, Sprache und Landesgeschichte (Bonn 1972) 1117 – 1129.

F. PETRI/G.DROEGE (Hrsg.), Rheinische Geschichte in drei Bänden (Düsseldorf 1978 – 80).

J. RENES, Einige Bemerkungen zur Bedeutung der Angewandten Historischen Geographie für die Raumplanung in den Niederlanden. Kulturlandschaft. Ztschr. Angewandte Hist. Geogr. 1, 1991a, 81 – 84.

J. RENES, Cultuur-landschap en historisch-landschappelijke waarden in het streekplangebied Zuid-Limburg. Rapport 189. Staring Centrum (Wageningen 1991b).

D. SCHÄFER, Kulturlandschaftspflege, Notwendigkeit und planerische Umsetzung, Rhein. Heimatpfl. 1989, 256-267.

G. SCHELLMANN, Fluviale Geomorphodynamik im jüngeren Quartär des unteren Isar- und angrenzenden Donautales. – Düsseld. Geogr. Schr. H. 29 (Düsseldorf 1990).

W. SCHIRMER, Die Talentwicklung an Main und Regnitz seit dem Hochwürm. Geol. Jahrb. R. A. 71, 1983, 11 – 43.

W. SCHIRMER, Holozäne Rheinterrassen im Dormagener Mäander. In: W. Schirmer (Hrsg.), Rheingeschichte zwischen Mosel und Maas.- Deuqua-Führer 1, 1990, 259 – 261.

W.-R. SCHLEIDGEN (Bearb.), Kleve-Mark Urkunden. 1: 1223–1368. 2: 1368 – 1394. Regesten des Bestandes Kleve-Mark. Urkunden im Nordrhein Westfälischen Hauptstaatsarchiv in Düsseldorf. Veröff. der staatl. Archive des Landes NordrheinWestfalen. Reihe C: Quellen und Forsch. 13, 23 (Siegburg 1983).

W.-R. SCHLEIDGEN, Das Kopiar der Grafen von Kleve. Klever Archiv 6 (Kleve 1986).

G. SCHÖNFELD, Kulturlandschaftspflege im Rheinland – Initiativen des Landschaftsverbandes Rheinland. In: Kulturlandschaftspflege im Rheinland – Beiträge zur Landesentwicklung 46 (Köln 1991) 29 – 34.

G. SCHÖNFELD/D. SCHÄFER, Erhaltung von Kulturlandschaften als Aufgabe des Denkmalschutzes und der Denkmalpflege. In: R.Grätz (Hrsg.), Denkmalschutz und Denkmalpflege, 10 Jahre Denkmalschutzgesetz Nordrhein-Westfalen (Köln 1991) 235 – 245.

R. SCHOLTEN, Beitrag zur Geschichte von Wissel und Grieth und zur Genealogie niederrheinischer Geschlechter (Cleve 1889).

R. SCHOLTEN, Zur Geschichte von Hönnepel und Niedermörmter. Ann. Hist. Ver. Niederrhein 51, 1891, 105 – 148.

R. SCHOLTEN, Qualburg im Kreise Kleve und seine Umgebung. Ann. Hist. Ver. Niederrhein 54, 1892, 175 – 197.

R. SCHOLTEN, Zur Geschichte der Stadt Cleve (Cleve 1905).

D. SCHRÖDER, Beziehungen zwischen Stratigraphie und Bodengenese bei Hochflutlehmen des Niederrheins. Geol. Jahrb. R.A. 71, 1983, 73 – 107.

P.-G. SCHULTE, Vom klevischen Grundsteuerregister zur Katasterkarte. Nachr. öffentl. Vermessungsdienst des Landes Nordrhein Westfalen 17, 1984 H. 3, 185 – 201.

H. SCHWARZMAIER, Kartographie und Gerichtsverfahren. Karten des 16. Jahrhunderts als Aktenbeilagen. In: G.Richter (Hrsg.), Aus der Arbeit des Archivars (Stuttgart 1986) 163 – 186.

W. SCHWELLNUS, Archäologische Untersuchungen im Rheinischen Braunkohlegebiet 1977 – 1981. Archäologie in den Lößbörden. Rhein. Ausgr. 24 (Köln 1983) 5 – 31.

J. N. von SCHWERZ, Beschreibung der Landwirtschaft in Rheinpreussen. Faksimiledruck n. d. Ausg. v. 1836 (Bonn o.J.).

I. SCOLLAR, Luftbild und Archäologie. Spuren der Vergangenheit im rheinischen Boden (Düsseldorf 1961).

H. SEDLMAYR, Verlust der Mitte. Die bildende Kunst des 19. und 20. Jahrhunderts als Symptom und Symbol der Zeit (Frankfurt/M.1955).

H. SIEBERTZ, Die Landschaftsgenese im unteren Niederrheingebiet – dargestellt am Beispiel von Kalkar und Umgebung. Der Niederrhein 54, 1987, 14 – 20.

F. SIEGMUND, Fränkische Funde vom deutschen Niederrhein und der nördlichen Kölner Bucht. Diss. Köln 1989, Druck in Vorbereitg.

C. M. SOONIUS/L. A. ANKUM, Ede: Inventarisatie van Monumenten en meldingsgebieten, en Archeologische potentiekaart. RAAP-report 49 (Amsterdam 1991).

R. STAMPFUSS, Vor und Frühgeschichte des unteren Niederrheins. Niederrhein. Jahrb. 9, 1966, 39 – 78.

A. STEEGER in zahlreichen Veröffentlichungen in: Der Niederrhein.

H.-G. STEPHAN, Archäologische Studien zur Wüstungsforschung im südlichen Weserbergland. Münstersche Beitr. z. Ur- u. Frühgesch. 10 – 11 (Hildesheim 1978/79).

K. STRIEDTER, Holozäne Talgeschichte im Unterelsaß. Inaug. Diss. Univ. (Düsseldorf 1988).

F. TEXTOR, Entfestungen und Zerstörungen im Rheingebiet während des 17. Jahrhunderts als Mittel der französischen Rheinpolitik. Rhein. Archiv 31 (Bonn 1937).

F. TISCHLER, Funde und Ausgrabungsergebnisse am rechten Niederrhein. Niederrhein. Jahrb. 5, 1961, 22 – 28.

B. TRIER, Definition, Abgrenzbarkeit und Begründbarkeit von Bodendenkmälern für das praktische Verwaltungshandeln. In: H. G. Horn/H. Kier/J. Kunow/B. Trier (Hrsg.), a.a.O. 57-64.

H. UHLIG, Das Gefüge niederrheinischer Siedlungen im Luftbild. In: C.Schott (Hrsg.).Das Luftbild in seiner landschaftlichen Aussage. Landeskdl. Luftbildauswertung im mitteleurop. Raum 3 (Bonn-Bad Godesberg 1960) 41–50.

B. URBAN/D. SCHRÖDER/U. LEẞMANN, Holozäne Umweltveränderung am Niederrhein – Vegetationsgeschichte und Bodenentwicklung. – Arb-Rhein. Landeskde 1983 H. 51, 99–123.

J. A. J. VERVLOET, Angewandte Historische Geographie; einige wissenschaftsorganisatorische Aspekte. Kulturlandschaft. Ztschr. Angewandte Hist. Geogr. 1, 1991, 78–80.

G. VOLLMER, Die Stadtentstehung am unteren Niederrhein. Eine Untersuchung zum Privileg der Reeser Kaufleute von 1142. Rhein. Archiv 41 (Bonn 1952).

E. WASSENBERG, Embrica, die 1667 erschienene Stadtgeschichte Emmerichs. 2 Teile. Emmericher Forsch. 5/6 (Emmerich 1983/84).

H. T. WATERBOLK, Het historische kultuurlandschap. In: J.Abrahamse (Red.), Het Drentse Landschap (1984a), 49–91.

H. T. WATERBOLK, Archeologie en Landschap. Zevende Kroonvoordracht op 23 maart 1984 (Haarlem 1984b).

H. T. WATERBOLK, Archeologie en Landschapsgeschiedenis. In: J. H. F. Bloemers/C. W. van Pelt/F. A. Perk (Red.), Cultuurhistorie en Milieu in 2015. Stichting RAAP (Amsterdam 1990) 10–32.

E. WEISS, Die Flurbereinigung in der Raumordnung und Landesplanung Nordrhein-Westfalens. Ztschr. Vermessungswesen 1977, 397f.

E. WEISS, Rechtliche Möglichkeiten zur Förderung der Landentwicklung durch die Verwaltung für Agrarordnung in Nordrhein-Westfalen. Ztschr. Kulturtechnik Flurbereinigung 1978, 236 f.

E. WEISS, Flurbereinigung in Nordrhein-Westfalen heute. Ztschr. Vermessungswesen 1981, 182 f.

E. WEISS, Deutscher Planungsatlas, Bd. I: Nordrhein-Westfalen, Lfg. 33: Flurbereinigung (Hannover 1982).

E. WEISS, Zur Entwicklung der ländlichen Bodenordnung im Lande Nordrhein-Westfalen. In: Beiträge der Akademie für Raumforschung u. Landesplanung 63, 1982.

E. WEISS, Quellen zur Geschichte der Flurbereinigung in Deutschland. Zeitschr. f. Kulturtechnik u. Flurbereinigung 1985, 337 f.

E. WEISS, Veränderungen der agrar- und umweltpolitischen Rahmenbedingungen für Flurbereinigungsmaßnahmen. Ztschr. FORUM BDVI 1987.

E. WEISS, Ländliche Bodenordnungen I und II (1820–1920 / 1920–1987). In: Geographisch-landeskundlicher Atlas von Westfalen (Münster/W. 1989).

G. de WERD (Red.), Soweit der Erdkreis reicht. Johann Moritz von Nassau-Siegen 1604–1679 (Kleve ² 1980).

M. WILLEKE, Die Wüstungen in den Gemarkungen von Steinhausen und Eickhoff (Paderborn 1989).

C. WILKES, Quellen zur Rechts und Wirtschaftsgeschichte des Archidiakonats und Stifts Xanten. Veröff. Ver. Erhaltung des Xantener Doms e.V. III (Bonn 1937).

H. H. WÖBSE, Kulturlandschaftspflege, Theorie und Praxis eines gesetzlichen Auftrags. Beitr. zur Landesentwickl. 46 (Köln 1991).

KARTEN:
Landesvermessungsamt Nordrhein-Westfalen (Hrsg.), Kartenaufnahme der Rheinlande durch Tranchot und v. Müffling 1803–1820: Bl. 5: Kleve; Bl. 6: Grieth. Publikationen Ges. rhein. Geschichtskde., XII – 2. Abt. -NF., Bonn-Bad Godesberg 1968/69; J. BRAUN / H. DAHM-ARENS/ H. BOLSENKÖTTER, Übersichtskarte von Nordrhein-Westfalen 1:100.000 – Erläuterungen zu Blatt C 4302 Bocholt. – 180 S.; Krefeld 1968; Übersichtskarte von Nordrhein-Westfalen 1:100.000, Blatt C 4302 Bocholt, Hrsg.: Geologisches Landesamt NRW (1968); Krefeld. Bodenkarte von Nordrhein-Westfalen 1:50.000, Blatt L 4302 Kleve, Hrsg.: Geologisches Landesamt NRW (1985); Krefeld. Bodenkarte von Nordrhein-Westfalen 1:50.000, Blatt L 4102 Emmerich, Hrsg.: Geologisches Landesamt NRW (1989); Krefeld. H. HAHN u. W. ZORN (Hrsg.) unter Mitarbeit von H.Jansen u. W.Krings, Historische Wirtschaftskarte der Rheinlande um 1820. Bonn 1973 (=Arb. Rhein. Landeskde 37/Rhein. Archiv 87).

GESETZLICHE GRUNDLAGEN:
Bericht der Landesregierung Nordrhein-Westfalen gemäß § 39 des LPlG (1988);
Recht der Landwirtschaft (1969), 272 ff.;
P.A. MEMMESHEIMER, D.UPMEIER, H.D. SCHÖNSTEIN, Denkmalrecht Nordrhein-Westfalen, 2. Aufl., Köln 1989.

Abkürzungen:
DSchG NW = Denkmalschutzgesetz Nordrhein-Westfalen
RAB = Rheinisches Amt für Bodendenkmalpflege in Bonn

Autorenverzeichnis

Dr. Adolf Attermeyer
Landschaftsverband Rheinland
Referat 92 Landschaftspflege
50679 Köln

Dr. Rudolf Bergmann
Westfälisches Museum für Archäologie
Amt für Bodendenkmalpflege
Salzstraße 22 – 23
48143 Münster

Drs. Peter Burggraaff
Seminar für Historische Geographie der
Universität Bonn
Konviktstraße 11
53113 Bonn

Dr. Renate Gerlach
Rheinisches Amt für Bodendenkmalpflege
Endenicher Straße 133
53115 Bonn

Dr. Eike Gringmuth-Dallmer
Deutsches Archäologisches Institut
Arbeitsbereich Ur- und Frühgeschichte
Leipziger Straße 3/4
10625 Berlin

Prof. Dr. Klaus Fehn
Seminar für Historische Geographie der
Uni versität Bonn
Konviktstraße 11
53113 Bonn

Hans Kerrinckx
Laboratorium voor Regionale Geografie
en Landschapskunde Universität Gent
B 9000 Gent

Jan Kolen
Regionaal Archeologisch Archiverings
Projekt (RAAP)
Plantage Muidergracht 14
NL 1018 TV Amsterdam

Prof. Dr. Wilfried Krings
Fach Historische Geographie der
Universität Bamberg
Am Kranen 12
96047 Bamberg

Dr. Jürgen Kunow
Brandenburgisches Landesmuseum für
Vor- und Frühgeschichte
Schloß Babelsberg
14482 Potsdam

Drs. Johannes Renes
Staring Centrum
Marijkeweg 11
NL 6700 AB Wageningen

Dipl. Ing. Dieter Schäfer
Landschaftsverband Rheinland
Referat 92 Landschaftspflege
50679 Köln

Dr. Frank Siegmund
Seminar für Ur- und Frühgeschichte
der Georg August-Universität
Nikolausberger Weg 15
37073 Göttingen

Gunter Stoops
Laboratorium voor Regionale Geografie
en Landschapskunde
Universität Gent
B 9000 Gent

Dr. Rudolf Straßer
Fachbereich III Geschichtliche Landeskunde
Universität Trier
Tarforster Straße
54296 Trier

Wolfgang Wegener M.A.
Rheinisches Amt für Bodendenkmalpflege
Endenicher Straße 133
53115 Bonn

Prof. Dr.-Ing. Erich Weiß
Institut für Städtebau, Bodenordnung
und Kulturtechnik der Universität Bonn
Meckenheimer Allee 172
53115 Bonn

Sabine Wirth M.A.
Houdainer Straße 64 i
51143 Köln

Abbildungsnachweis:

Titelbild: A. Thünker
2: HSTAD Kleve Mark Akten 2439 Bl. 360
3: D. G., Bamberg
4: H. Sohmer
10, 11: I. Herzog
15: Mortensen, H./Lang, A., Die Karten
deutscher Länder im Brüsseler Atlas des
Christan's Grooten (1573), Bl. 4: Comitatus Montensis et trium cornuum
Rheni typus. Göttingen 1959.
16: Fremdenverkehrsamt Kreis Kleve

Grundlagenkarten: Landesvermessungsamt Nordrhein-Westfalen, Bonn-Bad Godesberg
Alle anderen Abbildungen von den
Autoren.